स्वप्न देखा था कभी जो आज हर धड़कन में है
एक नया भारत बनाने का इरादा मन में है
एक नया भारत कि जिसमें एक नया विश्वास हो
जिसकी आँखों में चमक हो, एक नया उल्लास हो
हो जहाँ सम्मान हर एक जाति, हर एक धर्म का
सब समर्पित हों जिसे, वह लक्ष्य जिसके पास हो
एक नया अभियान अपने देश पर जन-जन में है
एक नया भारत बनाने का इरादा मन में है
बढ़ रहे हैं हम प्रगति की ओर, जिस रफ्तार से
कर रहा हमको नमन, यह विश्व भी उस पार से
पर अधूरी है विजय जब तक गरीबी है यहाँ
मुक्त करना है हमें अब देश को इस भार से
एक नया संकल्प-सा अब तो यहाँ जीवन में है
एक नया भारत बनाने का इरादा मन में है
भूख जो जड़ से मिटा दे, वह उगाना है हमें
प्यास न बाकी रहे, वह जल बहाना है हमें
जो प्रगति से जोड़ दे, ऐसी सड़क ही चाहिए
देश सारा गा सके वह गीत गाना है हमें
एक नया संगीत देखो आज तो कण-कण में है
एक नया भारत बनाने का इरादा मन में है

—अटल बिहारी वाजपेयी

प्रखर राष्ट्रवादी नेता अटल बिहारी वाजपेयी

महेश शर्मा

डायमंड बुक्स

SMS New Hindi at 9911044500 for Alert

ISBN : 978-81-288-3420-2

©   प्रकाशकाधीन

प्रकाशक   : डायमंड पॉकेट बुक्स (प्रा.) लि.

X-30, ओखला इंडस्ट्रियल एरिया, फेज-II
नई दिल्ली-110020

फोन   : 011-40712200

ई-मेल   : sales@dpb.in

वेबसाइट   : www.diamondbook.in

PRAKHAR RASHTRAVADI NETA ATAL BIHARI VAJPAYEE
by : Mahesh Sharma

विषय सूची

क्या खोया क्या पाया जग में

क्या खोया, क्या पाया जग में, मिलते और बिछड़ते मग में,
मुझे किसी से नहीं शिकायत, यद्यपि छला गया पग-पग में,
एक दृष्टि बीती पर डालें, यादों की पोटली टटोलें।
पृथ्वी लाखों वर्ष पुरानी, जीवन एक अनन्त कहानी,
पर तन की अपनी सीमाएँ, यद्यपि सौ शरदों की वाणी,
इतना काफी है, अंतिम दस्तक पर खुद दरवाजा खोलें।
जन्म-मरण का अविरत फेरा, जीवन बंजारों का डेरा,
आज यहाँ, कल कहाँ कूच है, कौन जानता किधर सवेरा।

भारत के भूतपूर्व प्रधानमंत्री एवं कवि हृदय राजनेता अटल बिहारी वाजपेयी का जन्म 25 दिसंबर, 1924 को मध्य प्रदेश के ग्वालियर में शिंदे की छावनी में हुआ था। यह बड़े ही सौभाग्य की बात है कि जिस दिन उनका जन्म हुआ था, उसी दिन ईसा मसीह का भी जन्म दिवस था। निकट के ही गिरजाघरों में घंटियों की टन-टन और घर में बज रहे ढोल-नगाड़ों की गड़गड़ाहट ने दृश्य और भी मनोरम बना दिया था। घर में बधाई देने वालों का तांता लगा हुआ था। चारों तरफ खुशियों का वातावरण था।

अटल बिहारी वाजपेयी के पिता का नाम पंडित कृष्ण बिहारी वाजपेयी और माता का नाम सुमा देवी था, जिसे बाद में बदलकर कृष्णा देवी कर दिया गया। उनके पिता पंडित कृष्ण बिहारी वाजपेयी ग्वालियर के ही विद्यालय में अध्यापक थे। जब उन्होंने हाई स्कूल की परीक्षा उत्तीर्ण की थी, तो उसके बाद से ही अध्यापन कार्य आरंभ कर दिया था। अपने अध्यापन काल के दौरान ही उन्होंने बी. ए. और एम. ए. की परीक्षाएं उत्तीर्ण कीं और फिर अध्यापक से प्राध्यापक पद को सुशोभित किया।

पंडित कृष्ण बिहारी वाजपेयी का काफी बड़ा परिवार था, जिसमें अटल जी के अलावा उनके बड़े भाई अवध बिहारी वाजपेयी, सदा बिहारी वाजपेयी और प्रेम बिहारी वाजपेयी तथा बहनें विमला, कमला एवं उर्मिला थीं। सभी से अटल जी को अपार स्नेह मिलता था।

अटल जी की माता बड़े ही धार्मिक स्वभाव वाली महिला थीं। वे पारिवारिक परंपरा के अनुसार व्रतों और त्यौहारों पर घर में विशेष पूजा-अर्चना किया करती थीं। वे क्रोध से कोसों दूर नरम स्वभाव की महिला थीं। हालांकि जब भी वे नाराज हो जाती थीं, तो बस मौन धारण कर लेती थीं लेकिन किसी से कुछ नहीं कहती थीं। बाद में, जिससे वह नाराज होती थीं, वही उनसे क्षमा-याचना करके उन्हें मनाता था। माता-पिता के संस्कारों का अटल जी के जीवन पर गहरा प्रभाव पड़ा था।

अटल जी परिवार में सबके प्यारे थे। उन्हें खिलाने के लिए घर के सदस्यों में होड़ लगी रहती थी इसलिए सबके लिए समय निश्चित कर दिया गया था कि इस समय अवध खिलाएँगे, उस समय प्रेम और उस समय विमला...। दादा श्यामलाल जी भी अपने इस सबसे छोटे पौत्र से बहुत स्नेह करते थे और उसे प्राय: अपने साथ बटेश्वर ले जाते थे। दादी सुखदेवी भी उन्हें बहुत प्रेम करती थीं और प्यार से उन्हें 'अटल्ला' कहती थीं। ग्वालियर से बटेश्वर रवाना होते समय पं. श्यामलाल जी बड़ों को एक-एक रुपया और छोटों को अठन्नी देते थे। अटल जी को जब अठन्नी मिलती थी, तब वे प्रेमपूर्वक बाबा से भिड़ जाते थे कि उन्हें अठन्नी क्यों दी जाती है? बाबा उन्हें समझाते थे कि वे छोटे हैं इसीलिए उन्हें रुपये से छोटी अठन्नी दी जाती है। बाबा से अटल जी ने रामायण, गीता, रामचरितमानस आदि ग्रंथों को खूब सुना और उनकी शिक्षाओं पर ही चलने का संकल्प किया। वह संकल्प आज भी उनके व्यवहार में रचा-बसा है।

'न भीतो मरणादस्मि केवलम् दूषितं यश:'

(भगवान राम ने कहा है कि 'मैं मृत्यु से नहीं डरता, अगर डरता हूँ तो बदनामी से डरता हूँ, लोकापवाद से डरता हूँ।')

यह उक्ति बचपन से ही अटल जी की मार्गदर्शक बनी है। आज भी वे इसका पालन दृढ़ता से करते हैं। बटेश्वर में बाबा पं. श्यामलाल जी के सान्निध्य में रहकर ही उनके अंदर इस प्रकार की संस्कृति का विकास हुआ, जो

धीरे-धीरे स्थायित्व पाती चली गई। यही कारण है कि बटेश्वर आज भी उन्हें बहुत याद आता है। वहाँ की यादें उन्हें भावुक कर देती हैं। बटेश्वर यमुना के किनारे बसा है। अटल जी जब भी बाबा के यहाँ जाते तो नियमित यमुना में तैरा करते थे। एक बार तो वे डूबते-डूबते भी बचे थे। अपने बटेश्वर प्रेम को उन्होंने काव्य के माध्यम से भी प्रकट किया है–

आओ, मन की गाँठें खोलें!

यमुना तट, टीले रेतीले, घास-फूस का घर डाँडे पर,
गोबर से लीपे आँगन में, तुलसी का बिरवा, घंटी-स्वर,
माँ के मुँह से रामायण के दोहे-चौपाई रस घोलें!
आओ, मन की गाँठें खोलें!

बाबा की बैठक में बिछी चटाई, बाहर रखे खड़ाऊँ,
मिलने वाले के मन में असमंजस, जाऊँ या ना जाऊँ?
माथे तिलक, नाक पर ऐनक, पोथी खुली, स्वयं से बोलें!
आओ, मन की गाँठें खोलें!

सरस्वती की देख साधना, लक्ष्मी ने संबंध न जोड़ा,
मिट्टी ने माथे का चंदन बनने का संकल्प न छोड़ा
नववर्ष की अगवानी में टुक रुक लें, कुछ ताज़ा हो लें!
आओ, मन की गाँठें खोलें।

यह कविता अटल जी ने अपने 70वें जन्मदिवस 25 दिसम्बर, 1994 को लिखी थी। इसमें उन्होंने बटेश्वर और वहाँ की यादों का चित्र खींचा है।

शिक्षा-दीक्षा

अटल बिहारी वाजपेयी की मिडिल क्लास तक की शिक्षा पिता के गोरखी विद्यालय में हुई। हाई स्कूल और इंटर की परीक्षाएँ उन्होंने ग्वालियर के ही विक्टोरिया कॉलेजियट स्कूल (अब हरिदर्शन उच्चतर माध्यमिक विद्यालय) से उत्तीर्ण कीं। बी. ए. विक्टोरिया कॉलेज (अब रानी लक्ष्मीबाई महाविद्यालय), ग्वालियर से किया और एम. ए. (राजनीति विज्ञान) डी.ए.वी. कॉलेज, कानपुर से किया। समयाभाव के कारण वे पी.एच.डी. नहीं कर पाए। बाद में 1993 में कानपुर विश्वविद्यालय द्वारा उन्हें डी.फिल. (डॉक्टर ऑफ फिलॉसफी) की मानद उपाधि प्रदान की गई (लेकिन संकोचवश वे नाम से पहले इस उपाधि को नहीं लगाते हैं)।

बाप जी और माता जी

अटल जी और उनके सभी भाई-बहन अपने पिता पं. कृष्ण बिहारी वाजपेयी को 'बाप जी' कहते थे। बाप जी एक अध्यापक थे। अत: घर में भी स्कूल की भाँति ही अनुशासन प्रिय थे। उनकी इस अनुशासनप्रियता का प्रभाव अटल जी में आज भी देखा जा सकता है। पं. कृष्ण बिहारी कविता अच्छी कर लेते थे और कवि सम्मेलनों में खूब वाहवाही भी लूटते थे। कवि मंडली में वे कविवर 'कृष्ण' के नाम से प्रसिद्ध थे। समस्यापूर्ति की उनकी समझ बेजोड़ होती थी। एक बार किसी कवि सम्मेलन में 'तिहारी' समस्या का जवाब देते हुए उन्होंने यह कविता पढ़ी थी –

केते बेहाल परे चहुंधा अरु, केते पुकारें दवारी दवारी।
केते कलेजहिं काढ़ि मलें अरु, केते न देह न गेह सम्हारी।
कवि 'कृष्ण' कहां लो कहौं, कटुता मिटि जाति अनेकन के हिय प्यारी।
अंजनि आंजि के लीहो कहा, यह नैन की तेग दुधारी तिहारी।।

इस आलंकारिक समस्यापूर्ति पर उन्होंने श्रोताओं से खूब प्रशंसा बटोरी थी। ग्वालियर के पुराने लोग आज भी उनकी कविताओं को गुनगुनाते हैं।

पं. कृष्ण बिहारी के ये गुण उनके सभी पुत्रों में कमोबेश रूप में मौजूद रहे, लेकिन अटल जी उनसे सर्वाधिक प्रभावित रहे और उन्हीं की भांति वे आज एक भावुक कवि के रूप में भी जाने जाते हैं। पिता के प्रभाव के चलते ही 15 वर्ष की अल्पायु में उन्होंने एक कविता लिखी, जो ग्वालियर के विक्टोरिया कॉलेजियट हाई स्कूल की कॉलेज पत्रिका में 1939 में प्रकाशित हुई। अटल जी उस समय कक्षा नौ के छात्र थे। वह कविता यह थी –

कवि आज सुना वह गान रे, जिससे खुल जाएं अलस पलक,
नस-नस में जीवन झंकृत हो, हो अंग-अंग में जोश ललक।
ये बंधन-चिरबंधन, टूटें-फूटें प्रासाद गगनचुम्बी
हम मिलकर हर्ष मना डालें, हूकें डर की मिट जाएं सभी।
यह भूख-भूख सत्यानाशी, बुझ जाए उदर की जीवन में।
हम वर्षों से रोते आए, अब परिवर्तन हो जीवन में।
क्रन्दन-क्रन्दन चीत्कार और, हाहाकारों से चिर परिचय।
कुछ क्षण को दूर चला जाए, यह वर्षों से दु:ख का संचय।

हम ऊब चुके इस जीवन से, अब तो विस्फोट मचा देंगे।
हम धू-धू जलते अंगारे, अब तो कुछ कर दिखला देंगे।
अरे! हमारी ही हड्डी पर, इन दुष्टों ने महल रचाए।
हमें निरंतर चूस-चूस कर, झूम-झूम कर कोष बढ़ाए।
रोटी-रोटी के टुकड़े को, बिलख-बिलखकर लाल मरे हैं।
इन मतवाले उन्मत्तों ने, लूट-लूट कर गेह भरे हैं।
पानी फेरा मर्यादा पर, मान और अभिमान लुटाया।
इस जीवन में कैसे आए, आने पर भी क्या कुछ पाया?
रोना, भूखों मरना, ठोकर खाना, क्या यही हमारा जीवन है?
हम स्वच्छंद जगत् में जन्में, फिर कैसा यह बंधन है?
मानव स्वामी बने और मानव ही करे गुलामी उसकी।
किसने है यह नियम बनाया, ऐसी है यह आज्ञा किसकी?
सब स्वच्छंद यहां पर जन्में और मृत्यु सब ही पाएंगे।
फिर यह कैसा बंधन जिसमें, मानव पशु-से बंध जाएंगे?
अरे! हमारी ज्वाला सारे बंधन टूक-टूक कर देगी।
पीड़ित दलितों के हृदयों में, अब न एक भी हूक उठेगी।
हम दीवाने आज जोश की मदिरा पी उन्मत्त हुए।
सब में हम उल्लास भरेंगे, ज्वाला में संतप्त हुए।
रे कवि! तू भी स्वरलहरी से, आज आग में आहुति दे।
और वेग से भभक उठें हम, हृद्-तंत्री झंकृत कर दे।

कविवर कृष्ण बिहारी पढ़ाकू किस्म के व्यक्ति थे। सेवानिवृत्ति के बाद खाली समय में उन्होंने एल-एल. बी. करने की तैयारी की। अटल जी भी एम. ए. और एल.एल.बी एक साथ करने जा रहे थे, क्योंकि आगरा विश्वविद्यालय से इनके प्रीवियस पाठ्यक्रम एक साथ करने की अनुमति थी। अत: पिता-पुत्र दोनों ही ने डी.ए.वी कॉलेज, कानपुर में प्रवेश लिया, जो उस समय आगरा विश्वविद्यालय से सम्बद्ध था। यहां दोनों हॉस्टल के एक ही कमरे में रहते और प्रवेश भी उन्हें एक ही सेक्शन में मिला था। उस समय यह एक बड़ी घटना थी कि पिता और पुत्र एक ही साथ अध्ययन कर रहे हैं। उन्हें देखने के लिए दूर-दूर से लोग आते थे। मजा तो तब आता था, जब किसी दिन कक्षा में कृष्ण बिहारी अनुपस्थित होते थे, तो प्रोफेसर अटल जी से पूछते कि उनके पिता कहाँ हैं? कक्षा में क्यों नहीं आए? इसी प्रकार कभी अटल जी कक्षा से नदारद

रहते तो यही प्रश्न उनके पिता से पूछा जाता। इस पर कक्षा में ठहाके, गूंज उठते थे। जब बार-बार ऐसा होने लगा, तो हारकर अटल जी ने अपना सेक्शन बदलवा लिया।

परदादा और दादा

बटेश्वर के स्थाई निवासी पं. काशीप्रसाद वाजपेयी अटल जी के परदादा थे। वे उस इलाके के प्रसिद्ध विद्वान थे। उस काल में जब यातायात के साधनों की बेहद कमी थी, आप कल्पना कर सकते हैं कि यात्राएं कितनी कठिन हुआ करती होंगी। वैसे में पं. काशीप्रसाद बटेश्वर से वाराणसी अध्ययन करने गए और गुरुकुल में रहकर संस्कृत का अध्ययन किया। वहां से वे श्रीमद भगवत्, रामायण, गीता, वेद और उपनिषद् आदि पढ़कर लौटे। उन्हें देखने, सुनने और उनका सामिप्य पाने के लिए दूर-दूर से लोग आते थे। पं. काशीप्रसाद वाजपेयी के पुत्र पं. श्यामलाल वाजपेयी अटल जी के दादा थे। श्यामलाल जी भी उच्च कोटि के विद्वान थे। रामायण, गीता, भागवत, वेद, पुराणों आदि का उन्होंने गंभीर अध्ययन किया था। लोग उन्हें आचार्य की भांति पूजते थे, उनसे अपनी समस्याओं का निरकरण पाते थे और उनकी अनुशासनप्रियता, मृदुता और मितभाषिता से प्रेरणा लेते थे। अटल जी को कवि बनने की प्रेरणा अपने दादा श्यामलाल जी से ही मिली। उन्हें श्लोक गाते-गुनगुनाते देख अटल जी भी धार्मिक ग्रंथों में रुचि लेने लगे थे और इस प्रकार वे स्वयं काव्यगत रचनाएं करने में पारंगत होते चले गए।

पं. श्यामलाल जी के बारे में उनके वकील पौत्र श्री प्रेम बिहारी वाजपेयी (अटल जी के बड़े भाई) ने कविता भी लिखी थी –

श्यामलाल वाजपेयी बाबा जो विदित नाम,
पंडित प्रचंड जाकी प्रतिभा प्रकासी है।
पाठन-पठन में बिताए तीन पन दीन्हें,
आस-पास जासु योग्यता की धाक खासी है।
गुनिन को ग्राहक, गुमानिन गुमान भरो,
साधु, संत, भक्तन की सेवा अभिलाषी है।
श्रेष्ठ, कान्यकुब्ज वंश अवतंस 'अवधेश',
आगरा ज़िले को बटेसुर निवासी है।

ऊंचाई

ऊंचे पहाड़ पर पेड़ नहीं लगते, पौधे नहीं उगते, न ही घास उगती है।
जमती है सिर्फ बर्फ, जो कफन की तरह सफेद और मौत की तरह
ठण्डी होती है।
खेलती, खिलखिलाती नदी, जिसका रूप धारण कर अपने भाग्य
पर बूंद-बूंद रोती है।
ऐसी ऊंचाई जिसका परस पानी को पत्थर कर दे, ऐसी ऊंचाई जिसका
दरस हीन भाव भर दें।
अभिनन्दन की अधिकारी है, आरोहियों के लिए आमंत्रण है,
उस पर झण्डे गाड़े जा सकते हैं, किंतु कोई गौरैया वहां नीड़ नहीं बना
सकती,
न कोई थका-मांदा बटोही, उसकी छांव में पल-भर पलक ही झपका
सकता है।
सच्चाई यह है कि केवल ऊंचाई ही काफी नहीं होती,
शून्य में अकेला खड़ा होना पहाड़ की महानता नहीं, मजबूरी है।
जो जितना ऊंचा, उतना ही एकाकी होता है, हर भार को स्वयं ही
ढोता है,
चेहरे पर मुस्कानें चिपका, मन-ही-मन रोता है
जरूरी यह है कि ऊंचाई के साथ विस्तार भी हो, जिससे मनुष्य
ठूंठ-सा खड़ा न रहे,

औरों से घुले-मिले, किसी को साथ ले, किसी के संग चले।
भीड़ में खो जाना, यादों में डूब जाना, स्वयं को भूल जाना,
अस्तित्व को अर्थ, जीवन को सुगंध देता है।
धरती को बौनों की नहीं, ऊंचे कद के इंसानों की जरूरत है

इतने ऊंचे भी नहीं कि पांव तले दूब ही न जमे,
कोई कांटा न चुभे, कोई कली न खिले।
न वसन्त हो, न पतझड़,
हो सिर्फ ऊंचाई का अंधड़, मात्र अकेलेपन का सन्नाटा।
मेरे प्रभु! मुझे इतनी ऊंचाई कभी मत देना,
ग़ैरों को गले न लगा सकूं, इतनी रुखाई कभी मत देना।

यह कविता अटल जी ने 25 जनवरी, 1992 को पद्म विभूषण अलंकरण से सम्मानित होने पर लिखी थी। इसमें अटल जी के समग्र जीवन की झांकी के दर्शन होते हैं।

इतनी ऊंचाई पर पहुंच कर भी अटल जी स्वयं को सिर्फ पद में ही ऊंचा मानते हैं, आज भी एक आम आदमी हैं। शीर्ष राजनेता होने पर भी गर्व उन्हें रंच मात्र भी नहीं छूने पाया। इन ऊंचाइयों पर पहुंचने का संकेत उन्होंने बचपन से ही देना आरम्भ कर दिया था। स्कूल/ कॉलेज में डिबेट में वे सदैव प्रथम आते थे। अपनी भाषण कला से वे बड़े-से-बड़े वक्ता और विद्वान को कायल कर देते थे। उनका यह गुण हम आज भी देख सकते हैं। बी.ए. की परीक्षा में उन्होंने हिन्दी साहित्य, संस्कृत साहित्य, राजनीति विज्ञान और सामान्य अंग्रेजी विषय लिए थे और कॉलेज में सर्वाधिक अंक प्राप्त किए थे। इलाहबाद विश्वविद्यालय में आयोजित वाद-विवाद प्रतियोगिता में भाग लेते हुए उन्होंने प्रथम पुरस्कार जीता था। इस प्रतियोगिता में निर्णायक मंडल में अभिनेता अभिताभ बच्चन के पिता और 'मधुशाला' के रचयिता लब्ध प्रतिष्ठित कवि हरिवंश राय 'बच्चन' भी थे। उन्होंने भी अटल जी की वक्तृत्व कला की भूरि-भूरि प्रशंसा की थी। देश के प्रथम प्रधानमंत्री पं. जवाहरलाल नेहरू भी अटल जी के भाषणों को ध्यानपूर्वक सुनते थे और उन्हें गंभीरता से लेते थे। तब से आज तक अटल जी जैसा वक्ता संसद में नहीं हुआ।

अटल जी ने अपना पहला भाषण उस वक्त, दिया जब वे पांचवी कक्षा के विद्यार्थी थे। वार्षिकोत्सव का अवसर था। पिता इसी विद्यालय में प्रधान अध्यापक थे। उन्होंने बिना तैयारी के भाषण दिया और बीच में ही लड़खड़ा गए। परिणामतः भाषण रोक देना पड़ा, तब उनकी छोटी उम्र के कारण किसी ने ध्यान नहीं दिया। अगली बार ग्वालियर में एक वाद-विवाद प्रतियोगिता में अटल जी ने रटा हुआ भाषण बोलने की कोशिश की और बीच में ही भूल गए। इस पर

   प्रखर राजनेता अटल बिहारी वाजपेयी

लोगों ने 'हूटिंग' शुरू कर दी। तब ही अटल जी ने संकल्प लिया वे कभी रटकर भाषण नहीं देंगे।

अटल जी की ऊंचाई : कुछ संस्मरण

अटल जी की यह विशेषता है कि वे ऑफिस में होते हैं, तो ऑफिस के ही हो जाते हैं और घर में होते हैं, तो सिर्फ घर के ही रहते हैं।

4 मई 1977 की बात है। ग्वालियर में बाड़े पर एक जनसभा का आयोजन किया गया था। इसमें अटल जी को भाषण देने आना था। उस समय वे विदेश मंत्री थे। भाषण शुरू हुआ। इसे सुनने अटल जी की भतीजी रीता और भांजी अलका भी गई हुई थीं। भाषण के बीच में तालियां बजती, तो दोनों बहुत खुश होती थीं कि उनके चाचा/मामा का अभिनन्दन हो रहा है। भाषण समाप्त हुआ तो दोनों अटल जी के पास लपकीं, क्योंकि उन्हें उनके घर ही जाना था। दोनों ने सोचा अटल जी के साथ ही घर चली जाएंगी। अत: जैसे ही अटल जी के साथ कार में बैठने लगीं, वे बोले – ''यह कार अटल बिहारी की नहीं, भारत के विदेश मंत्री की है।'' यह कहकर वे वहां से चले गए। बेचारी रीता और अलका के पास पैसे भी नहीं थे। दोनों को पैदल ही घर जाना पड़ा। घर पर अटल जी ने उन्हें गले से लगाकर समझाया कि सरकारी कार्य के दौरान वे व्यक्तिगत संबंधों से दूर रहते हैं और व्यक्तिगत कार्यों के दौरान सरकारी हस्तक्षेप से।

अटल जी प्रसिद्धि को ही महानता का पैमाना नहीं मानते हैं। बड़ा नेता, बड़ा लेखक, बड़ा अभिनेता, बड़ा खिलाड़ी अथवा बड़ा विजेता ही महान हो, ऐसा नहीं है। उद्देश्य महान होना चाहिए फिर जय-पराजय, लाभ-हानि आदि के कुछ मायने नहीं होते। व्यक्ति उच्च या निम्न किसी भी पद पर हो – देखना यह है कि मानव मात्र के लिए उसके मन में कितनी ऊष्मा है, कितनी उदारता है, कितनी संवेदनशीलता है और उसके विचार कितने विस्तृत हैं। वे औरंगजेब की विजेता होने पर महान कहने के पक्षधर नहीं है, वहीं पराजित महाराणा प्रताप को महान मानने में भी उन्हें कोई संकोच नहीं है – यह है इस महान पुरोधा की ऊंचाई।

एक बार अटल जी की भतीजी ने उन्हें पत्र लिखा कि पिताजी का स्थानांतरण ऐसी जगह हो गया है, जहां कोई कॉलेज नहीं है। उन्हें बी.ए. करना है, तब अटल जी ने जवाब दिया था – ''स्थानांतरण के लिए तो मैं नहीं

कहूंगा, लेकिन तुम कमज़ोर बनकर नहीं, सबल बनकर रहो। जहां भी जाना पड़े, जाओ।''

अटल जी 1971 में पांचवी लोक सभा के सांसद थे। ग्वालियर घूमने गए, तो साइकिल उठाई और घूमने निकल पड़े। बड़े भाई प्रेम बिहारी से मिले; बहन से मिले और कई दोस्तों से मिले। मार्ग में विजय राजे सिंधिया की नज़र उन पर पड़ी वे चटपट गाड़ी से उतरीं और बोलीं - ''खबर कर देते, मैं गाड़ी की व्यवस्था कर देती।'' तब अटल जी ने शांत स्वर मं कहा था - ''यह तो ग्वालियार है, अपना घर।''

साइकिल चाला उन्हें बहुत पसंद है। आज भी मौका मिले तो न चूकें, लेकिन अब सुरक्षा घेरा बड़ी अड़चन बन गया है। अटल जी को पैदल चलना भी बहुत पसंद है। सांसद बनने के शुरुआती दौर में अनेक वर्षों तक ग्वालियर, भोपाल आदि जगह छोटी-बड़ी दूरियां वे पैदल चलकर ही तय करते रहे हैं।

कविता के साथ-साथ अटल जी की गद्य में भी विशेष रुचि रही। प्रेमचंद, वृंदावन लाल वर्मा, जयंशकर प्रसाद, रामकुमार वर्मा, जगन्नाथ मिलिंद, जैनेन्द्र, अज्ञेय, निराला आदि उनके पंसदीदा रचनाकार हैं। उपन्यास सम्राट वृंदावन लाल वर्मा के तो उन्होंने अनेक उपन्यासों को बड़े चाव से पढ़ा। इनमें प्रमुख हैं - मृगनयनी, गढ़ कुंडार, अचल मेरा कोई..., कचनार, झांसी की रानी, विराटा की पद्मिनी आदि।

अध्ययन काल से ही अटल जी समय के पांबद, अनुशासनप्रिय और वाक् संयमित रहे हैं। ये संस्कार उन्हें माता-पिता, दादा व गुरुजन से विरासत में मिले हैं। विषम स्थिति में भी अपशब्द उनके होठों पर नहीं आते। एक बार कॉलेज में कवि सम्मेलन का आयोजन किया गया। अटल जी कॉलेज की यूनियन के उपाध्यक्ष थे। कवि सम्मेलन का संयोजक भी उन्हें ही बनाया गया। सम्मेलन की सारी तैयारियां हो चुकी थीं, श्रोता आमंत्रित कवियों को सुनने को बैचेन थे। रात के ग्यारह बज गए, लेकिन कविगण थे कि आने को ही राजी नहीं थे और जब आए तो नशे में लड़खड़ाते हुए। यह देखकर अटल जी ने तत्काल कवि सम्मेलन रद्द करने की घोषणा कर दी। इस प्रकार बिना एक अपशब्द कहे उन्होंने कवियों को समय पालन और अनुशासन का पाठ पढ़ा दिया।

सिफारिश करना और करवाना अटल जी को सख्त नापसंद है। उनके परिवार वाले भी इस बात को भली-भांति जानते हैं और इसका पालन भी करते हैं। वे स्वयं स्वावलंबी रहे हैं और परिजनों को भी इसका पाठ पढ़ा दिया है।

इस विषय में उनका एक कथन परिवार के बच्चे-बच्चे को रटा पड़ा है –
''अपने दम से बढ़ो, नहीं तो भांग पीकर पड़े रहो।'' उनका कहना है –
''अपने पैरों पर आप खड़े हो। बिल्ली के बच्चे से शिक्षा लो; जैसे वह चलता
है, गिरता है और फिर दौड़ने लगता है।''

डी.ए.वी कॉलेज, कानपुर में पढ़ाई का अच्छा माहौल था। स्वस्थ
प्रतिस्पर्द्धा होती थी। यहां रहकर अटल जी ने कॉलेज के लिए स्थानीय व
बाहर की अनेक वाद-विवाद प्रतियोगिताएं जीतीं। विद्यार्थियों के साथ-साथ
शिक्षकों के बीच भी उनकी प्रतिष्ठा थी। साहित्यिक गतिविधियों में वे हमेशा
अव्वल रहते थे। यहां राम मोहन सिंह, त्रिलोकी नाथ श्रीवास्तव और जी.एस.
गहराना उनके अच्छे दोस्त थे। अपने मित्रों से अटल जी बेहद मृदु और संयत
व्यवहार करते थे। ऐसी कोई बात नहीं करते थे कि उनके मन को ठेस पहुंचे।
कॉलेज के हॉस्टल में उनके कमरे के बगल में कॉमर्स के एक विद्यार्थी श्री
जगदीश निगम रहते थे। वे कट्टर कांग्रेसी थे और अटल जी कट्टर संघ
समर्थक, लेकिन दोनों तन्मयता से मिलते और उनके बीच कभी मनो मालिन्य
की स्थिति नहीं बनी। एम.ए. (राजनीति विज्ञान) यहां से अटल जी ने प्रथम
श्रेणी में उतीर्ण किया और पूरे विश्वविद्यालय में द्वितीय स्थान पर रहे। जनसंघ
के कार्यों में सक्रिय रहने के कारण वे कानून की पढ़ाई पूरी नहीं कर सके।

भारत को जब आज़ादी मिली, तो आज़ादी की खुशी भी थी और विभाजन
का दुःख भी। छात्रावास में 15 अगस्त का प्रथम स्वाधीनता दिवस समारोहपूर्वक
मनाया गया। इसमें आगरा विश्वविद्यालय के पूर्व उपकुलपति श्री दीवानचंद
विशिष्ट अतिथि के रूप में पधारे थे। यहां अटल जी के भाषण को सुनकर
वे इतने भावुक हो उठे कि उन्हें शाबाशी दी और दस रुपये का एक नोट उनके
हाथ में पकड़ा दिया। अटल जी को जीवन में अनेक पुरस्कार मिले हैं, लेकिन
उस दस के नोट को वे सबसे अमूल्य पुरस्कार और निधि मानते हैं। उस दिन
अटल जी ने क्रन्दन करती अपनी भावनाओं को कविता के रूप में कुछ यूं
उड़ेला था –

स्वतंत्रता दिवस की पुकार

पन्द्रह अगस्त का दिन कहता – आज़ादी अभी अधूरी है।
सपने सच होने बाकी हैं, रावी की शपथ न पूरी है।।
जिनकी लाशों पर पग धरकर आज़ादी भारत में आई।

वे अब तक हैं ख़ानाबदोश ग़म की काली बदली छाई।।
कलकत्ते के फुटपाथों पर, जो आंधी-पानी सहते हैं।
उनसे पूछो, पंद्रह अगस्त के बारे में क्या कहते हैं।।
हिन्दू के नाते उनका दुःख सुनते यदि तुम्हें लाज आती।
तो सीमा के उस पार चलो सभ्यता जहां कुचली जाती।।
इंसान जहां बेचा जाता, ईमान ख़रीदा जाता है।
इस्लाम सिसकियां भरता है, डॉलर मन में मुसकाता है।।
भूखों को गोली, नंगों को हथियार पिन्हाए जाते हैं।
सूखे कण्ठों से जेहादी नारे लगवाए जाते हैं।।
लाहौर, कराची, ढाका पर मातम की है काली छाया।
पख़्तूनों पर, गिलगित पर है ग़मगीन ग़ुलामी का साया।।
बस इसीलिए तो कहता हूं आज़ादी अभी अधूरी है।
कैसे उल्लास मनाऊं मैं? थोड़े दिन की मजबूरी है।।
दिन दूर नहीं खण्डित भारत को पुनः अखण्ड बनाएंगे।
गिलगित से गारो पर्वत तक आज़ादी पर्व मनाएंगे।।
उस स्वर्ण दिवस के लिए आज से कमर कसें बलिदान करें।
जो पाया उसमें खो न जाएं, जो खोया उसका ध्यान करें।।

प्रखर राजनेता अटल बिहारी वाजपेयी

रग-रग हिन्दू, मेरा परिचय

मैं शंकर का वह क्रोधानल, कर सकता जगती क्षार-क्षार
डमरू की वह प्रलय-ध्वनि हूं, जिसमें नचता भीषण संहार।
रणचण्डी की अतृप्त प्यास, मैं दुर्गा का उन्मत्त हास।
मैं यम की प्रलयंकर पुकार, जलते मरघट का धुआंधार।
फिर अन्तरम की ज्वाला से, जगती में आग लगा दूं मैं।
यदि धधक उठे जल, थल, अम्बर, जड़, चेतन तो कैसा विस्मय?
हिन्दू तन-मन, हिन्दू जीवन, रग-रग हिन्दू, मेरा परिचय।
मैं आदि पुरुष, निर्भयता का वरदान लिए आया भू पर।
पय पी कर सब मरते आए, मैं अमर हुआ लो विष पीकर।
अधरों की प्यास बुझाई है, पी कर मैंने वह आग प्रखर।
हो जाती दुनिया भस्मसात्, जिसको पल-भर में ही छूकर।
भय से व्याकुल फिर दुनिया ने, प्रारम्भ किया मेरा पूजन।
मैं नर, नारायण, नीलकंठ, बन गया न इसमें कुछ संशय।
हिन्दू तन-मन, हिन्दू जीवन, रग-रग हिन्दू, मेरा परिचय।
मैं अखिल विश्व का गुरु महान, देता विद्या का अमरदान।
मैंने दिखलाया मुक्ति-मार्ग, मैंने सिखलाया ब्रह्मज्ञान।
मेरे वेदों का ज्ञान अमर, मेरे वेदों की ज्योति प्रखर।
मानव के मन का अंधकार, क्या कभी सामने सका ठहर?
मेरा स्वर नभ में घहर-घहर, सागर के जल में छहर-छहर।
इस कोने से उस कोने तक, कर सकता जगती सौरभमय।
हिन्दू तन-मन, हिन्दू जीवन, रग-रग हिन्दू, मेरा परिचय।
मैं तेजपुंज, तमलीन जगत् में फैलाया मैंने प्रकाश।
जगती का रच करके विनाश, कब चाहा है निज का विकास?
शरणागत की रक्षा की है, मैंने अपना जीवन दे कर।

विश्वास नहीं आता तो, साक्षी है यह इतिहास अमर।
यदि आज देहली के खण्डहर, सदियों की निद्रा से जगकर।
गुंजार उठें ऊंचे स्वर से, 'हिन्दू की जय' तो क्या विस्मय?
हिन्दू तन-मन, हिन्दू जीवन, रग-रग हिन्दू, मेरा परिचय।
दुनिया के वीराने पथ पर, जब-जब नर ने खाई ठोकर।
दो आंसू शेष बचा पाया, जब-जब मानव सबकुछ खोकर।
मैं आया तभी द्रवित होकर, मैं आया ज्ञानद्वीप लेकर।
भूला-भटका मानव पथ पर, चल निकला सोते से जगकर।
पथ के आवर्तों से थक कर, जो बैठ गया आधे पथ पर।
उस नर को राह दिखाना ही, मेरा सदैव का दृढ़ निश्चय।
हिन्दू तन-मन, हिन्दू जीवन, रग-रग हिन्दू, मेरा परिचय।
मैंने छाती का लहू पिला, पाले विदेश के क्षुधित लाल।
मुझ को मानव में भेद नहीं, मेरा अंत-स्तर वट विशाल।
जग को ठुकराए लोगों को, लो मेरा घर का खुला द्वार।
अपना सब कुछ है लुटा चुका, फिर भी अक्षय है धनागार।
मेरा हीरा पाकर ज्योतित, परकीयों का वह राजमुकुट।
यदि इन चरणों पर झुक जाए, कल वह किनीट तो क्या विस्मय?
हिन्दू तन-मन, हिन्दू जीवन, रग-रग हिन्दू, मेरा परिचय।
होकर स्वतंत्र मैंने कब चाहा है करलूं जग को गुलाम।
मैंने तो सदा सिखाया है, करना अपने मन को गुलाम।
गोपाल-राम के नामों पर, कब मैंने अत्याचार किए?
कब दुनिया को हिन्दू करने, घर-घर में नर-संहार किए?
कोई बतलाए काबुल में, जाकर कितनी तोड़ीं मस्जिद?
भू-भाग नहीं, शत-शत मानव के, हृदय जीतने का निश्चय।
हिन्दू तन-मन, हिन्दू जीवन, रग-रग हिन्दू, मेरा परिचय।
मैं एक बिंदु, परिपूर्ण सिंधु है, यह मेरा हिन्दू समाज।
मेरा इसका संबंध अमर, मैं व्यक्ति और यह है समाज।
इससे मैंने पाया तन-मन, इससे मैंने पाया जीवन।
मेरा तो बस कर्तव्य यही, कर दूं सब कुछ इसके अर्पण।
मैं तो समाज की थाती हूं, मैं तो समाज का हूं सेवक।
मैं तो समष्टि के लिए व्यष्टि का, कर सकता बलिदान अभय।
हिन्दू तन-मन, हिन्दू जीवन, रग-रग हिन्दू, मेरा परिचय।

प्रखर राजनेता अटल बिहारी वाजपेयी

यह कविता अटल जी ने 18 वर्ष की आयु में 1942 में लिखी। सबसे पहले इसे उन्होंने लखनऊ के राष्ट्रीय स्वयंसेवक संघ के एक प्रशिक्षण कार्यक्रम के दौरान सुनाया था। इस ओजपूर्ण कविता को सुनकर तत्कालीन सरसंघ चालक पूज्य गुरुजी माधव सदाशिव गोलवलकर ने अटल जी की पीठ थपथपाकर उन्हें आशीर्वाद दिया था। यह लम्बी कविता इतनी प्रसिद्ध हुई कि अटल जी जहां भी जाते, इसकी फरमाइश की जाती। एक प्रकार से यह कविता अटल जी की पहचान बन गई थी। इसका शीर्षक उन्होंने 'परिचय' रखा था। यह कविता स्वयं सेवकों की तो प्रेरणा ही बन गई थी। सैकड़ों स्वयं सेवकों ने इसे याद कर लिया था और प्रशिक्षण शिविरों में प्राय: इसका पाठ होता था।

संघ की ओर बढ़े कदम

आर.एस.एस. यानी राष्ट्रीय स्वयंसेवक संघ की स्थापना 1938 में ग्वालियर में हुई थी। नारायण राव तर्टे ने इसकी स्थापना की थी। जब अटल जी 16 वर्ष के थे, तब उन्होंने 1940 में नारायण प्रसाद भार्गव की प्रेरणा से संघ की ओर कदम बढ़ाए। अटल जी ने एक स्वयं सेवक के रूप में संघ के लिए पूर्ण समर्पण भावना के साथ कार्य किया। यही कारण था कि थोड़े ही समय में उन्हें कार्यवाहक और बौद्धिक कार्यवाह बना दिया गया।

1941 में अटल जी ने नागपुर से संघ शिक्षण वर्ग का प्रथम वर्ष और लखनऊ प्रशिक्षण शिविर में 1942 में द्वितीय वर्ष पूरा किया। अटल जी संघ के प्रवर्तक नारायण राव तर्टे से इतने प्रभावित थे कि वे रात-दिन पूरी तन्मयता से संघ के प्रचार-प्रसार में जुट गए। हालांकि उनके पिता पंडित कृष्ण बिहारी वाजपेयी ने उन्हें कई बार मना भी किया कि वे संघ से स्वयं को दूर रखें, लेकिन अटल जी फिर भी चोरी-छिपे संघ के लिए कार्य करते रहे। उनके इस जुझारूपन की संघ का प्रत्येक सदस्य प्रशंसा किया करता था। संघ के प्रति युवाओं में उन्होंने ऐसा आकर्षण पैदा कर दिया था कि वे अटल जी के विचारों से प्रभावित होकर संघ से जुड़ने लगे थे, जो संघ के लिए शुभ संकेत था।

अभी संघ से जुड़े हुए अटल जी को मात्र दो ही वर्ष हुए थे कि वे संघ में ही नहीं, बल्कि बाहर लोगों में भी लोकप्रिय हो गए थे। उनके जोशीले भाषणों को सुनने के लिए लोगों की भीड़ जुट जाती थी। यही वह दौर था जब एक ओर संघ फल-फूल रहा था, तो दूसरी ओर देश में अंग्रेजों के खिलाफ

भारत छोड़ो आंदोलन की महाज्वाला भड़क रही थी। इसकी चिंगारी ग्वालियर में भड़क उठी थी। अटल जी भी इस भड़की चिंगारी से अछूते नहीं रहे थे। वे अपने भाषणों से युवाओं में जोश भरते जिसके कारण अब वे पुलिस की सूची में शामिल हो चुके थे। पुलिस उन्हें गिरफ्तार करने के लिए उनके पीछे लगी हुई थी। जब उनके पिता को इस बारे में पता चला, तो उन्होंने उन्हें बटेश्वर भेज दिया, लेकिन अंतत: उन्हें पुलिस ने पकड़ ही लिया और फिर उन्हें आगरा के बाल सुधार गृह में भेज दिया। वहां वे लगभग 24 दिन तक रहे, लेकिन फिर बाद में उन्हें नाबालिग होने के कारण छोड़ दिया गया।

इस घटना के बाद तो अटल जी लोगों में विशेषकर युवाओं में अत्यंत लोकप्रिय हो गए। उनकी लोकप्रियता इस चरम सीमा पर पहुंच चुकी थी कि वे जहां भी जाते उनके विचारों को सुननेवालों का मेला-सा लग जाता।

1944 में अटल जी ने नागपुर से संघ शिक्षण वर्ग का तृतीय वर्ष पूरा किया। इस दौरान उन्होंने एम.ए. की शिक्षा पूरी की। शिक्षा पूरी करने के बाद वे फिर से संघ के लिए प्रचार-प्रसार में जुट गए।

अटल जी के अंदर हिन्दू जागृति के लिए एक आग-सी सुलग रही थी। अमर आग है नाम शीर्षक से लिखी एक कविता में उन्होंने इसका विहंगम चित्रण किया है :

कोटि-कोटि आकुल हृदयों में सुलग रही है जो चिनगारी,
अमर आग है, अमर आग है।
उत्तर दिशि में अजित दुर्ग-सा, जागरूक प्रहरी युग-युग का,
मूर्तिमन्त स्थैर्य, धीतरा की प्रतिमा-सा, अटल अडिग नगपति विशाल है।
नभ की छाती को छूता-सा, कीर्ति-पुंज सा,
दिव्य दीपकों के प्रकाश में झिलमिल-झिलमिल
ज्योतित मां का पूज्य भाल है।
कौन कह रहा उसे हिमालय? वह तो हिमावृत्त ज्वालागिरी,
अणु-अणु, कण-कण, गिरी गह्वर-कंदर, गुंजित ध्वनित कर रहा अब तक
डिम-डिम डमरू का भैरव स्वर।
गौरीशंकर के गिरी गह्वर शैल-शिखर, निर्झर, वन-उपवन,
तरु तृण दीपित शंकर के तीसरे नयन की प्रलय-वह्निन से जगमग ज्योतित।
जिसको छूकर, क्षण-भर ही में काम रह गया था मुट्ठी-भर।
यही आग ले प्रतिदिन प्राची अपना अरुण सुहाग सजाती,
और प्रखर दिनकर की, कंचन काया,

इसी आग में पल कर निशि-निशि, दिन-दिन,
जल-जल, प्रतिपल, सृष्टि-प्रलय-पर्यन्त तमावृत
जगती को रास्ता दिखाती।
यही आग ले हिन्द महासागर की छाती है धधकाती,
लहर-लहर प्रज्वाल लपट बन पूर्व-पश्चिमी घाटों को छू,
सदियों की हतभाग्य निशा में सोये शिलाखण्ड सुलगाती।
नयन-नयन में यही आग ले, कण्ठ-कण्ठ में प्रलय-राग ले,
अब तक हिन्दुस्तान जिया है।
इसी आग की दिव्य विभा में, सप्त-सिंधु के कल कछार पर,
सुर-सरिता की धवल धार पर तीर-तटों पर,
पर्णकुटी में, पर्णासन पर,
कोटि-कोटि ऋषियों-मुनियों ने दिव्य ज्ञान का सोम पिया था
जिसका कुछ उच्छिष्ट मात्र बर्बर पश्चिम ने,
दया दान-सा, निज जीन को असफल मान कर
कर पसार कर, सिर-आंखों पर धार लिया था।
वेद-वेद के मंत्र-मंत्र में, मंत्र-मंत्र की पंक्ति-पंक्ति में,
पंक्ति-पंक्ति के शब्द-शब्द में, शब्द-शब्द के अक्षर स्वर में,
दिव्य ज्ञान-आलेक प्रदीपित, सत्यं, शिवं, सुन्दरं शोभित,
कपिल, कणाद और जैमिनि की स्वानुभूति का अमर प्रकाशन,
विशद-विवेचन, प्रत्यालोचन, ब्रह्म, जगत, माया का दर्शन।
कोटि-कोटि कण्ठों में गूंजा जो अति मंगलमय स्वर्गिक स्वर,
अमर राग है, अमर राग है।
कोटि-कोटि आकुल हृदयों में सुलग रही है जो चिनगारी
अमर आग है, अमर आग है।
यही आग सरयू के तट पर दशरथ जी के राजमहल में,
घन-समूह में चल चपला-सी, प्रगट हुई, प्रज्वलित हुई थी।
दैत्य-दानवों के अधर्म से पीड़ित पुण्यभूमि का जन-जन,
शंकित मन-मन, त्रसित विप्र, आकुल मुनिवर-गण,
बोल रही अधर्म की तूती दुस्तर हुआ धर्म का पालन,
तब स्वदेश-रक्षार्थ देश का सोया क्षत्रियत्व जागा था।
रोम-रोम में प्रगट हुई यह ज्वाला, जिसने असुर जलाए,
देश बचाया, वाल्मीकि ने जिसका गाया।
चकाचौंध दुनिया ने देखी सीता के सतीत्व की ज्वाला,

विश्व चकित रह गया देखकर नानी की रक्षा-निमित्त जब
नर क्या वानर ने भी अपना महाकाल की बलि-वेदी पर,
अगणित होकर सस्मित हर्षित शीश चढ़ाया।
यही आग प्रज्ज्वलित हुई थी यमुना की आकुल आहों से,
अत्याचार-प्रपीड़ित ब्रज के अश्रु-सिंधु में बड़वानल बन।
कौन सह सका मां का क्रंदन?
दीन देवकी ने कारा में सुलगाई थी यही आग जो
कृष्ण-रूप में फूट पड़ी थी।
जिसको छू कर, मां के कर कड़ियां, पग की लड़ियां
चट-चट टूट पड़ी थीं।
पांचजन्य का भैरव स्वर सुन तड़प उठा था आक्रुद्ध सुदर्शन,
अर्जुन का गाण्डीव, भीम की गदा, धर्म का धर्म डट गया,
अमर भूमि में, समर भूमि में, धर्म भूमि में, कर्म भूमि में,
गूंज उठी गीता की वाणी, मंगलमय जन-जन कल्याणी।
अपढ़, अजान विश्व ने पाई शीश झुकाकर एक धरोहर।
कौन दार्शनिक दे पाया है अब तक ऐसा जीवन-दर्शन?
कालिन्दी के कल कछार पर कृष्ण-कण्ठ से गूंजा जो स्वर
अमर राग है, अमर राग है।
कोटि-कोटि आकुल हृदयों में सुलग रही है जो चिनगारी
अमर आग है, अमर आग है।

यह लम्बी कविता अटल जी ने 1946 में लिखी। इस दौरान वे हरदोई (उ.प्र.) के सण्डीला कस्बे में संघ के विस्तारक का कार्य देख रहे थे। यह दायित्व उन्हें भाऊराव जी ने सौंपा था। युवा क्रांतिकारी वचनेश त्रिपाठी यहां उनके सहयोगी थे। सण्डीला और आस-पास के गांवों में जनसम्पर्क के लिए उन्हें मीलों पैदल चलना पड़ता था। साइकिल व बैलगाड़ी मिलना भी स्वपन की बात थी। यहां न डॉक्टर था और न मनोरंजन का कोई साधन, लेकिन अटल जी ने यहां जमकर काम किया। यहां उन्हें कई दिन बुखार में तपते रहना पड़ा, तो कई दिन भूखे सोना पड़ा। यहीं अटल जी की पं. दीन दयाल उपाध्याय जी से घनिष्ठता बढ़ी। दीन दयाल जी आस-पास नई-नई संघ-शाखाएं खोलने के लिए मीलों पैदल चलकर जाते थे। अटल जी भी उनके साथ सक्रिय रहते थे। बड़ी कठिनाई-भरे दिन थे। कई बार तो उन्हें खेतों की ऊबड़-खाबड़ पगडंडियों पर दिन-रात 18-18 घंटे चलना पड़ता था।

                    प्रखर राजनेता अटल बिहारी वाजपेयी

कदम मिलाकर चलना होगा

बाधाएं आती हैं आएं, घिरे प्रलय की घोर घटाएं,
पांवों के नीचे अंगारे, सिर पर बरसें यदि ज्वालाएं,
निज हाथों से हंसते-हंसते, आग लगाकर जलना होगा।
कदम-मिलाकर चलना होगा।
हास्य-रुदन में, तूफानों में, अमर असंख्यक बलिदानों में,
उद्यानों में, वीरानों में, अपमानों में, सम्मानों में,
उन्नत मस्तक, उभरा सीना, पीड़ाओं में पलना होगा!
कदम मिलाकर चलना होगा।
उजियारे में, अंधकार में, कल कछार में, बीच धार में,
घोर घृणा में, पूत प्यार में, क्षणिक जीत में, दीर्घ हार में,
जीवन के शत-शत आकर्षक, अरमानों को दलना होगा।
कदम मिलाकर चलना होगा।
सम्मुख फैला अमर ध्येय पथ, प्रगति चिरन्तन, कैसा इति अथ,
सुस्मित हर्षित कैसा श्रम श्लथ, असफल, सफल समान मनोरथ,
सब कुछ देकर कुछ न मांगते, पावस बनकर ढलना होगा।
कदम मिलाकर चलना होगा।
कुश कांटों से सज्जित जीवन, प्रखर जीवन से वंचित यौवन,
नीरवता से मुखरित मधुवन, पर-हित अर्पित अपना तन-मन,
जीवन को शत-शत आहुत में, जलना होगा, गलना होगा।
कदम मिलाकर चलना होगा।

अटल जी तीन-तीन जिम्मेदारियां एक साथ निभा रहे थे। पहली, अपनी शिक्षा की जिम्मेदारी जिसमें उन्होंने एम.ए. की परीक्षा तो उत्तीर्ण कर ली थी, लेकिन उनके एल.एल.बी. का एक वर्ष अभी भी बचा हुआ था। उस दौरान

अधिकांश छात्र युवक एम.ए. की परीक्षा प्रथम श्रेणी से उत्तीर्ण करने के बाद या तो आई.ए.एस अर्थात भारतीय प्रशासनिक सेवा की ओर कदम बढ़ाते थे या फिर पी.एच.डी करते थे। दूसरी, संघ में रहकर काम करना और तीसरी, अंग्रेजों के विरुद्ध युवाओं को तैयार करना।

अटल जी ने पहले ही फैसला कर लिया था कि वे सरकारी सेवा नहीं करेंगे, लेकिन वे पी.एच.डी अवश्य करना चाहते थे। अभी वे अपनी शिक्षा को लेकर चिंतन-मनन कर ही रहे थे कि उन्हें लखनऊ के लिए संघ प्रमुख की ओर से बुलावा आ गया।

अटल जी संघ की ओर से आए बुलावे को लेकर गंभीर थे। संघ में उनकी गहन श्रद्धा थी इसलिए वे लखनऊ जाना चाहते थे, लेकिन पिताजी की इच्छा थी कि वे पहले अपनी कानून की पढ़ाई पूरी कर लें। अब अटल जी ने कानूनी शिक्षा को छोड़ने का मन बना लिया और पिताजी से आज्ञा मांगी कि वे लखनऊ जाकर पी.एच.डी करना चाहते हैं। ऐसा वे इसलिए करना चाहते थे कि लखनऊ जाकर पी.एच.डी भी कर लेंगे और संघ के कार्यों में भाग ले सकेंगे। उनके पिताजी ने उन्हें लखनऊ जाने की अनुमति दे दी। वे वहां चले तो गए, लेकिन अपनी पी.एच.डी. की शिक्षा पूरी न कर सके।

अभी लखनऊ में आए हुए अटल जी को कुछ ही समय हुआ था कि प्रांतीय प्रचारक श्री भाऊराव देवरस ने लखनऊ में एक सभा बुलाई जिसमें पंडित दीनदयाल उपाध्याय, अटल बिहारी वाजपेयी और राजीव लोचन इत्यादि लोगों ने भाग लिया। इस आयोजित सभा में श्री. भाऊराव ने बताया कि संघ प्रमुख गुरुजी लखनऊ से एक पत्र निकालना चाहते हैं और आप लोगों की राय जानने के लिए ही यह सभा आयोजित की गई है। सभी ने मिलकर उनकी इस इच्छा का समर्थन किया।

इस प्रकार लखनऊ से निकलने वाले इस समाचार पत्र का नाम 'राष्ट्र धर्म' रखा गया। इस मासिक पत्र की जिम्मेदारी पंडित दीन-दयाल उपाध्याय को सौंपी गई और अटल जी तथा स्वर्गीय राजीव लोचन अग्निहोत्री को इसका संपादकीय भार सौंपा गया। राष्ट्रधर्म का पहला अंक अगस्त 1948 कारे बाजार में आया। आरंभ में इसकी तीन हजार प्रतियां ही निकाली गईं, लेकिन बाद में बढ़ती हुई मांग व लोकप्रियता को देखते हुए इसकी और भी प्रतियां निकाली गईं।

इस आरंभिक अंक की विशेषता यह थी कि इसमें एक व्यंग्यपूर्ण कार्टून को भी प्रकाशित किया गया था, जिसने राजनीतिक हल्कों में हंगामा खड़ा कर

प्रखर राजनेता अटल बिहारी वाजपेयी

दिया था। यह कार्टून प्रसिद्ध चित्रकार श्री हरि मोहन ने बनाया था। इस व्यंग्य पूर्ण कार्टून में एक बुढ़िया को अंगीठी पर खीर पकाते हुए दिखाया गया था। खीर पकाने के लिए बुढ़िया ने चरघे को जला दिया था और उस खीर को कुत्ता चाट रहा था। पास में वह बुढ़िया बैठी ढोल बजा रही थी। इस कार्टून के नीचे अमीर खुसरो द्वारा रचित दो पंक्तियों को लिखा गया था –

'खीर पकाई जतन से, चरघा दिया जलाय।
आया कुत्ता खा गया, तू बैठ ढोल बजाय।।'

अगर देखा जाए तो अटल जी ने राष्ट्रधर्म से ही पत्रकारिता के क्षेत्र में कदम रखा था और अपने पहले अनुभव में ही उन्होंने लोगों को अपना चहेता बना लिया था। राष्ट्रधर्म इतना लोकप्रिय हुआ कि पाठकों में इसके दूसरे अंक की प्रतीक्षा की जाने लगी।

इस बार 'राष्ट्रधर्म' के दूसरे अंक में पहले अंक की तुलना में लगभग ढाई हजार अधिक प्रतियां यानी आठ हजार प्रतियां निकाली गई। इस अंक में भी पहले अंक की तरह एक कार्टून प्रकाशित किया गया था, जो विशेष रूप से चर्चा का केंद्र रहा। इस अंक से इतना लाभ हुआ कि बाद में 'राष्ट्रधर्म' का स्वयं का प्रेस लगा लिया। ऐसा इसलिए किया गया, क्योंकि यह पत्र इतना लोकप्रिय हो गया था कि इसकी अधिकाधिक प्रतियों की आवश्यकता पड़ने लगी थी और भार्गव जी इतनी प्रतियां निकालने में समर्थ नहीं थे। इस समस्या से निजात पाने के लिए दीनानाथ जी ने एक पुराने प्रेस को ढूंढा, क्योंकि उस समय नया प्रेस लगाने पर प्रतिबंध था। इस प्रकार काफी जद्दोजहद के बाद 'राष्ट्रधर्म' की अपनी प्रेस लगा ली गई।

जहां एक ओर पंडित दीनदयाल उपाध्याय और भाऊराव देवरस जी को 'राष्ट्रधर्म' से सफलता मिली थी, वहीं दूसरी ओर 15 अगस्त, 1947 को देश की आजादी के रूप में अप्रत्याशित सफलता हासिल हुई थी। हालांकि देश को इस खुशी के अवसर पर दुःख की चीत्कार से रूबरू होना पड़ा। भारत के दो टुकड़े हो गए थे। अंग्रेज अपनी कुटिल चाल में सफल हो गए थे। अटल जी का हृदय यह सब देखकर विचलित हो उठा। उन्होंने अपने दुःख को एक कविता 'स्वतंत्रता दिवस की पुकार' के रूप में व्यक्त किया –

पन्द्रह अगस्त का दिन कहता – आजादी अभी अधूरी है।
सपने सच होने बाकी हैं, रावी की शपथ न पूरी है।।

जिनकी लाशों पर पग धरकर आज़ादी भारत में आई।
वे अब तक हैं ख़ानाबदोश ग़म की काली बदली छाई।।
कलकत्ते के फुटपाथों पर जो आंधी-पानी सहते हैं।
उनसे पूछो, पंद्रह अगस्त के बारे में क्या कहते हैं।।
हिन्दू के नाते उनका दु:ख सुनते यदि तुम्हें लाज आती।
तो सीमा के उस पार चलो सभ्यता जहां कुचली जाती।।
इंसान जहां बेचा जाता, ईमान ख़रीदा जाता है।
इस्लाम सिसकियां भरता है, डॉलर मन में मुसकाता है।।
भूखों को गोली, नंगों को हथियार पिन्हाए जाते हैं।
सूखे कण्ठों से जेहादी नारे लगवाए जाते हैं।।
लाहौर, कराची, ढाका पर मातम की है काली छाया।
पखूनों पर, गिलगित पर है ग़मगीन गुलामी का साया।।
बस इसीलिए तो कहता हूं आज़ादी अभी अधूरी है।
कैसे उल्लास मनाऊं मैं? थोड़े दिन की मजबूरी है।।
दिन दूर नहीं खण्डित भारत को पुन: अखण्ड बनाएंगे।
गिलगित से गारो पर्वत तक आज़ादी पर्व मनाएंगे।।
उस स्वर्ण दिवस के लिए आज से कमर कसें बलिदान करें।
जो पाया उसमें खो न जाएं, जो खोया उसका ध्यान करें।।

'राष्ट्रधर्म की सफलता के बाद भाऊराव देवरस जी ने अब साप्ताहिक पत्र निकालने का निश्चय किया, जिसका नाम 'पांचजन्य' रखा गया। इसका संपादक अटल जी को बनाया गया। यह साप्ताहिक पत्र 14 जनवरी, 1948 को बाजार में आया। यह पत्र भी 'राष्ट्रधर्म' की भांति लोगों के बीच अत्यंत लोकप्रिय हुआ। इसी दौरान 30 जनवरी, 1948 को गांधी जी की हत्या कर दी गई । पूरे देश में शोक की लहर दौड़ गई। उस समय की तत्कालीन सरकार ने आर.एस.एस पर प्रतिबंध लगा दिया और इसके सभी प्रमुख नेताओं को गिरफ्तार कर लिया गया। 'राष्ट्रधर्म' और 'पंचजन्य' पर प्रतिबंध लगा दिया गया।

अटल जी कुछ समय भूमिगत रहने के बाद इलाहबाद आ गए। यहां वे श्री रामशरण सिंह सहगत के अंग्रेजी साप्ताहिक 'क्राइसिस' तथा मासिक 'कर्मयोगी' में काम करने लगे। कुछ महीनों के बाद संघ से प्रतिबंध हटा लिया गया। जैसे ही पंडित दीनदयाल जेल से बाहर आए, तो उन्होंने फिर से

'राष्ट्रधर्म' और 'पंचजन्य' का प्रकाशन शुरू कर दिया और फिर उन्होंने अटल जी को भी इलाहबाद से लखनऊ बुला लिया।

इन दोनों की आपार सफलता के बाद पंडित दीनदयाल जी ने एक अन्य दैनिक पत्र स्वदेश निकालने का फैसला किया। अटल जी का इस दैनिक पत्र का संपादक बनाया गया। थोड़े समय में इस पत्र ने पाठकों के बीच अपनी जगह बना ली। इस पत्र में प्रकाशित होने वाले अटल जी के संपादकीय लेखो ने बुद्धिजीवी वर्ग को झकझोर दिया। चारों ओर उनके सपांदकीय लेखों की चर्चा होने लगी।

सबकुछ ठीक-ठाक चल रहा था, लेकिन दुर्भाग्यवश यह पत्र राजनीतिक प्रतिद्विंदता का शिकार हो गया। किसी भी पत्र के लिए विज्ञापन ही उसकी रीढ़ होते हैं और जब विज्ञापन ही मिलने बंद हो जाएं, तो फिर हानि होती ही हैं। 'स्वदेश' के साथ भी वही हुआ। विज्ञापन न मिलने और घाटा होने के कारण इसका प्रकाशन बंद करना पड़ा। इसका अंतिम संपादकीय लेख 'अलविदा' लोगों के बीच विशेष चर्चा का केंद्र रहा, जिसे पढ़कर पाठक भावुक हो गए थे। अंतत: कारणवश अटल जी ने लखनऊ छोड़ दिया।

एक बार अटल जी संघ के कार्य हेतु 'संडीला' नामक कस्बे में आए थे, जो लखनऊ-दिल्ली के मार्ग पर स्थित है। जब अटल जी यहां आए तो वे 'मियादी' बुखार से पीड़ित हो गए। कई दिनों तक बुखार से पीड़ित रहने के कारण उन्होंने एक लोकप्रिय कविता की रचना कर डाली, जो 'अमर आग है' के नाम से प्रसिद्ध है –

> कोटि-कोटि आकुल हृदयों में
> सुलग रही है जो चिनगारी,
> अमर आग है, अमर आग है।
> उत्तर दिशि में अजित दुर्ग-सा,
> जागरूक प्रहरी युग-युग का,
> मूर्तिमन्त स्थैर्य, धीतरा की प्रतिमा-सा,
> अटल अडिग नगपति विशाल है।
>> नभ की छाती को छूता सा,
>> कीर्ति-पुंज सा,
>> दिव्य दीपकों के प्रकाश में

झिलमिल झिलमिल
ज्योतित मां का पूज्य भाल है।
कौन कह रहा उसे हिमालय?
वह तो हिमावृत्त ज्वालागिरी,
अणु-अणु, कण-कण,
गिरी गह्वर-कंदर,
गुंजित ध्वनित कर रहा अब तक
डिम-डिम डमरू का भैरव स्वर।

गौरीशंकर के गिरी गह्वर
शैल-शिखर, निर्झर, वन-उपवन,
तरु तृण दीपित शंकर के तीसरे नयन की
प्रलय-वह्नि से जगमग ज्योतित।
जिसको छूकर,
क्षण भर ही में
काम रह गया था मुट्ठी भर।

यही आग ले प्रतिदिन प्राची
अपना अरुण सुहाग सजाती,
और प्रखर दिनकर की,
कंचन काया,
इसी आग में पल कर
निशि-निशि, दिन-दिन,
जल-जल, प्रतिपल,
सृष्टि-प्रलय-पर्यन्त तमावृत
जगती को रास्ता दिखाती।

यही आग ले हिन्द महासागर की
छाती है धधकाती,
लहर-लहर प्रज्वाल लपट बन
पूर्व-पश्चिमी घाटों को छू,
सदियों की हतभाग्य निशा में
सोये शिलाखण्ड सुलगाती।
नयन-नयन में यही आग ले,

प्रखर राजनेता अटल बिहारी वाजपेयी

कण्ठ-कण्ठ में प्रलय-राग ले,
अब तक हिन्दुस्तान जिया है।
इस आग की दिव्य विभा में,
सप्त-सिंधु के कल कछार पर,
सुर-सरिता की धवल धार पर
तीर-तटों पर,
पर्णकुटी में, पर्णासन पर,
कोटि-कोटि ऋषियों-मुनियों ने
दिव्य ज्ञान का सोम पिया था
जिसका कुछ उच्छिष्ट मात्र
बर्बर पश्चिम ने,
दया दान-सा,
निज जीवन को सफल मान कर
कर पसार कर,
सिर-आंखों पर धार लिया था।
वेद-वेद के मंत्र-मंत्र में,
मंत्र-मंत्र की पंक्ति-पंक्ति में,
पंक्ति-पंक्ति के शब्द-शब्द में,
शब्द-शब्द के अक्षर-स्वर में,
दिव्य ज्ञान-आलोक प्रदीपित,
सत्यं, शिवं, सुन्दरं शोभित,
कपिल, कणाद और जैमिनी की
स्वानुभूति का अमर प्रकाशन,
विशद-विवेचन, प्रत्यालोचन,
ब्रह्म, जगत, माया का दर्शन।
कोटि-कोटि कण्ठों में गूंजा
जो अति मंगलमय स्वर्गिक स्वर,
अमर राग है, अमर राग है।
कोटि-कोटि आकुल हृदयों में
सुलग रही है जो चिनगारी
अमर आग है, अमर आग है।

प्रखर राजनेता अटल बिहारी वाजपेयी

यही आग सरयू के तट पर
दशरथ जी के राजमहल में,
धन-समूह में चल चपला-सी,
प्रगट हुई, प्रज्वलित हुई थी।
दैत्य-दानवों के अधर्म से पीड़ित
पुण्यभूमि का जन-जन,
शंकित मन-मन,
त्रसित विप्र,
आकुल मुनिवर-गण,
बोल रही अधर्म की तूती
दुस्तर हुआ धर्म का पालन,

    तब स्वदेश-रक्षार्थ देश का
    सोया क्षत्रियत्व जागा था।
    राम-रूप में प्रगट हुई यह ज्वाला,
    जिसने
    असुर जलाए,
    देश बचाया,
    वाल्मीकि ने जिसको गाया।

चकाचौंध दुनिया ने देखी
सीता के सतीत्व की ज्वाला,
विश्व चकित रह गया देखकर
नारी की रक्षा-निमित्त जब
नर क्या वानर ने भी अपना
महाकाल की बलि-वेदी पर,
अगणित होकर
सस्मित हर्षित शीश चढ़ाया।

    यही आग प्रज्वलित हुई थी
    यमुना की आकुल आहों से,
    अत्याचार-प्रपीड़ित ब्रज के
    अश्रु-सिंधु में बड़वानल बन
    कौन सह सका मां का क्रंदन?

                                   प्रखर राजनेता अटल बिहारी वाजपेयी

दीन देवकी ने कारा में
सुलगाई थी यही आग, जो
कृष्ण-रूप में फूट पड़ी थी।
जिसको छू कर,
मां के कर की कड़ियां,
पग की लड़ियां
चट-चट टूट पड़ी थीं।
पांचजन्य का भैरव स्वर सुन
तड़प उठा था आक्रुद्ध सुदर्शन,
अर्जुन का गांडीव,
भीम की गदा,
धर्म का धर्म डट गया,
अमर भूमि में,
समर भूमि में,
धर्म भूमि में,
कर्म भूमि में,
गूंज उठी गीता की वाणी,
मंगलमय जन-जन कल्याणी।
अपढ़, अजान विश्व ने पाई
शीश झुकाकर एक धरोहर।
कौन दार्शनिक दे पाया है
अब तक ऐसा जीवन-दर्शन?
कालिन्दी के कल कछार पर
कृष्ण-कण्ठ से गूंजा जो स्वर
अमर राग है, अमर राग है।
कोटि-कोटि आकुल हृदयों में
सुलग रही है जो चिनगारी
अमर आग है, अमर आग है।

इस प्रकार विभिन्न पत्रों में कार्य करने तथा अनेक हृदय विदारक कविताओं की रचना के बाद तो अटल जी लोगों के बीच और लोकप्रिय हो गए थे। वे पत्रकारिता जगत में विख्यात हो गए थे।

हिन्दी प्रेम

अटल जी का हिन्दी प्रेम जगजाहिर है। हिन्दी के प्रचार-प्रसार में वे बचपन से ही लगे रहे हैं। उनकी कविताएं, लेख, सम्पादकीय उनके हिन्दी प्रेम के दृष्टांत हैं। 4 अक्टूबर 1977 को भारत के विदेश मंत्री के रूप में संयुक्त राष्ट्र संघ के अधिवेशन में हिन्दी में भाषण देकर उन्होंने अपने हिन्दी प्रेम का विश्व प्रमाण दिया। इस अवसर पर उन्होंने यह कविता भी लिखी –

गूंजी हिन्दी विश्व में, स्वप्न हुआ साकार;
राष्ट्र संघ के मंच से, हिन्दी का जयकार;
हिन्दी का जयकार, हिन्दी हिन्दी में बोला;
देख स्वभाषा-प्रेम, विश्व अचरज से डोला;
कह कैदी कविराय, मेम की माया टूटी;
भारत माता धन्य, स्नेह की सरित फूटी।

भारत की स्वतंत्रता के बाद कांग्रेस सरकार ने हिन्दी की अपेक्षा अंग्रेजी को ही प्रोत्साहित किया। हिन्दी की उपेक्षा की इस कांग्रेस-नीति से, हिन्दी प्रेमी राजर्षि पुरुषोत्तम दास टण्डन बहुत व्यथित रहते थे। लोगों को हिन्दी के प्रति जागृत करने के लिए उन्होंने 1950 में लखनऊ में हिन्दी साहित्य सम्मेलन आयोजित करने का निश्चय किया। पं. कमलापति त्रिपाठी को इसका सभापति, चन्द्रभानु गुप्त को स्वागताध्यक्ष और अटल जी को उप-स्वागताध्यक्ष बनाया गया। अधिवेशन के प्रचार का कार्य भी अटल जी को ही सौंपा गया। उन्होंने लखनऊ के गली-मोहल्लों में साइकिल से घूम-घूमकर लोगों को प्रेरित किया और पर्चे बांटे। इस प्रकार लखनऊ की गलियों में हिन्दी प्रेम के अंकुर फूटने लगे। निश्चित तिथि को अधिवेशन हुआ और बहुत सफल रहा। इसमें सबसे अधिक तालियां अटल जी के भाषण ने ही बटोरीं।

राजनीति की डगर पर

टूटे हुए तारों से फूटे वासन्ती स्वर, पत्थर की छाती में उग आया नव अंकुर
झरे सब पीले पात, कोयल की कुहुक रात, प्राची में अरुणिमा की रेख देख
पाता हूं।

गीत नया गाता हूं।

टूटे हुए सपने की सुने कौन सिसकी? अंतर को चीर व्यथा पलकों पर ठिठकी।
हार नहीं मानूंगा, रार नहीं ठानूंगा, काल के कपाल पर लिखता-मिटाता हूं।
गीत नया गाता हूं।

भारतीय जनसंघ का गठन

सन् 1951 का वर्ष था राजनीति का नया गीत गाने का। राष्ट्रीय स्वयंसेवक संघ दिन दूनी-रात चौगुनी उन्नति कर रहा था, लेकिन लोकसभा में इसकी बात कहने वाला, इसका प्रतिनिधित्व करने वाला कोई नहीं था, अत: इसके मद्देनजर एक राजनीतिक दल गठित करने की योजना पर विचारविमर्श हुआ। अंततोगत्वा डॉ. श्यामाप्रसाद मुखर्जी के नेतृत्व में 1951 में ''जनसंघ'' की नींव पड़ी। अटल बिहारी वाजपेयी इसके संस्थापक सदस्यों में एक थे। जनसंघ का पहला अधिवेशन 21 अक्टूबर 1951 को रघुमल आर्य कन्या हायर सेकेण्डरी स्कूल, नई दिल्ली में हुआ। इसमें डॉ. श्यामाप्रसाद मुखर्जी को इसका अध्यक्ष बनाया गया। इस अधिवेशन में डॉ. श्यामाप्रसाद मुखर्जी ने कहा था - ''जाति तथा धर्म-विषयक भेदभाव से निरपेक्ष होकर हमारे दल के द्वार भारत के सभी नागरिकों के लिए खुले हैं। यह मानते हुए भी कि रीति-रिवाज, धर्म-संप्रदाय तथा भाषा की दृष्टि से भारत में अनेक विविधताएं भी हैं, हम प्रयत्न करेंगे कि सारे भारतीयों में अपने देश पर अगाध श्रद्धा के आधार पर राजनीतिक अल्पमतों को प्रोत्साहन देना संकटपूर्ण होगा, तो भी भारत की विपुल आबादी के सभी वर्गों के लोगों को, जो वास्तव में मातृभूमि के प्रति सच्चा अनुराग रखते हैं, यह आश्वासन दिया जा सकता है कि कानून के अंदर उनकी पूरी सुरक्षा रखी जाएगी और सामाजिक, आर्थिक तथा राजनीतिक सभी मामलों में उनके

साथ बराबरी का व्यवहार किया जाएगा। हमारा दल बिना लाग-लपेट के यह आश्वासन देता है।''

जनसंघ के गठन के बाद राष्ट्रीय स्वयंसेवक संघ ने अटल जी और पं. दीन दयाल उपाध्याय को इसमें सक्रिय होने के लिए प्रेरित किया।

प्रथम आम चुनाव में जनसंघ

अखिल भारतीय जनसंघ के निर्माण के लगभग दो माह बाद ही स्वतंत्र भारत के नवीन संविधान के आधार पर प्रथम आम चुनाव शुरू हो गए। लोग अभी जनसंघ को राजनीतिक दल के रूप में जान भी नहीं पाए थे कि चुनाव सिर पर आ गए। फिर भी जनसंघ के उत्साहित युवा कार्यकर्ताओं ने जान की बाजी लगाकर प्रचार कार्य आरम्भ कर दिया।

समग्र दृष्टि से जनसंघ का चुनाव परिणाम उत्साहजनक नहीं रहा। जनसंघ ने ''दीपक'' चुनाव चिह्न के साथ चुनाव लड़ा। डॉ. श्यामाप्रसाद मुखर्जी अपने गृहक्षेत्र दक्षिणी कोलकाता से लोकसभा के लिए चुने गए। उनके साथ ही 93 प्रत्याशियों में से कुल तीन सफल हुए। प्रांतीय विधानसभाओं में भी 742 प्रत्याशियों में से कुल 33 सफल हुए। यह शुरुआत थी।

डॉ. श्यामाप्रसाद मुखर्जी का बलिदान

उन दिनों जम्मू-कश्मीर में शेख़ अब्दुला का शासन था। वे वहां के सर्वेसर्वा थे और वहां के पृथक शासक की हैसियत से शासन कर रहे थे। कश्मीर में अलग ध्वज व संविधान लागू कर दिया गया था। उन्हें केन्द्र सरकार का समर्थन हासिल था। हिन्दू महासभा, रामराज्य परिषद् तथा जनसंघ ने उनकी इस राष्ट्र विरोधी नीति का खुलकर विरोध किया और आंदोलन शुरू कर दिया। भारत के कोने-कोने में – 'एक देश में दो विधान, दो निशान, दो प्रधान नहीं चलेंगे'– का उद्घोष होने लगा। परिणाम स्वरूप सरकार ने इनके नेताओं की धर-पकड़ शुरू कर दी।

डॉ. श्यामाप्रसाद मुखर्जी, अटल जी, वैद्य गुरुदत्त जी और श्री टेकचंद शर्मा देश में घूम-घूमकर केन्द्र सरकार की कश्मीर नीति से लोगों को आगाह कर रहे थे। कश्मीर में तब परमिट सिस्टम (अनुमति प्रथा) लागू था। बिना अनुमति के वहां कोई प्रवेश नहीं कर सकता था। इसका भी ये नेतागण विरोध कर रहे थे।

अपनी यात्रा के दौरान जैसे ही डॉ. मुखर्जी कश्मीर में प्रविष्ट हुए, केंद्र सरकार की बिना परमिट प्रवेश की अनुमति के बावजूद, उन्हें गिरफ्तार कर लिया गया। उनके साथ गुरुदत्त जी और टेक चन्द्र शर्मा को भी बंदी बना लिया गया। अटल जी देश के लोगों को यह बात बताने के लिए वापस लौट आए।

डॉ. मुखर्जी को 11 मई, 1953 को गिरफ्तार किया गया। उन्हें डल झील की पार्श्ववर्ती पर्वत श्रेणी की ढलान पर स्थित एक मकान में नज़रबंद कर दिया गया। यहां घोर असुविधाओं और अस्वस्थता के चलते अंत में 23 जून, 1953 को उन्हें रहस्यमय परिस्थितियों में मृत घोषित कर दिया गया। वे 43 दिनों तक कश्मीर में नजरबंद रहे। पिता सर आशुतोष मुखर्जी और माता श्रीमती योगमाया देवी के यहां 7 जुलाई, 1901 को जन्में भारत के इस सच्चे सपूत के आत्म-बलिदान से देश में शोक की लहर दौड़ गई। अटल जी तो इस खबर को सुनकर फफक-फफककर रो पड़े थे।

इस जघन्य घटना पर अनेक लोगों ने अपने उद्गार व्यक्त किए।

श्री पुरुषोत्तम दास टण्डन ने कहा - ''उनके बिना देश निस्संदेह और निर्धन हो गया है। उनमें बड़ी-बड़ी आशांए थीं।''

प्रसिद्ध क्रांतिकारी नेता तारकनाथ दास ने कहा - ''अखण्ड भारत के लिए श्यामप्रसाद के बलिदान से देश को अपूर्णीय क्षति हुई है।''

डॉ. लंका सुंदरम ने कहा - ''डॉ. मुखर्जी ही एकमात्र ऐसे व्यक्ति थे जिनके सामने प्रधानमंत्री नेहरू को भी झुकना पड़ता था और जिनके साथ संसद के कई वाक्युद्धों में उन्हें परास्त होना पड़ा था।''

आचार्य कृपलानी ने कहा - ''वे एक महान देश भक्त और अपने उद्देश्य की लड़ाई में एक महान योद्धा थे।''

जनसंघ उनकी पवित्र स्मृति में केवल यही श्रद्धांजलि दे सकता था कि उनके अधूरे कार्य को पूरा करने में अपनी जान की बाज़ी लगा दे और उसने यह किया भी।

इसी अवसर पर अटल जी ने 'जम्मू की पुकार' नामक कविता की रचना की। जिसमें अब्दुल्लाशाही को ललकारा गया था -

अत्याचारी ने आज पुन: ललकारा, अन्यायी का चलता है दमन दुधारा।
आंखों के आगे सत्य मिटा जाता है, भारत माता का शीश कटा जाता है।
क्या पुन: देश टुकड़ों में बंट जाएगा? क्या सबका शोणित पानी बन जाएगा?
कब तक जम्मू को यों ही जलने देंगे? कब तक जुल्मों की मदिरा ढलने देंगे?
चुपचाप सहेंगे कब तक लाठी गोली? कब तक खेलेंगे दुश्मन खूं से होली?
प्रह्लाद-परीक्षा की बेला अब आई, होलिका बनी देखो अब्दुलाशाही।
मां-बहनों का अपमान सहेंगे कब तक? भोले पाण्डव चुपचाप रहेंगे कब तक?
आओ खण्डित भारत के वासी आओ, कश्मीर बुलाता, त्याग उदासी आओ।
शंकर का मठ कल्हण का काव्य जगाता, जम्मू का कण-कण त्राहि-त्राहि चिल्लाता।
अस्थियां शहीदों की देती आमंत्रण, बलिवेदी पर कर दो सर्वस्व समर्पण।

लोकसभा में पहली बार

टूट सकते हैं मगर हम झुक नहीं सकते।
सत्य का संघर्ष सत्ता से, न्याय लड़ता निरंकुशता से,
अंधेरे ने दी चुनौती है, किरण अंतिम अस्त होती है।
दीप निष्ठा का लिए निष्कंप, वज्र टूटे या उठे भूकंप,
यह बराबर का नहीं है युद्ध, हम निहत्थे, शत्रु हैं सन्नद्ध,
हर तरह के शस्त्र से है सज्ज, और पशुबल हो उठा निर्लज्ज।
किंतु फिर भी जूझने का प्रण, पुन: अंगद ने बढ़ाया चरण
प्राण-पण से करेंगे प्रतिकार, समर्पण की मांग अस्वीकार।
दांव पर सबकुछ लगा है, रुक नहीं सकते।
टूट सकते हैं मगर हम झुक नहीं सकते।

अटल जी ने अपनी इस कविता द्वारा अपनी आगे की रणनीति की घोषणा कर दी। डॉ. मुखर्जी को दिवंगत हुए तीन वर्ष से अधिक हो चुके थे। उन्होंने उनके अधूरे पड़े कार्यों को करने का बीड़ा उठाया था। अब तक जनसंघ की जड़ें जम चुकी थीं। यह परिणाम था अटल जी के समर्पण और संघर्ष का।

सन् 1957 चल रहा था। यह वर्ष देश में आम चुनाव का वर्ष था। दूसरा आम चुनाव सिर पर था। अटल जी की ख्याति से प्रभावित होकर जनसंघ ने उन्हें चुनाव में उतारने का मन बना लिया था।

द्वितीय आम चुनाव

इस दूसरे लोक सभा चुनाव की चर्चा और उसके बाद लोकसभा में अटल जी की उपस्थिति और गतिविधियों का वर्णन स्वयं अटल जी के शब्दों में प्रस्तुत करना अधिक समीचीन होगा। अटल जी के शब्दों में –

प्रखर राजनेता अटल बिहारी वाजपेयी

''वह 1957 का साल था। लोक सभा का दूसरा आम चुनाव होने जा रहा था। पार्टी (भारतीय जनसंघ) जड़ें जमाने में लगी थी। डॉ. श्यामाप्रसाद मुखर्जी की छत्रछाया उठ चुकी थी। न ख्यातनाम नेतृत्व था, न विस्तृत जनाधार। चुनाव लड़ने के लिए उम्मीदवार मिलना भी मुश्किल था। कौन गांठ से खर्च कर जमानत जब्त कराए। फिर भी चुनाव तो लड़ना ही था। पार्टी के संदेश को अधिकाधिक लोगों तक पहुंचाने का इससे अच्छा अवसर कब आएगा?

मुझे तीन चुनाव-क्षेत्रों से लड़ाने का फैसला किया गया। एक लखनऊ, दूसरा मथुरा और तीसरा बलरामपुर। लखनऊ से मैं पहले लोकसभा का उपचुनाव लड़ चुका था। जीतने का तो सवाल ही नहीं था। हां, वोट अच्छे मिले थे। पार्टी का हौसला बढ़ा था। लखनऊ से फिर से लड़ने का तय हुआ। मथुरा में कोई ढंग का उम्मीदवार नहीं मिल रहा था। जिन्हें ठीक-ठाक कर मुश्किल से लड़ने को तैयार भी किया गया, वे सब विधान सभा चुनाव लड़ना चाहते थे। एक खर्चा कम था; दूसरे, जमानत बचने की आशा थी, किंतु लोकसभा के लिए उपयुक्त उम्मीदवार उपलब्ध नहीं था। मुझ पर नज़र पड़ी। थोड़ा-बहुत नाम हो गया था। भाषण सुनने लोग आने लगे थे। क्यों न मुझे लड़ा दिया जाए? मेरे नाम पर चुनाव लड़ने-भर के लिए धन भी इकट्ठा हो जाएगा।

जहां तक बलरामपुर में लड़ने का सवाल है, वहां पार्टी की स्थिति अपेक्षाकृत अच्छी थी। स्वर्गीय प्रताप नारायण तिवारी ने पहले राष्ट्रीय स्वयंसेवक संघ के पूर्णकालिक प्रचारक के रूप में और बाद में भारतीय जनसंघ के पूर्णकालिक कार्यकर्ता के नाते बलरामपुर क्षेत्र में अच्छा संगठन खड़ा किया था। नौजवान, किसान, कर्मचारी, अध्यापक, दुकानदार काफी संख्या में पार्टी से जुड़े थे। पार्टी की दृष्टि में बलरामपुर से जीतने की संभावना थी। मैं लखनऊ और मथुरा में नामांकन पत्र दाखिल करके बलरामपुर पहुंचा।

इससे पहले मैं बलरामपुर कभी नहीं गया था। न मुझे उसके भूगोल का ज्ञान था, न इतिहास का। गोंडा से गोरखपुर के लिए जो छोटी लाइन जाती थी, बलरामपुर का स्टेशन उसी पर स्थित था। रेलगाड़ी आधी रात को गोंडा से चलती थी और ब्रह्म मुहूर्त में बलरामपुर पहुंचती थी। मैं छोटी लाइन से सुपरिचित था। ग्वालियर और भिंड के बीच तो और भी छोटी लाइन थी। गाड़ियां आराम से चलती थीं और पहुंचने में काफी समय लेती थीं। उसी टिकट पर, उन्हीं पैसों में, लम्बी यात्रा का आनन्द मिलता था। मैं गोंडा में गाड़ी में चढ़ा और संकरी-सी बर्थ पर बिस्तर बिछाकर सो गया। आंख खुली तो गाड़ी

एक स्टेशन पर खड़ी थी। खिड़की खोलकर देखा तो सैकड़ों कौए स्टेशन पर लगे पेड़ों पर बैठे कांव-कांव कर रहे थे। सारा आकाश गूंज रहा था। मैंने पूछा – "यह कौन-सा स्टेशन है?" उत्तर मिला – "कौवापुर।"

कौवापुर और इंटिआथोक के बीच में स्थित बलरामपुर स्टेशन नेपाल जाने वाले यात्रियों के लिए विश्रामस्थल का काम करता है। नगर घाघरा के किनारे पर बसा है। बलरामपुरा एक छोटी सी रियासत थी। 1947 में उत्तरप्रदेश का अंग बनी। भारतीय जनसंघ के रूप में लोगों को कांग्रेस का एक नया विकल्प मिला। लोग आकृष्ट हुए। जनसंघ की राष्ट्रवादी विचारधारा ने उसे प्रभावित किया। राजतंत्र समाप्त हो गया था, किंतु ज़मींदारी कायम थी। काफी ज़मींदार मुसलमान थे, जो आर्थिक उत्पीड़न के साथ धार्मिक भेदभाव भी करते थे। अपने चुनाव-दौरे में मुझे अनेक ऐसे क्षेत्र मिले, जहां घड़ियाल और शंख बजाना मना था। स्वतंत्रता के बाद इस स्थिति में परिवर्तन हुआ था, किंतु परिवर्तन की लहर दूरदराज के क्षेत्रों तक नहीं पहुंची थी। ज़मींदारों से आतंकित छोटे और मझोले किसान भारतीय जनसंघ के साथ जुड़े। नतीजा यह हुआ कि मैं बलरामपुर से लोकसभा के लिए निर्वाचित कर लिया गया। वहां कुल 4,82,800 मतदाता थे, जिनमें से 2,26,948 मतदाताओं ने मताधिकार का उपयोग किया। मुझे 1,18,380 मत मिले। कांग्रेस के श्री हैदर हुसैन लगभग 10,000 मतों से चुनाव हार गए। यदि कांग्रेस का उम्मीदवार हिन्दू होता, तो शायद मैं चुनाव न जीत पाता। श्री हैदर हुसैन लखनऊ के नामी वकील थे, लेकिन उनके लिए बलरामपुर में लोगों से सम्पर्क बनाए रखना सरल नहीं था। वे कांग्रेस के बल पर चुनाव जीतते थे। कांग्रेस-विरोधी भावना बढ़ रही थी। अतः मुझे चुनाव में सफलता मिली।

हालांकि, मुझे दो अन्य चुनाव-क्षेत्रों में भारी पराजय का सामना करना पड़ा। मथुरा में तो मेरी जमानत जब्त हो गई। ऐन वक्त पर कांग्रेस को हराने के लिए भारतीय जनसंघ के समर्थक भी निर्दलीय उम्मीदवार राजा महेन्द्र प्रताप के साथ चले गए। राजा साहब के लिए लोगों के दिल में बड़ा आदर था। वे स्वतंत्रता के संघर्ष में भाग ले चुके थे। विदेश में गठित स्वतंत्र भारत की सरकार के प्रथम राष्ट्रपति रह चुके थे। उनके द्वारा स्थापित 'प्रेम आश्रम' शिक्षा के क्षेत्र में अच्छा काम कर रहा था। वे कांग्रेस-विरोधी भावना का भरपूर लाभ उठाने में सफल हुए। उनका जाट होना भी उनके लिए सहायक बना। मुझे यह अफसोस जरूर रहा कि पार्टी की स्थानीय इकाई को या तो मुझे वहां से लड़ने

के लिए विवश नहीं करना चाहिए था और जब मैदान में उतार ही दिया था, तो फिर सभी वोट मेरे पक्ष में डलवाने के बारे में दृढ़ रहना चाहिए था। गैरकांग्रेसवाद की लहर में पार्टी के कट्टर समर्थकों का बह जाना उचित नहीं कहा जा सकता।

लखनऊ में पार्टी को अच्छा जनसमर्थन मिला। कांग्रेस के विजयी उम्मीदवार श्री पुलिन बिहारी बैनर्जी को 69,519 वोट मिले, जबकि मेरे मतों की संख्या 57,034 थी। यदि कम्यूनिस्ट उम्मीदवार कुछ अधिक वोट ले जाते, तो कांग्रेस को हराया जा सकता था। ऐसा लगता है कि जनसंघ को हराने के लिए वामपंथ की ओर झुकाव रखने वाले मतदाताओं ने भी कांग्रेस के पक्ष में वोट दिया।

1957 में लोक सभा के चुनाव में मुझे मिलाकर जनसंघ के 4 सदस्य चुने गए थे। पार्टी को हरदोई से सुरक्षित सीट पर विजय प्राप्त हुई थी। दो अन्य सदस्य श्री उत्तम राव पाटिल और श्री प्रेम जी भाई आसर महाराष्ट्र से चुने गए थे। महाराष्ट्र में विपक्षी दल संयुक्त महाराष्ट्र के निर्माण के लिए संयुक्त संघर्ष कर रहे थे। जनसंघ उस संघर्ष में शामिल था। चुनाव भी संयुक्त रूप से लड़ने का तय हुआ था। श्री उत्तम राव पाटिल धूलिया से और प्रेम जी भाई आसर रत्नागिरि से चुने गए थे। श्री पाटिल एडवोकेट थे और श्री प्रेम जी भाई आसर व्यापारी। इस तरह जनसंघ के चारों सदस्य, एक दृष्टि से पूरे समाज का प्रतिनिधित्व करते थे।

1957 के प्रारम्भ में यह आशंका थी कि चुनाव समय पर होंगे या नहीं? एक वर्ष पहले राज्यों का पुनर्गठन हुआ था, भाषावार राज्य बने थे। कई क्षेत्रों में अशांति का वातावरण था, किंतु चुनाव समय पर हुए। लगभग 20 करोड़ मतदाताओं ने चुनाव में भाग लिया। लोकसभा के साथ विधानसभा के भी चुनाव हुए। कांग्रेस को 47.8 प्रतिशत वोट मिले और उसकी सदस्य-संख्या में पिछले चुनाव की तुलना में 7 की वृद्धि हुई। भारत की कम्युनिस्ट पार्टी को 8.9 प्रतिशत वोट मिले और उसकी सदस्य संख्या 16 से बढ़कर 27 हो गई। प्रजा समाजवादी दल को कम्युनिस्ट पार्टी की तुलना में अधिक वोट मिले, किंतु वह 19 स्थानों पर ही विजय प्राप्त कर सकी। भारतीय जनसंघ अपनी अखिल भारतीय मान्यता बनाए रखने में सफल रहा। अनेक दल अपनी मान्यता खो बैठे। हिन्दू महासभा, परिगणित जाति फेडरेशन तथा राम राज्य परिषद् 3 प्रतिशत वोट न मिलने के कारण अपनी मान्यता कायम नहीं रख सके। भारतीय जनसंघ

6 प्रतिशत वोट प्राप्त करने में सफल हुआ था। हिन्दू महासभा के अध्यक्ष श्री निर्मलचंद चटर्जी और जनरल सेक्रेटरी श्री विष्णु घनश्याम देशपांडे चुनाव हार गए। उड़ीसा में गणतंत्र परिषद् का प्रादुर्भाव हुआ। तमिलनाडु (मद्रास) में द्रविड़ मुनेत्र कड़गम का उदय एक महत्त्वपूर्ण घटना थी। बम्बई प्रदेश को पुनर्गठित कर पृथक महाराष्ट्र की माँग करने वाली संयुक्त महाराष्ट्र समिति और पृथक गुजरात के लिए संघर्षरत महागुजरात परिषद् ने लोकसभा के चुनाव में महत्त्वपूर्ण सफलता प्राप्त की।

चुनाव के बाद श्री जवाहरलाल नेहरू के नेतृत्व में जो मंत्रिमंडल बना उसमें मौलाना अबुल कलाम आज़ाद, श्री गोविन्दवल्लभ पंत, श्री मोरार जी देसाई तथा श्री जगजीवनराम जैसे मूर्धन्य नेता शामिल थे। श्री कृष्ण मेनन भी बिना विभाग के मंत्री थे। प्रतिपक्ष में आचार्य कृपलानी, श्रीपाद अमृत डांगे, श्री नारायण गणेश गोरे, प्रो. हीरेन मुखर्जी तथा श्री मीनू मसानी जैसे कुशल सांसद तथा राजनेता उपस्थित थे। श्रीमती विजया राजे सिंधिया, जो आज लोकसभा में प्रतिपक्ष की प्रथम पंक्ति में विराजमान हैं, उन दिनों कांग्रेस में थीं। उनके अलावा श्रीमती सुचेता कृपलानी, कु. पार्वती कृष्णन्, श्रीमती तारकेश्वरी सिन्हा सदन में बड़ी सक्रिय थीं और चर्चा में महत्त्वपूर्ण योगदान देती थीं।

भारतीय जनसंघ के हम चारों सदस्य संसद में पहली बार आए थे। हममें से कोई विधानसभा का भी सदस्य नहीं था। विधायी कार्य के लिए सर्वथा नए थे। न कोई पूर्व अनुभव था, न कोई अनुभवी सदस्य ही सहायता के लिए उपलब्ध था। संख्या कम होने के कारण सभी सदस्यों को सदन में पिछली बेंचों पर स्थान मिले थे। लोकसभा अध्यक्ष की नज़र खींचना टेढ़ा काम था। विभिन्न विषयों पर चर्चा में समय पार्टियों के संख्या-बल के अनुसार मिलता है। छोटे दलों के सदस्यों को बोलने के लिए पहले भी समय नहीं मिलता था, अब भी नहीं मिलता।

विदेश नीति मेरा प्रिय विषय रहा है। अंतर्राष्ट्रीय स्थिति पर चर्चा उन दिनों महत्त्वपूर्ण घटना होती थी। प्रधानमंत्री नेहरू जी विदेशमंत्री भी थे। जब विदेश मंत्रालय के अनुदानों की माँगों पर चर्चा होती, तो सदन खचाखच भर जाता। दर्शक-दीर्घा में भारी भीड़ जुटती। कूटनीतिज्ञों के कक्ष में बैठने की जगह न रहती। प्रमुख विरोधी दल के नाते कम्युनिस्ट नेता अन्तर्राष्ट्रीय परिस्थिति और उसके संबंध में भारत की नीति पर चर्चा आरम्भ करते। प्रजा समाजवादी दल भी अपनी बात कहता, किंतु भारतीय जनसंघ के लिए बोलने का समय पाने

में बड़ी कठिनाई होती। पार्टी के हिस्से में मुश्किल से दो-चार मिनट आते। बहस लम्बी खिंच जाती। प्रधानमंत्री द्वारा बहस का उत्तर दिए जाने का समय निश्चित होता।

एक बार तो समय न मिलने के कारण मुझे विरोधस्वरूप सदन-त्याग करना पड़ा था। फिर भी जो समय मिलता उसका जनसंघ सदस्य पूरा लाभ उठाने का प्रयास करते।

विदेश नीति पर मेरे पहले भाषण ने ही सदन का ध्यान आकृष्ट किया था। सदन में अंग्रेजी छाई रहती थी। विदेश नीति पर, तो अधिकांश भाषण अंग्रेजी में ही होते थे। समाजवादी दल के श्री बृजराजसिंह जरूर हिन्दी में बोलते थे। मेरी प्रांजल भाषा और धाराप्रवाह शैली सदस्यों को पसंद आती थी। 20 अगस्त, 1958 को प्रधानमंत्री श्री नेहरू जी ने पूरी बहस का उत्तर देते हुए अंग्रेजी भाषण को समाप्त करने के बाद अध्यक्ष से हिन्दी में कुछ कहने की अनुमति माँगी। सदस्यों ने तालियाँ बजाकर उनका स्वागत किया। जब नेहरू जी ने मेरा नाम लेकर हिन्दी बोलना शुरू किया, तो पुन: सदस्यों ने प्रसन्नता प्रकट की। नेहरू जी का भाषण इस प्रकार था–

कल जो बहुत-से भाषण हुए उनमें से एक भाषण श्री वाजपेयी जी का भी हुआ। अपने भाषण में उन्होंने एक बात कही थी और यह कहा था– मेरे ख्याल में कि जो हमारी वैदेशिक नीति है, वह उनकी राय में सही है। मैं उनका मशकूर हूँ कि उन्होंने यह बात कही। एक बात उन्होंने और भी कही कि बोलने के लिए वाणी होनी चाहिए, लेकिन चुप रहने के लिए वाणी और विवेक दोनों चाहिए। इस बात से मैं पूरी तरह से सहमत हूँ। आप यह तो जानते हैं कि दूसरी महफिलों में यह बात चल सकती है और खाली दुनिया की महफिलों में यह नहीं चल सकती। कम-से-कम जहाँ तक हमारी वैदेशिक नीति का संबंध है, कभी-कभी हम जोश में आ सकते हैं और कभी धोखा भी हो सकता है, लेकिन मेरी इच्छा यही रही है कि हम कम-से-कम बोलें, कम-से-कम दखल दें। फिर भी मुश्किल यही है कि जब हम नहीं बोलते, तो और साहिबान कहते हैं कि तुम तो ठंडे हो गए हो, तुम डर गए हो। श्री खाडिलकर साहब ने कहा कि औरों के हाथों में तुमने लगाम दे दी है, तुम्हें घुड़सवारी खुद ही करनी चाहिए। मैं बिल्कुल समहत हूँ और मैंने एक बार कहा भी था, शायद यहीं कहा था या कहीं और कहा था कि कुछ दिन के लिए

जो फॉरेन सेक्रेटरी वगैरह दुनिया के हैं, कोई छ: महीने के लिए चुप हो जाएँ, तो दुनिया का बहुत भला होगा, दुनिया का बहुत कल्याण होगा, किसी को कोई हानि नहीं होगी। एक बात श्री वाजपेयी ने कही थी और कुछ आचार्य कृपलानी जी ने भी इसकी चर्चा की थी कि वह जो शिखर सम्मेलन की चर्चा हुई और उसका जो जवाब हमने जल्दी दिया, उससे कुछ लोगों पर यह असर हुआ कि हम बहुत लालायित थे, उसमें जाने के लिए, उसमें भाग लेने के लिए। मैं बतलाना चाहता हूँ कि वाकयात क्या हुए। हमने बार-बार कहा और कई वर्षों से हमारी यही नीति चली आ रही है कि हमें अगर किसी कान्फ्रेंस में कहीं बुलाया जाए, तो हमारी कोई खास इच्छा नहीं होती है उसमें जाने की, लेकिन अगर हमारे जाने से कुछ लाभ की आशा हो, अगर लोग हमें बुलाएँ, सब लोग करीब-करीब तो हम जाने को तैयार हैं। हो सकता है कि हमारे जाने से कोई लाभ न हो, लेकिन इन्कार करना भी शोभा नहीं देता। कोरिया के मामले में तथा इंडोचीन के मामले में हम इसलिए फँसे और हमारे लिए 'न' कहना नामुमकिन हो गया था और 'न' कहना खास तौर पर इसलिए भी मुश्किल हो गया था कि सब लोगों ने मिलकर कहा कि तुम जाओ। दूसरा कोई देश इस काम के लिए तैयार नहीं था या मौजूँ नहीं था। मौजूँ से मेरा मतलब यह नहीं कि यह मुल्क ही सबसे अच्छा है, लेकिन हम उन सब बहुत कम मुल्कों में से हैं, जिन पर थोड़ा-बहुत भरोसा दोनों पक्ष करते हैं, तो इस तरह की चीज हो जाती है इसलिए हम कोरिया गए इसलिए हम इंडोचीन गए।''

संसद में भाषण

भाषण कला में शुरू से ही अटल जी का कोई सानी नहीं रहा। यही भाषण कौशल लोकसभा में भी देखने को मिलता रहा है। तत्कालीन प्रधानमंत्री जवाहरलाल नेहरू व अन्य सांसदगण उनके भाषणों को गौर से सुनते थे और यह प्रयास करते थे कि जब उनका भाषण हो तो वे सदन में मौजूद रहें। अंतर्राष्ट्रीय मामलों पर अटल जी के तर्कपूर्ण और विश्लेषणात्मक भाषणों को सुन अधिसंख्य सदस्य उनकी सराहना करते थे और उन्हें गंभीरता से लेते थे। लोकसभा में अटल जी को मिलाकर जनसंघ के केवल चार ही सांसद थे, लेकिन उनकी मुखर अभिव्यक्ति चार सौ की संख्या को भी मात देने में सक्षम थी। उनके कुछ प्रमुख भाषण पाठक अवश्य पढ़ना चाहेंगे।

प्रखर राजनेता अटल बिहारी वाजपेयी

कश्मीर समस्या

''डॉ. मुखर्जी का स्मरण आते ही मुझे कश्मीर का स्मरण हो आता है, और कश्मीर का स्मरण आते ही मुझे श्रीनगर के उस सरकारी अस्पताल का स्मरण आता है, जिसमें एक कोने में, पुलिस के पहरे में, डॉ. मुखर्जी को एकता के लिए अपना बलिदान देना पड़ा था। उनकी मृत्यु को चार वर्ष हो गए; किंतु उस पर जो रहस्य का पर्दा पड़ा था, वह अभी भी उठाया नहीं गया। समय के सहलाने वाले हाथों ने घाव को भर दिया है, मगर दर्द अभी बाकी है। जब कभी प्रधानमंत्री महोदय या रक्षामंत्री महोदय कश्मीर-समस्या के संबंध में आजकल वहीं बातें दुहराते हैं, जिन्हें स्वर्गीय डॉ. श्यामाप्रसाद मुखर्जी चार वर्ष पूर्व इस सदन में खड़े होकर कहते थे, तो मुझे लगता है कि यदि प्रारम्भ से ही कश्मीर के प्रश्न पर यही नीति अपनाई गई होती, तो हमको डॉ. श्यामाप्रसाद मुखर्जी के महान जीवन की कीमत न चुकानी पड़ती।'' (15 मई, 1957)

पंचवर्षीय योजना

''अध्यक्ष महोदय! योजना के लिए जनता में जो उत्साह नहीं है, उसका एक बड़ा कारण यह भी है कि इस योजना को पार्टी के आधार पर चलाया जा रहा है। यह राष्ट्रीय नियोजन नहीं है।

योजना के संबंध में मेरी आधारभूत आपत्ति यह है कि हमारी योजना पूँजी प्रधान है, जबकि वह श्रम-प्रधान होनी चाहिए। जनबल हमारी सबसे बड़ी पूँजी है, किंतु खेद का विषय है कि योजना ऐसी बनाई गई है, जिसमें जनबल पर कम ध्यान दिया गया है और पूँजी पर अधिक ज़ोर दिया गया है।

मैंने चुनावों के दिनों में देखा है कि देवरिया जिले में एक स्थान पर केवल उन्हीं लोगों को सरकारी गल्ले की दुकानों पर अनाज मिलता था, जो कांग्रेस के मंत्री से बैल वाली जोड़ी (चुनाव चिह्न) की पर्ची लेकर जाते थे। दुकानें कहाँ होनी चाहिए, इसका भी पार्टी की दृष्टि से विचार किया जाता है और वितरण की व्यवस्था ठीक नहीं होती है।'' (30 मई, 1957)

दहेज समस्या

6 मई, 1961 को लोकसभा और राज्यसभा की संयुक्त बैठक हुई, जिसमें गंभीर रूप लेती दहेज समस्या को जड़ से खत्म करने के लिए कड़े कानून

बनाने की पैरवी की गई। इस अवसर पर अटल जी ने कहा- ‘‘आवश्यकता इस बात की है कि देश की आर्थिक प्रगति की जाए, शिक्षा का प्रसार किया जाए, जाति-पाँति के बंधन तोड़े जाएँ और लड़के-लड़कियाँ उन्मुक्त भाव से विवाह करें, शादियाँ परमात्मा के यहाँ नहीं, आपस में तय हों, तभी दहेज खत्म हो सकता है।’’

पाकिस्तान नीति

‘‘मैं अपनी सरकार से कहना चाहता हूँ कि हमारे देश की पूर्वी सीमा पर जो सीमा-उल्लंघन की घटनाएँ हो रही हैं; पाकिस्तानी सैनिक हमारी सीमा में घुस आते हैं; रात-दिन गोली-वर्षा करते हैं, ये घटनाएँ गम्भीर दृष्टि से देखी जानी चाहिए। उन्हें हमारे देश की एक-एक इंच भूमि को खाली करना चाहिए और यह आवश्वासन देना चाहिए कि वे सचमुच पूर्वी सीमा पर शांति चाहते हैं। मुझे तो कभी-कभी ऐसा लगता है कि हम पाकिस्तान से उस भाषा में बात नहीं करते, जिस भाषा को वह समझता है। हम ऐसी भाषा में बोलते हैं, जो हमारी दृष्टि से तो शायद ठीक हो, लेकिन पाकिस्तान की समझ में नहीं आती।’’ (19 अगस्त, 1958)

जीवन की शांति

‘‘प्रधानमंत्री जी ने कुछ दिन पहले कहा था कि यदि दो बातें मान ली जाएँ- एक, पाकिस्तान आक्रमणकारी है और नम्बर दो, कश्मीर का एक-तिहाई भू-भाग भारत का है, तो हम पाकिस्तान से बात करने के लिए तैयार हैं। यदि ये दोनों बातें मान ली गईं तो फिर बात करने के लिए कुछ भी बाकी नहीं रहेगा। अगर बात कोई हो सकती है, तो यही कि पाकिस्तान से पूछा जाना चाहिए कि वह कश्मीर के एक-तिहाई भू-भाग से अपना बिस्तर-बोरिया बाँधकर कब जाने की तैयारी कर रहा है? लेकिन ऐसे चिह्न नहीं दिखाई देते कि पाकिस्तान मान जाएगा। जो भू-भाग पाकिस्तान के पास है, उसके मिलने की बात तो दूर रही, जो हिस्सा भारत में मिला है, आज वह उसी पर दाँत लगाए है। पाकिस्तान युद्ध की तैयारियाँ कर रहा है। अमरीकी हथियारों से सज्ज होकर भारत की स्वतंत्रता और सुरक्षा के लिए संकट का कारण बन रहा है। मैं युद्ध का हामी नहीं; मैं भी शांति का समर्थक हूँ; किंतु मरघट की शांति नहीं, जीवन की शांति का समर्थक हूँ।’’

प्रखर राजनेता अटल बिहारी वाजपेयी

विदेश नीति पर विचार

राजनीति में आने से पूर्व ही अटल जी विदेश नीति में ही नहीं राष्ट्रीय नीति में भी राजनीतिक विश्वसनीयता के महत्त्व को समझने लगे थे। राजनीति में पदार्पण के साथ ही उनके विचार इस पर दृढ़ होते चले गए। इसी संदर्भ में 2 सितम्बर 1957 को उन्होंने भारत की विदेश नीति को सामने रखते हुए अपने विचार सदन में इस प्रकार व्यक्त किए।

—"उपाध्यक्ष महोदय! इस बात से इनकार नहीं किया जा सकता है कि पिछले दस वर्षों में हमने जिस विदेश-नीति का अवलंबन किया है, उसके कारण संसार में भारत की प्रतिष्ठा बढ़ी है। हमारे प्रधानमंत्री जहां कहीं जाते हैं, करोड़ों आदमी उनका सम्मान करते हैं। उन्हें शांति का दूत कहकर पुकारा जाता है। जब उनका सम्मान होता है, तो प्रत्येक भारतीय को चाहे वह किसी भी पार्टी का हो, आनंद देता है, लेकिन मुझे बड़ा खेद है कि जिस अनुपात में हमारी अंतर्राष्ट्रीय प्रतिष्ठा बढ़ी है, शायद उसी अनुपात में हमारी अंतर्राष्ट्रीय कठिनाइयां बढ़ गई हैं। यदि हम अपने देश की समस्याओं पर विचार करें तो हम देखते हैं कि हमारी समस्याएँ अधिकाधिक उलझती जा रही हैं। कश्मीर का प्रश्न लीजिए या गोवा का सवाल या विदेशों में बसे हुए भारतीयों की समस्या हमारे प्रधानमंत्री महोदय की प्रतिष्ठा उनका मान–सम्मान इनकी समस्याओं को हल करने में जितना सहायक होना चाहिए था, अभी तक नहीं हुआ है।

हम सारे संसार को अपना मित्र बनाने चले थे, लेकिन आज ऐसी स्थिति हो गई है कि हम अपने को सर्वथा मित्रहीन पाते हैं। कश्मीर के प्रश्न पर जिन देशों से हमें न्यायपूर्ण आशा थी, उनसे हमें समर्थन नहीं मिला है। कुछ देशों की हमने मदद की, उनकी कठिनाइयों को हल करने का प्रयत्न किया, वे देश भी कश्मीर के सवाल पर भारत के पक्ष का अंसदिग्ध रूप में समर्थन नहीं कर

रहे हैं। स्वेज नहर के सवाल पर हमने मिस्र के पक्ष में ऐसा रवैया अपनाया, जिसके कारण ब्रिटेन से हमारे संबंध टूटने की आशंका पैदा हो गई, लेकिन मिस्र ने, उसके प्रेसीडेंट कर्नल नासिर ने अभी तक कश्मीर के प्रश्न पर भारत के न्यायपूर्ण अधिकार का समर्थन नहीं किया है।

यही बात कम्युनिस्ट चीन के बारे में कही जा सकती है। कम्युनिस्ट चीन को संयुक्त राष्ट्र संघ में स्थान मिलना चाहिए, इसकी हमने आए दिन वकालत की और यह ठीक भी है कि राष्ट्र संघ में स्थान दिया जाए। कम्युनिस्ट चीन ने, जो तिब्बत पर आक्रमण किया, उसकी ओर से भी हमने अपनी नजरें हटा लीं, लेकिन कश्मीर के सवाल पर कम्युनिस्ट चीन के नेताओं ने अभी तक हमारा खुला समर्थन नहीं किया है।

इतना ही नहीं, पाकिस्तान के समाचार पत्र इस तरह का प्रचार कर रहे हैं–मैं नहीं जानता कि वहां कहां तक ठीक है। यह तो सरकार का कर्तव्य है कि इस संबंध में सच्चाई पर प्रकाश डाले, लेकिन पाकिस्तान में पत्रों का कहना है–चीन के राष्ट्रपति श्री याउत्से-तुंग ने इस प्रकार की भावना व्यक्त की है कि कम्युनिस्ट देशों को कश्मीर के सवाल पर तटस्थ रहना चाहिए। इस संबंध में हमें रूस की नीति को भी याद रखना आवश्यक है। कश्मीर पर पाकिस्तान ने आक्रमण किया यह कोई नई बात नहीं है। संयुक्त राष्ट्र संघ में हम इस बात को ले गए, लेकिन जब तक पाकिस्तान ने अमेरिका के साथ सैनिक गठबंधन करके अपने आपको खुले रूप में रूस के खिलाफ नहीं कर दिया, तब तक रूस ने कश्मीर के सवाल पर हमारे पक्ष का समर्थन नहीं किया। कश्मीर के सवाल पर तो हमारा पक्ष पहले भी न्यायपूर्ण था। जब पाकिस्तान ने अमेरिका के साथ गठबंधन नहीं किया था, तब भी हमारा पक्ष न्यायपूर्ण था, लेकिन उस समय रूस के नेता नहीं बोले थे, लेकिन अब बोल रहे हैं, हम उनका स्वागत करते हैं, लेकिन चीन के नेता जो नहीं बोल रहे हैं, उसके बारे में हमारे हृदय में शंका होना स्वाभाविक है और मैं प्रधानमंत्री महोदय से निवेदन करूंगा कि वह इसका निराकरण करें। अगर वह ठीक समझते हों तो....।

इस संबंध में एक बात और स्पष्ट रूप से हमारे सामने आती है। वह यह कि अंतर्राष्ट्रीय राजनीति नैतिकता के आधार पर नहीं चलती। उसमें निष्काम कर्मयोग के लिए स्थान नहीं है। हम हवन करते हुए हाथ जलाएं– दूसरे की समस्या हल करने में अपने लिए नई समस्या पैदा कर लें, इस नीति को आज की स्थिति में, जबकि हमें सभी देशों का सहयोग चाहिए, सबका समर्थन

चाहिए, सबकी सहायता चाहिए, जरा सावधानी से अपनाने की आवश्यकता है। जहां तक भारत सरकार की नीति का प्रश्न है कि हम किसी गुट में नहीं मिलेंगे, हम उसका पूरा समर्थन करते हैं। जहाँ तक मेरी पार्टी भारतीय जनसंघ का सवाल है, हम इस नीति से सहमत हैं कि हमको न अमेरिका गुट से और न रूसी गुट से मिलना चाहिए, क्योंकि राष्ट्रीय हितों की यही मांग है।

आज हम राष्ट्र के निर्माण में लगे हैं। किसी गुट को अपने साथ जोड़कर किसी को नाराज करने की स्थिति में इस समय नहीं हैं, लेकिन उसके साथ यह भी आवश्यक है कि हम दूसरे देशों के झगड़ों में अपनी टांग न अड़ाएं। अगर उन झगड़ों से हमारा सीधा संबंध नहीं है, तो हम उन पर चुप रह सकते हैं। कभी-कभी राजनीति में चुप रहना भी आवश्यक होता है और अपने देश के हितों में संवर्द्धन की दृष्टि से हमें अपना मुंह खोलना चाहिए। इस संबंध में मेरा निवेदन है कि दुनिया में अनेक समस्याएं हैं और उन समस्याओं के बारे में हमारे उस दृष्टिकोण को प्रकट किया जाए। मैं एक ही उदाहरण दूंगा। रूस के साथ हमारा पंचशील का समझौता है। इस समझौते के अनुसार न वह हमारे देश के अंदरूनी मामलों में दखल दे सकता है और न हमें अधिकार है कि हम उनके अंदरूनी मामलों में दखल दें।

पिछले कुछ महीनों में रूस में कुछ आंतरिक परिवर्तन हुए हैं, कुछ मंत्री बदल गए। कुछ स्थान से हटा दिए गए। यह रूस का घरेलू मामला था, लेकिन हमारे प्रधानमंत्री महोदय ने उसके बारे में राय प्रकट की। यह तो एक आकस्मिक घटना है कि रूस का यह परिवर्तन शायद हमारी दृष्टि से और संसार की दृष्टि से लाभदायक होगा, लेकिन कल रूस में ऐसा भी आंतरिक परिवर्तन हो सकता है, जो हमारी दृष्टि को हानिकारक हो। उस समय हम क्या कहेंगे? अगर उस समय हम चुप रहेंगे तो आज हमारे बोलने का अर्थ नहीं रहता और अगर आज हम बोले हैं तो उस समय भी हमें बोलने के लिये मजबूर होना पड़ सकता है। रूस में जो भी परिवर्तन होते हैं, वह रूस का घ्ररेलू मामला है। उसके बारे में हमें नहीं बोलना चाहिए, लेकिन दुनिया में जो भी सपाल आते हैं, उनके ऊपर बोलने का लोभ हम संवरण नहीं कर पाते। हमारी और विशेष रूप से हमारे प्रधानमंत्री महोदय की कठिनाई यह है कि विश्व के इतिहास के कुछ परिच्छेद उनकी आंखों से ओझल हो जाते हैं। इसमें कोई संदेह नहीं है कि आने वाली संतति हमारे प्रधानमंत्री को विश्व निर्माता के रूप में याद करेगी, लेकिन ऐसा न हो कि भारत की संतति इस बात को भी याद

करे कि हम विश्व की समस्याओं में इतने उलझ गये हैं कि हमारी अपनी समस्याएं ठीक से हल नहीं हो पा रही है, उनमें कठिनाईयां पैदा हो गईं।

मैं समझता हूं कि अगर हम अपनी नीति में इस दृष्टि से संशोधन करें और सबकी मित्रता प्राप्त करने का प्रयत्न करें, तो जिन कठिनाइयों में आज हम अपने को पाते हैं, उनसे हम अपने को निकाल सकते हैं।

मैंने प्रारम्भ में विदेशों में जो भारतीय बसे हुए हैं, उनका उल्लेख किया है। मुझे खेद है कि उन भारतीयों की ओर हमें जितना ध्यान देना चाहिए था, हमने नहीं दिया है।

विदेशों में पचास लाख भारतीय हैं। बर्मा में आठ लाख भारतीय हैं और उनकी संख्या कम होती जा रही है। हम बर्मा को हर तरह से सहायता प्रदान कर रहे हैं। हमने उसे कर्ज दिया है। हमारे प्रधानमंत्री ने बर्मा की सरकार बचाने के लिए बंदूकों का दान भी दिया था, लेकिन बर्मा में जो भारतीय हैं, उनके साथ ठीक से व्यवहार नहीं किया जा रहा है। श्रीलंका में दस लाख भारतीय हैं। उन्हें नागरिकता के अधिकारों से वंचित किया जा रहा है। दक्षिण अफ्रीका की सरकार जो कुछ कर रही है, उसको देखते हुए हमने वहां की सरकार से संबंध तोड़ लिए हैं, लेकिन ऐसा करके वहां के भारतीयों को वहां की सरकार की दया पर छोड़ दिया है। केवल संबंध तोड़ लेने से वहां के भारतीयों की समस्या हल नहीं हो सकती। मॉरिशस में चौंसठ फीसदी भारतीय हैं। वे हमारे अधिक निकट आ सकते हैं, लेकिन मुझे यह देखकर खेद हुआ कि हमारे जो भी कमिश्नर मॉरिशस जाते हैं, वे वहां के लोगों की पार्टीबंदी में फंस जाते हैं। वहां के अखबार हमारे कमिश्नर के खिलाफ तरह-तरह के आरोप लगाते हैं। वे आरोप भारत में प्रकाशित होने वाले एक सम्मानित दैनिक पत्र में भी छपे थे। मैंने इस संबंध में एक प्रश्न भी किया था, लेकिन यह कहकर कि यह आरोप गलत हैं, उस प्रश्न को स्वीकार नहीं किया गया था। यदि यह आरोप गलत है, तो हमारे विदेश मंत्रालय को अधिकृत रूप में उसका खंडन करना चाहिए और मॉरिशस में हमारे कमिश्नर महोदय के संबंध में जो गलतफहमी पैदा हो गई हैं, उनका निराकरण करना चाहिए। ब्रिटिशा गायना और फिजी में जो भारतीय हैं, वे 44 फीसदी और 45 फीसदी हैं। ये सभी भारत माता के पुत्र हैं और समान संस्कृति के उत्तराधिकारी हैं। उनको हमें निकट लाने का प्रयत्न करना चाहिए, लेकिन उनकी ओर हमें जितना ध्यान देना चाहिए, हम उतना ध्यान नहीं दे पाए हैं हमारी आंखें जो हमसे दूर हैं उनकी ओर लगी रहती

     प्रखर राजनेता अटल बिहारी वाजपेयी

हैं और उनकी कठिनाइयां भी इतनी हैं कि आज हममें इतनी शक्ति नहीं है कि हम उनको दूर कर सकें। उनकी समस्याओं को हल कर सकें।

आज के वाद-विवाद में मध्य-पूर्व की चर्चा की गई है और यह कहा गया है कि सिरिया में, साम में, एक नया संकट पैदा हो रहा है। वह संकट पैदा न हो इसके लिए हम जो कुछ भी कर सकते हैं, करें, लेकिन एक बात ध्यान रखने लायक है और वह यह है कि मध्य-पूर्व में जितने देश हैं वे दुर्बल हैं, बीसियों साल की गुलामी ने आर्थिक दृष्टि से उनका शोषण कर दिया है। अब प्रधानमंत्री कहते हैं कि अब वहां पर जो वैक्युम पैदा हो गया है, जो रिक्तता पैदा हो गई है, उसे वहां के देश भरें। यह बात, सिद्धांत ठीक है, होना भी ऐसा ही चाहिए मगर व्यवहार में ऐसा नहीं हो सकता। उन देशों में आज अपने पैरों पर खड़े होने की ताकत नहीं है। जनसंख्या की दृष्टि से, सैनिक बल की दृष्टि से और औद्योगिक विकास की दृष्टि से वे इतने पिछड़े हुए हैं कि उन्हें किसी के सहारे की आवश्कता है। यह सहारा अमेरिका दे सकता है या रूस दे सकता है और अगर ये देश सहारा देने का प्रयत्न करें, तो कठिनाइयां पैदा होंगी। एक तीसरा रास्ता भी है और वह यह कि संयुक्त राष्ट्र संघ, वहां जो रिक्तता पैदा हो गई है, उसमें कुछ सहायक सिद्ध हो सकता है। इसका विचार किया जाना चाहिए। मैं प्रधानमंत्री से निवेदन करूंगा कि केवल इतना कह देने से काम नहीं चलेगा कि वहां के लोग इस वैक्युम को भर लें। प्रश्न व्यवहार का है। संयुक्त राष्ट्र संघ या अन्य एशियाई-अफ्रीकी देश मिलकर इस प्रकार की कोई व्यवस्था कर सकते हैं जिसमें मध्य-पूर्व के पिछड़े हुए राष्ट्रों को अपना राजनीतिक और आर्थिक तथा औद्योगिक विकास करने का मौका दिया जाए, सुविधा मिले। इस दृष्टि से इस प्रश्न पर विचार किया जाना चाहिए।

मध्य-पूर्व का सवाल आता है, तो इजराइल की समस्या भी सामने आकर खड़ी हो जाती है। कोई भी इस बात से इनकार नहीं कर सकता कि मध्य-पूर्व में तब तक शांति नहीं होगी, जब तक अरब राष्ट्र इजराइल के अस्तित्व को स्वीकार नहीं कर लेते और अगर अरब राष्ट्र इस बात पर कमर कसकर बैठे हैं कि इजराइल को खत्म कर देंगे, तो मध्य युग में युद्ध की चिंगारी भड़कती रहेगी। कभी शांति हो जाएगी, लेकिन फिर कभी अशांति की प्रचंड ज्वाला भड़क जाएगी, लेकिन इस संबंध में सरकार का जो कर्तव्य था, उसका उसने अभी तक पालन नहीं किया है। दुनिया के सभी देशों के साथ हमने दौत्य संबंध

स्थपित कर लिये हैं, लेकिन इजराइल से हमारे दूतावास के स्तर पर संबंध कायम नहीं हुए हैं। क्यों नहीं हुए, इसका कारण क्या है, यह मैं जानना चाहूंगा? मैं चाहता हूं कि इजराइल का दूत दिल्ली में हो और भारत का दूत इजराइल में रहे और वहां जो घटना चक्र चलता है, उसके संबंध में हमें जानकारी हो। मैं समझता हूं कि हमारे प्रधानमंत्री महोदय अपने प्रभाव का प्रयोग करके अरब राष्ट्र और इजराइल के बीच सदभावना उत्पन्न कर सकते हैं और उनको ऐसा करना चाहिए, लेकिन इससे पहले जो कदम उठाना चाहिए वह यह कि हम इजराइल के साथ दूतावास संबंध स्थापित कर लें। इस दृष्टि से हमारी सरकार ने कदम नहीं उठाया है जिसको उठाने की आवश्यकता है।

अब मैं गोवा के बारे में एक बात कहना चाहता हूं। जब गोवा के सवाल की चर्चा होती है, तो कहा जाता है कि हमारी नीति शांति की नीति है, अहिंसा की नीति है और हम किसी तरह का सैनिक बल का प्रयोग नहीं करेंगे। गोवा का सवाल किसी पार्टी का सवाल नहीं है। गोवा भारत का अंग है, इतना कह देने से काम नहीं चलेगा, पिछले चार सौ सालों से गोवा की जनता गुलामी और अत्याचारों के पाटों में पिस रही है और हमें स्वधीन हुए दस साल हो गए हैं और दस साल बाद भी उसकी गुलामी बरकरार है। हम कहें कि भारतीय क्रांति इंडियन रेवोल्यूशन, तब तक पूरा नहीं होगा, जब तक गोवा आजाद नहीं होगा तो इससे तो गोवा के निवासियों की कठिनाइयां दूर नहीं होती हैं।

सवाल यह है कि हम गोआ के लिए क्या करने जा रहे हैं कभी-कभी जब गोआ की चर्चा होती है तो मकाओं का उदाहरण दिया जाता है और कहा जाता है कि कम्युनिस्ट चीन ने मकाओ में बल प्रयोग नहीं किया है, तो हमें गोआ पर बल प्रयोग नहीं करना चाहिए। मेरा निवेदन है कि गोआ की स्थिति मकाओं से थोड़ी भिन्न है। गोआ मैनलैंड में है, मुख्य भूमि का अंग है जबकि मकाओं प्रथक और मकाओं को कम्युनिस्ट चीन ने अवैध माल के लिए खोल रखा है। क्या हम चाहते कि जो अवैध व्यार हो रहा है, वह जारी रहे? दिल्ली में देखिए गोआ से चोरी से आने वाली घड़ियों से नई और पुरानी दिल्ली की दुकानें भरी पड़ी हैं और इसका हमारी आर्थिक स्थिति पर बुरा प्रभाव पड़ रहा है।

गोवा के प्रति हमारी नीति वहां की जनता का मनोबल तोड़ रही है। गोआ के लोग अगर यह समझें कि भारत की सरकार और जनता ने उनके साथ विश्वासघात किया है, तो हमें इसकी कोई शिकायत नहीं होनी चाहिए। उनकी

गुलामी, उनके कष्टों को कम करने के लिए हमने क्या किया है और अगर हम कुछ कर नहीं सकते, तो हमें अस्पष्ट शब्दों में अपनी असमर्थता प्रकट कर देनी चाहिए तथा आर्थिक प्रतिबंध जो हमने लगा रखे हैं, उनको हटा देना चाहिए और गोवा के निवासी पुर्तगाल की गुलामी में किस प्रकार थोड़ी-सी सुविधा प्राप्त करें इसका प्रयत्न करना चाहिए। अगर प्रलय काल तक हम यही आशा करते रहेंगे कि जैसे फल पेड़ से टूटकर भूमि पर आ गिरता है उसी प्रकार पुर्तगाल रूपी पेड़ से गोआ रूपी फल गिरकर हमारी गोद में आ जाएगा तो यह हमारी आशा कभी पूरी नहीं होगी।

इस संबंध में ब्रिटेन और फ्रांस का उदाहरण देना ठीक नहीं है। पुर्तगाल एक तानाशाह देश है, वहां पर विरोधी दल नहीं हैं, वहां पर सरकार की आलोचना नहीं हो सकती, वहां की जनता को वहां की सरकार के खिलाफ खड़ा नहीं किया जा सकता, जबकि फ्रांस और ब्रिटेन में यह परिस्थिति नहीं है। ऐसी सूरत में गोआ कैसे आजाद होगा, यह मैं पूछना चाहता हूं? मुझे याद है कि हमारे प्रधानमंत्री ने एक बार भविष्वाणी की थी कि गोआ आजाद नहीं होगा, पुर्तगाल में जो सालाजार का शासन है, वह भी समाप्त किया जाएगा। हमारे प्रधानमंत्री ज्योतिष में विश्वास नहीं करते। शायद यही कारण है कि उनकी भविष्यवाणी पूरी नहीं हुई है। गोआ गुलामी से मुक्त नहीं हुआ और सालाजार का पुर्तगाल में शासन खत्म होना तो अभी दूर की बात है। हमारा संबंध तो गोआ की आजादी से है।

इस बारे में, उपाध्याक्ष महोदय! मैं एक बात कहूंगा कि जब हम अहिंसा की बात करते हैं, तो दुनिया इस बात को देखती है और चाहती है कि उसका व्यवहार देश के भीतर भी होना चाहिए। जब हम दुनिया के सामने पंचशील की बात करते हैं, शांति और अहिंसा की उद्घोषणांए करते हैं, तो क्यों हम देश में जनता को दबाने के लिए लाठी और गोली का प्रयोग करते हैं? ऐसी सूरत में अगर दुनिया पंचशील की घोषणा पर हंसती है, तो यह दुनिया का दोष नहीं है, उसको हम दोष नहीं दे सकते। जिस देश में छोटे-छोटे बच्चे भी पुलिस की गोली का शिकार बना दिए जाते हैं, जिस देश में जेल के अंदर लाठीचार्ज करके, शांतिपूर्ण-सत्याग्रहियों को मौत के घाट उतार दिया जाता है, उस देश के प्रधानमंत्री और पार्लियामेंट के मेम्बर शांति और अहिंसा की बात करें, इससे बढ़कर विडंबना हो ही नहीं सकती। पंचशील देश के बाहर भी चाहिए और अंदर भी चाहिए। अहिंसा चाहिए तो पाकिस्तान और पुर्तगाल के

साथ ही नहीं चाहिए, बल्कि जनता के साथ भी उस अहिंसा की और शांति की नीति का अवलंबन किया जाना चाहिए, सारे देश-विदेश नीति के सवाल पर प्रधानमंत्री के पीछे हैं। हमारे मतभेद अंदर के मतभेद हैं, लेकिन उस सहयोग को लेने का प्रयत्न नहीं किया जा रहा है और उस सहयोग से, जिससे जनता की शक्ति जाग्रत होनी चाहिए उसे जगाने की कोशिश नहीं की जा रही हैं, हम तटस्थ रहना चाहते हैं। तटस्थ का मतलब है, तट पर स्थित, तटस्थ। जो किनारे पर स्थित है वह तटस्थ है। अब कौन किनारे पर खड़ा रह सकता है?

छोटा-मोटा देश और कमजोर आदमी किनारे पर खड़ा नहीं रह सकता। छोटा-मोटा पौधा एक ही लहर-लपेट में बहकर चला जाएगा। छोटा-मोटा पत्थर का टुकड़ा एक ही प्रवाह में आंधी में नदी के बीच धार में जाकर टूट जाएगा। किनारे पर खड़ा नहीं रहता है, जिसकी जड़ें पाताल से जीवन-रस प्राप्त करती हैं। जो देश में सम्मान, गौरव, गरिमा और राष्ट्रीय शक्ति, चारित्रिक बल और अनुशासन के साथ जनता के समर्थन से आगे बढ़ता है, वही देश तटस्थ रहता है। आज इसी बात की आवश्यकता है कि यदि हम तटस्थ की नीति अपनाना चाहते हैं और उस पर चलना चाहते हैं, तो सच्चे अर्थों में हम उसको अपनाएं। धन्यवाद!"

अपने विचारों और क्रिया-कलापों से एक प्रखर नेता के रूप में उभर रहे अटल जी के वक्तव्यों की तत्कालीन प्रधानमंत्री जी पंडित जवाहरलाल नेहरू भी सराहना करने से नहीं हिचकते थे।

प्रखर राजनेता अटल बिहारी वाजपेयी

राज्यसभा में पहली बार

छोटे मन से कोई बड़ा नहीं होता, टूटे मन से कोई खड़ा नहीं होता।
इसीलिए तो भगवान कृष्ण को, शस्त्रों से सज्ज, रथ पर चढ़े
कुरुक्षेत्र के मैदान में खड़े अर्जुन को गीता सुनानी पड़ी थी।

मन हारकर मैदान नहीं जीते जाते न मैदान जीतने से मन ही जीते जाते हैं

तीसरे आम चुनाव का मैदान अटल जी भले ही नहीं जीत पाए हों, लेकिन लोगों के मन उन्होंने अवश्य जीते।

1962 के तीसरे आम चुनाव में भी अटल जी बलरामपुर से ही खड़े हुए, लेकिन ओछे हथकंडों के चलते वे केवल 1052 मतों से चुनाव हार गए।

इस सीट को कांग्रेस ने प्रतिष्ठा का प्रश्न बना लिया था। अन्य दलों ने भी यहाँ कांग्रेस का साथ दिया। इस सीट का महत्त्व इसी बात से ज्ञात हो जाता है कि स्वयं नेहरू जी को यहाँ चुनाव प्रचार के लिए आना पड़ा था। हर दिन कांग्रेस का कोई शीर्ष नेता यहाँ आकर राष्ट्रीय स्वयंसेवक संघ और जनसंघ के विरुद्ध ज़हर उगला करता था। इस चुनाव के विषय में अटल जी ने अपने उद्गार कुछ इस प्रकार व्यक्त किए:

"कांग्रेसियों के पास साधनों की कमी नहीं थी। ज़िला और स्थानीय अधिकारियों को धौंस देकर, किसी तक पहुँच है। यह डर दिखाकर चुनाव को प्रभावित करने के सभी उचित-अनुचित हथकण्डे अपनाए गए। यहाँ तक कि कांग्रेस के समर्थन में ब्राह्मणों की एक अपील भी निकाली गई। क्षेत्र में साम्प्रदायिक तनाव पैदा करने का योजनाबद्ध प्रयास हुआ। मतदान के लिए बलरामपुर नगर में छुरेबाज़ी की घटना करके जनसंघ के मतदाताओं विशेषकर औरतों को, जो बड़ी संख्या में सवेरे ही मतदान केन्द्रों पर एकत्रित हो गए थे, डरा-धमकाकर घर भेजने का षड्यंत्र रचा गया। कुछ क्षेत्रों में मतदान रोकना पड़ा। जो मतदाता घर चले गए थे, उनमें से अधिकांश लौटकर नहीं आए।"

तीसरी लोकसभा में यद्यपि अटल जी चुनाव हार गए, लेकिन जनसंघ का संख्या बल बढ़ गया था। 1952 के प्रथम आम चुनाव में जहाँ इनकी संख्या 3 थी, 1957 के द्वितीय आम चुनाव में यह बढ़कर 4 हो गई और 1962 के तीसरे आम चुनाव में यह अप्रत्याशित रूप से बढ़कर 14 हो गई। जनसंघ के हौसले बुलंद थे। संसद में उनकी गतिविधियाँ तेज़ हो गईं। अन्य विपक्षी दल उसकी इस सफलता से काफी चिंतित थे।

जनसंघ के पास अब इतना संख्या बल था कि वे संसद के उच्च सदन राज्य सभा में अपना प्रतिनिधि भिजवा सकते थे। राज्यसभा के चुनाव हुए तो अटल जी विजयी हुए और उच्च सदन में पहुँच गए। इस अवसर पर अटल जी ने अपने उद्गार इस प्रकार व्यक्त किए—

"हमारे दल जनसंघ के सदन में दो ही सदस्य थे। फिर भी सभापति डॉ. राधाकृष्णन ने मुझे प्रथम पंक्ति में स्थान दिया था। कोई चर्चा ऐसी नहीं थी, जिसमें पार्टी का दृष्टिकोण रखने का अवसर न मिलता हो। डॉ. राधाकृष्णन बड़ी शालीनता और गरिमा के साथ सदन की कार्यवाही का संचालन और नियंत्रण करते थे। बाद में डॉ. जाकिर हुसैन ने पद सँभाला। उन्हें प्रश्नकाल के बाद होने वाले हो-हल्ले से बड़ी कोफ़्त होती थी।

भारत के प्रथम राष्ट्रपति डॉ. राजेन्द्र प्रसाद को श्रद्धांजलि

अटल जी डॉ. राजेन्द्र प्रसाद का बहुत आदर करते थे। डॉ. प्रसाद भी उन्हें बहुत स्नेह करते थे। 1 मार्च, 1963 को उनके निधन पर अटल जी बहुत व्यथित थे। उन्हें श्रद्धा सुमन अर्पित करते हुए राज्यसभा में उन्होंने ये शब्द कहे थे—

"सभापति जी, मृत्यु ने जिन्हें हमसे छीन लिया है, लेकिन जिनकी कीर्तिगाथा काल के भाल पर अमिट अक्षरों से अंकित रहेगी, उन राजेन्द्र बाबू की स्मृति में मैं भी अपनी विनम्र श्रद्धांजलि अर्पित करता हूँ।

चिंतन-मनन में, भाव में, भाषा में, खान-पान में, चाल-ढाल में, रूप-रंग में डॉक्टर राजेन्द्र प्रसाद भारत की सनातन संस्कृति के नित्य नूतन प्रतिनिधि थे। विद्वत्ता के साथ विनय, शासन के साथ सौजन्य, वज्र के समान कठोर, किंतु कुसुम के समान मृदुल, उनका जीवन भावी संतति को सदैव प्रेरणा देता रहेगा।

वह अजातशत्रु थे। सब दलों के, सब मतों के मानने वालों के हृदय में उनके प्रति समान आदर था। वे सबके अपने थे और उनके निकट जाकर, उनके

सान्निध्य में ऐसा लगता था जैसे किसी ऋषि की छत्रछाया में हम बैठे हैं। पद पाकर भी उन्हें मद नहीं हुआ। राष्ट्रपति भवन में भी वे सदाकत-आश्रम का वतावरण ले आए। राजा जनक की तरह विदेह रहे।

भरत के बाद निस्पृहता का आदर्श उनके जीवन में हमने चरितार्थ देखा। उनके साथ एक युग समाप्त हो रहा है। अतीत को वर्तमान से जोड़ने वाली परम्परा मिटती हुई दिखाई देती है।

परमात्मा से हम प्रार्थना करें कि वह हमें इस वज्रपात को सहन करने की शक्ति दे और उनके स्वप्नों के भारत की रचना करने का सामर्थ्य दे, जिससे हम उनके ऋण से उऋण हो सकें।"

धारा 370 खत्म होनी चाहिए

अटल जी को कश्मीर से बहुत लगाव है। उसे वे भारत का मुकुट कहते हैं। धारा 370 ने कश्मीर को शेष भारत से कुछ पृथक कर दिया है। इस सम्बद्ध में 22 अप्रैल, 1964 को राज्यसभा में उनके उद्गार—

"संविधान की धारा 370 खत्म होनी चाहिए। वह एक अस्थायी प्रावधान है, किंतु अब घड़ी की सुई को उल्टा घुमाने की कोशिश की जा रही है। काल के प्रवाह को पलटने का प्रयत्न हो रहा है। शेख़ अब्दुला बड़े व्यक्ति हो सकते हैं, मैं उनका सम्मान करता हूँ, किंतु वे जम्मू-कश्मीर और शेष भारत से बड़े नहीं हो सकते।

हमारे प्रधानमंत्री भी कश्मीरी हैं और जम्मू-कश्मीर के प्रधानमंत्री भी कश्मीरी हैं। वहाँ के पूर्व प्रधानमंत्री भी कश्मीरी थे। क्या कश्मीरी हमारे लिए हरदम संकट ही पैदा करेंगे? इस देश में दो प्रधानमंत्री हैं और दोनों कश्मीरी हैं। अन्य राज्यों में मुख्यमंत्री हैं, प्रधानमंत्री नहीं। जो विधेयक लाया गया था कश्मीर विधानसभा में रियासत प्रधानमंत्री का नाम बदलने का, सदरे को राज्यपाल कहने का, उस विधेयक को भी स्थगित कर दिया है। मैं जानना चाहता हूँ कि नई दिल्ली का सम्मान किधर है? जब मुझे कश्मीर का ध्यान आता है, तो डॉ. श्यामाप्रसाद मुखर्जी का ध्यान आता है और जिन परिस्थितियों में उनकी मृत्यु हुई, उसका ध्यान आता है।"

तीसरी लोकसभा का 1962 से 1987 तक का कालखण्ड बहुत महत्त्वपूर्ण रहा। नेहरू जी तत्कालीन प्रधानमंत्री थे। चीन से वे मैत्री बढ़ा रहे थे। चीनी—"हिंदी-चीनी भाई भाई" का नारा लगाते रहे। हम इस नारे के भ्रम में फँसे

रहे और अक्टूबर 1962 में चीन ने हम पर आक्रमण कर दिया। इस अवसर पर अटल जी पूरे देश में घूमे और उन्होंने सरकार को समर्थन और सहयोग देने की अपील की। उन्होंने चीन की कुत्सित साजिश का खुलासा करते हुए कहा था–

"जब हमारे प्रधानमंत्री व नेता हिन्दी-चीनी भाई-भाई के नारों के झाँसे में फँसे हुए थे, उस समय चीन हम पर आक्रमण कर हमारी हज़ारों वर्गमील भूमि को हड़पने साजिश रच रहा था। इससे बड़ी शर्मनाक घटना और क्या हो सकती है?"

इस आक्रमण से नेहरू जी को भी कड़ा आघात पहुँचा था। अटल जी के शब्दों में–"चीन के आक्रमण ने नेहरू जी को मर्मांतक पीड़ा पहुँचाई थी। उसके विवासघात ने उन्हें अंतरतम तक हिला दिया था। वे पुन: अपनी पुरानी जीवन्त मुद्रा में नहीं दिखाई दिए। उन्हें देखकर लगता था कि जैसे उन्हें किसी ने उनके आभामण्डल से अलग कर दिया है।"

इस युद्ध के बाद एक समारोह में लता मंगेशकर ने एक गीत गाया–ऐ मेरे वतन के लोगों, ज़रा आँख में भर लो पानी... इसे सुनकर नेहरू जी की आँखें छलछला आई थीं। इस समारोह में अटल जी भी मौजूद थे। समारोह की समाप्ति पर उन्होंने लता जी से कहा था–"आपका गीत बहुत सुंदर है, किंतु मेरे कहने से उसमें संशोधन कर 'आँख में भर लो पानी' की जगह 'आँख में भर लो अंगार' कर लें। आज हमें आँखों में पानी नहीं, अंगार भरने पड़ेंगे।"

नेहरू जी का निधन

27 मई, 1964 को दिल्ली में पं. जवाहर लाल नेहरू का अप्रत्याशित निधन हो गया। भले ही पं. नेहरू अटल जी के कट्टर विरोधी रहे हों, लेकिन कवि हृदय अटल इस क्षति से बहुत आहत हो उठे थे। नेहरू जी को दी गई उनकी श्रद्धांजलि का एक-एक शब्द उनकी इस पीड़ा को प्रकट करता है। उन्हीं के शब्दों में जो उन्होंने राज्य सभा में कहे थे–

"सभापति जी, एक सपना था जो अधूरा रह गया; एक गीत था, जो गूँगा हो गया; एक लौ थी, जो अतंत में विलीन हो गई। सपना था एक ऐसे संसार का, जो भय और भूख से रहित होगा; गीत था एक ऐसे महाकव्य का, जिसमें गीता की गूँज और गुलाब की गंध थी; लौ थी एक ऐसे दीपक की, जो रात-भर जलता रहा, हर अँधेरे से लड़ता रहा और हमें रास्ता दिखाकर एक प्रभात में निर्वाण को प्राप्त हो गया।

   प्रखर राजनेता अटल बिहारी वाजपेयी

मृत्यु ध्रुव है, शरीर नश्वर है। कल कंचन की जिस काया को, हम चंदन की चिता पर चढ़ाकर आए, उसका नाश निश्चित था, लेकिन क्या यह जरूरी था कि मौत इतनी चोरी-छिपे आती! जब संगी-साथी सोए पड़े थे, जब पहरेदार बेखबर थे, हमारे जीवन की अमूल्य निधि लुट गई। भारतमाता, आज शोकमग्ना है–उसका सबसे लाड़ला राजकुमार खो गया। मानवता आज खिन्नवदना है–उसका पुजारी सो गया। शांति आज अशांत है–उसका रक्षक चला गया। दलितों का सहारा छूट गया। जन-जन की आँख का तारा टूट गया। यवनिका-पात हो गया, विश्व के रंगमंच का प्रमुख अभिनेता अपना अंतिम अभिनय दिखाकर अंतर्धान हो गया।

महर्षि वाल्मीकि ने रामायण में भगवान श्रीराम के संबंध में कहा है कि वे असंभवों के समन्वय थे। पंडित जी के जीवन में महाकवि के उसी कथन की एक झलक दिखाई देती है। वे शांति के पुजारी, किंतु क्रांति के अग्रदूत थे; वे अहिंसा के उपासक थे, किंतु स्वाधीनता और सम्मान की रक्षा के लिए हर हथियार से लड़ने के हिमायती थे।

संसद में उनका अभाव कभी नहीं भरेगा। शायद तीनमूर्ति को उन जैसा व्यक्ति कभी भी अपने अस्तित्व से नहीं सार्थक करेगा। वह व्यक्तित्व, वह जिंदादिली, विरोधी को भी साथ लेकर चलने की वह भावना, वह सज्जनता, वह महानता शायद निकट भविष्य में देखने को नहीं मिलेगी। मतभेद होते हुए भी, उनके महान आदर्शों के प्रति, उनकी प्रामाणिकता के प्रति, उनकी देशभक्ति के प्रति, उनके अटूट साहस और दुर्दम्य धैर्य के प्रति हमारे हृदयों में, आदर के अतिरिक्त और कुछ नहीं है।

इन शब्दों के साथ मैं उस महान आत्मा के प्रति विनम्र श्रद्धांजलि अर्पित करता हूँ।"

ताशकंद समझौता

नेहरू जी के बाद श्री लाल बहादुर शास्त्री को प्रधानमंत्री बनाया गया। उन्होंने देश को एक लोकप्रिय नारा दिया–"जय जवान, जय किसान।" यह नारा आज भी उतना ही लोकप्रिय है।

सितम्बर, 1965 में पाकिस्तान ने भारत पर आक्रमण कर दिया। सरकार ने सेना को आदेश दिया कि वह इस हमले का करारा जवाब दे। जवाब दिया भी गया। उस समय अटल जी अनेक सांसदों के साथ सीमावर्ती इलाकों में

गए और हमारे योद्धाओं का उत्साह बढ़ाया। भारत ने पाकिस्तान के अनेक क्षेत्रों पर अधिकार कर लिया। जब भारतीय फौज लाहौर से कुछ ही दूर थी, सोवियत संघ ने मध्यस्थता करके दोनों देशों के बीच समझौता करने की पेशकश की। ताशकंद में लालबहादुर शास्त्री और मोहम्मद अय्यूब खाँ के बीच समझौते पर हस्ताक्षर हुए। यहीं पर 11 जनवरी, 1966 को रहस्यमय परिस्थितियों में प्रधानमंत्री लालबहादुर शास्त्री का निधन हो गया। उन्हें श्रद्धा सुमन अर्पित करते हुए अटल जी ने कहा था–"हमने पाकिस्तान से युद्ध में विजय प्राप्त की, किंतु समझौते में अपने महान लोकप्रिय व दृढ़ संकल्प प्रधानमंत्री लालबहादुर शास्त्री को गँवा दिया। आज भारतमाता की गोद खाली हुई है–कोख खाली नहीं हुई।"

राष्ट्र रक्षा के लिए एटम बम

जब देश के दो टुकड़े हुए तो अटल जी का दिल बहुत रोया था। एक बार उन्होंने राज्यसभा में कहा भी था–"मेरा वश चलता, तो देश के टुकड़े नहीं होते। पूर्वी बंगाल से आए हुए लाखों लोगों की समस्या पैदा नहीं होती, कश्मीर का सवाल पैदा नहीं होता, लेकिन जिन्होंने राष्ट्रीयता का दम भरा, उन्होंने देश का बँटवारा किया, उन्होंने देश को रक्तरंजित कर दिया, भारत माता के टुकड़े कर दिए। सन् 1947 में हमने अंग्रेजों से समझौता नहीं किया, सत्ता के लालच में आकर कांग्रेसी नेताओं ने किया। वे हमें ताने देने की भूल न करें। हमने कश्मीर को बचाया, नहीं तो वह सन् 1953 में चला गया होता और आज वहाँ तिरंगा झंडा नहीं पाकिस्तान अथवा अमेरिका का झंडा होता। जब कश्मीर के पूर्ण एकीकरण के लिए भारतीय जनसंघ ने आंदोलन किया, तो हमें साम्प्रदायिक कहा गया। उस आन्दोलन में डॉ. मुखर्जी बलिदान हो गए इसलिए कश्मीर बच गया।"

यही कारण है कि वे देश की रक्षा के लिए इसे संसाधनों से लैस करने की दुहाई देते रहे हैं। 22 सितम्बर, 1964 को भी राज्यसभा में उन्होंने कुछ इसी प्रकार के उदगार व्यक्त किए थे–

"विदेश नीति का उद्देश्य राष्ट्रीय हितों का रक्षण तथा संवर्द्धन करना होता है और इस बात से इनकार नहीं किया जा सकता कि हमारे हितों पर आँच आ रही है। कम्युनिस्ट चीन से हमें पहले ही बड़ा खतरा था, वह हमारे विशाल भू-भाग पर कब्जा जमाकर बैठा है। अब

 प्रखर राजनेता अटल बिहारी वाजपेयी

अणु-बम का विस्फोट करके उसने हमारे लिए चिंताजनक परिस्थिति पैदा कर दी है। हम अणु-बम बनाएँ या न बनाएँ–इस प्रश्न पर देश में चर्चा हो रही है। मैं चाहता हूँ कि इस पर खुले दिमाग से चर्चा हो, लेकिन अणु-बम कैसे बना सकते हैं? जो देश बड़ी सेना रख सकता है और उस सेना पर प्रतिवर्ष 800 करोड़ रुपये खर्च कर सकता है, जो उस सेना को शस्त्रों से सज्जा करने के लिए दुनिया के सभी देशों से सैनिक सहायता माँग सकता है, जो गोवा की मुक्ति के लिए उस सेना को उपयोग में ला सकता है और जो चीन के चंगुल में चली गई भूमि को वापिस लेने के लिए सेना का प्रयोग करने के लिए वचनबद्ध है, वह देश अहिंसा का, गाँधी का, नारा लगाकर एटम बम बने या न बने इस सवाल पर अपनी राय व्यक्त नहीं कर सकता।

एटम बम का जवाब क्या है? एटम बम का जवाब बम है और कोई जवाब नहीं। आज रूस और अमेरिका, दोनों के पास एटम बम हैं, इसलिए एटम बम की लड़ाई नहीं होगी, यह सम्भावना है, लेकिन जब केवल अमेरिका के पास एटम बम था, जापान के पास नहीं था, तो जापान के विरुद्ध उसका प्रयोग हुआ। यदि उस समय जापान के पास भी अणु बम होता, तो शायद अमेरिका को उस पर एटम बम गिराने की हिम्मत नहीं होती। मित्र देशों के पास और जर्मनी के पास ज़हरीली गैसें थीं और क्योंकि दोनों के पास ज़हरीली गैसें थीं, इसलिए उनका उपयोग नहीं हुआ।

चीन के पास एटम बम रहे, उससे एशिया का सैनिक संतुलन बिगड़ जाए, उस एटम बम के कारण चीन प्रतिष्ठा प्राप्त करे, दक्षिणी-पूर्वी एशिया के छोटे देशों को डराए-धमकाए, यह स्थिति हमारे लिए अच्छी नहीं है। इस प्रश्न को हमें व्यवहार की कसौटी पर कसकर देखना होगा। यदि सरकार यह कहे कि एटम बम बनाने में कठिनाइयाँ हैं, हमारी आर्थिक स्थिति अच्छी नहीं है, देश का हमें पुनर्निर्माण करना है और हम अपने साधन-स्रोत अणु बम बनाने में नहीं लगा सकते, तो मैं उन पर विचार करने के लिए तैयार हूँ, लेकिन नैतिकता की, अहिंसा की, गाँधी जी की बातें मत करिए। देश की रक्षा होनी चाहिए। जिस हथियार से देश की रक्षा हो सकती है, उस हथियार को देश को, सरकार को अपनाना होगा। छोटा हथियार अच्छा और बड़ा हथियार बुरा है, यह मानने के लिए मैं तैयार नहीं हूँ। मैं तो चाहता हूँ सरकार एटम बम बनाने के संबंध में गंभीरता से विचार करे।"

हिन्दी के सम्मान के लिए

अटल जी शुरू से ही हिन्दी को सरकारी काम-काज की भाषा का दर्जा देने के लिए प्रयासरत रहे हैं। आज हिन्दी राष्ट्रभाषा तो है, लेकिन अधिकांश काम-काज अब भी अंग्रेजी में ही होता है। मद्रास (अब तमिलनाडु) में भाषा के नाम पर कतिपय स्वार्थी तत्त्वों ने यह अफवाह फैला दी कि उन पर हिंदी थोपी जा रही है और उग्र प्रदर्शन आरम्भ कर दिए। जान-माल की बड़ी क्षति हुई। इस घटना ने अटल जी को व्यथित कर दिया। इस पर राज्यसभा में 22 फरवरी, 1965 को उन्होंने कहा–"हिन्दी को अपनाने का फैसला केवल हिन्दी वालों ने ही नहीं किया। हिन्दी की आवाज़ पहले अहिन्दी प्रांतों से उठी–स्वामी दयानन्द सरस्वती, महात्मा गाँधी या बंगाल के नेता हिन्दी भाषी नहीं थे। हिन्दी हमारी आज़ादी के आन्दोलन का एक कार्यक्रम बनी और 14 सूत्रीय कार्यक्रम के अंतर्गत उसका समावेश किया गया। हमारे संविधान का जो पहला मसविदा बना उसमें अंगेजी के लिए पाँच साल की अवधि देना तय किया गया था, लेकिन श्री गोपलस्वामी आयंगार, श्री अल्लादि कृष्णास्वामी और श्री टी.टी. कृष्णामाचारी, इनके आग्रह पर वह पाँच साल की अवधि बढ़ाकर 15 साल की गई। हिन्दी अंकों को अंतर्राष्ट्रीय अंकों का रूप दिया गया, राष्ट्रभाषा की जगह हिन्दी को राजभाषा कहा गया। उस समय अहिन्दी प्रांतों से हिन्दी का विरोध नहीं हुआ था, संविधान में जो बातें थीं उनका विरोध राजर्षि पुरुषोत्तम दास टंडन जी ने किया जो अंगेजी नहीं चाहते थे या स्वर्गीय मौलाना आजाद ने किया जो हिन्दी की जगह हिन्दुस्तानी चाहते थे, मगर दक्षिण से हिन्दी के विरोध में आवाज़ नहीं उठी थी। फिर भी 15 साल में हमने क्या किया? यदि 15 साल में जैसा कि सभा ने निर्णय किया था और जैसा कि संविधान में लिखा गया था, हिन्दी पढ़ाने की व्यवस्था होती, तो फिर आज जो परिस्थिति पैदा हो गई है, वह न होती, लेकिन केन्द्र तो मद्रास में हिन्दी नहीं ला सकता था। मद्रास की सरकार ने हिन्दी को अनिवार्य नहीं किया। अनिवार्यता हटा ली गई। परीक्षाओं में पास होना भी अनिवार्य नहीं रहा और वहाँ हिन्दी की पढ़ाई एक मज़ाक बनकर रह गई।

मद्रास में जो कुछ हुआ है, उसने हमें बड़ा व्यथित किया है। लोकतंत्र की स्थापना के पन्द्रह साल बाद हम अपने देश की भाषा के विरोध में जलकर

प्रखर राजनेता अटल बिहारी वाजपेयी

मर जाएँ, इससे बढ़कर लज्जा की बात और कोई नहीं हो सकती। दुनिया वाले हम पर हँसते हैं।

मद्रास में ऐसे लोग भी जलकर मरे हैं जो अंग्रेजी नहीं जानते थे। उनके दिल में अंग्रेजी का प्रेम कहां से आया? ताज्जुब की बात यह है कि जो लोग जलकर मरे, उनकी जेब से चिट्ठी निकली कि वे हिन्दी के लादे जाने के खिलाफ जलकर मर रहे हैं। सारा शरीर जल गया मगर चिट्ठी नहीं जली! वह चिट्ठी बाद में रखी गई थी। इस बात की भी जाँच होनी चाहिए कि किसने लोगों को भड़काया और आत्महत्या के लिए प्रेरित किया। डी.एम.के. के एक नेता मेरे साथ साउथ वियतनाम गए थे, वहाँ बौद्धों के जल मरने का दृश्य उन्होंने देखा था। ताज्जुब नहीं कि वहाँ से प्रेरणा लेकर उन्होंने अबोध लोगों को, निर्दोष लोगों को आत्महत्या जैसे बर्बर काम के लिए प्रेरित किया हो।

हम नहीं चाहते कि हिन्दी किसी प्रांतीय भाषा की जगह ले। अंग्रेजी जब तक चलेगी तब तक तमिल का विकास नहीं होगा, बंगला समृद्ध नहीं होगी। अंग्रेजी केवल हिन्दी की दुश्मन नहीं है, अंग्रेजी हर एक भारतीय भाषा के विकास के मार्ग में, हमारी संस्कृति की उन्नति के मार्ग में रोड़ा है। अगर तमिल वाले यह नहीं समझते कि अंग्रेजी चलने से उनकी भाषा को योग्य स्थान नहीं मिलेगा, तो मैं उन्हें समझा नहीं सकता। मैं उनसे एक ही प्रार्थना करना चाहता हूं कि आप अंग्रेजी चलाना चाहते हैं तो चलाइए, 'यावत् चन्द्र दिवाकरौ' अंग्रेजी चलनी चाहिए। जब तक गंगा और जमुना की धारा है, तब तक अंग्रेजी चलनी चाहिए, किंतु हमारे लिए अंग्रेजी गुलामी की प्रतीक है। हम अंग्रेजी भाषा के खिलाफ नहीं है, अंग्रेजी बड़ी समृद्ध भाषा है लोग उसे पढ़ें और केवल लोग अंग्रेजी ही क्यों पढ़ें, फ्रेंच पढ़ें, जर्मन पढ़ें, रशियन पढ़ें। हमारे विद्यार्थी जो इन देशों में छात्रवृत्ति लेकर जाते हैं वे छ: महीने में उन देशों की भाषा का काम-चलाऊ ज्ञान प्राप्त कर सकते हैं, लेकिन अगर वे शुरू से राजकाज, शिक्षा, दीक्षा अंग्रेजी में चलाना चाहते हैं, तो चलाएं, मगर आचार्य विनोबा भावे का तीसरा सूत्र मान लें कि हिंदी प्रांतों में अंग्रेजी लादी नहीं जाएगी।

एक बात इस आंदोलन से साफ हो जानी चाहिए और मैं सरकार से कहता हूं - जो हिन्दी वाले नहीं हैं उनको संतुष्ट करने के लिए जो भी कदम उठाना हो, आप उठाइए, लेकिन परमात्मा के लिए हिंदी प्रांतों पर अंग्रेजी लदी रहे इस स्थिति को छोड़ दीजिए। हम नहीं चाहते आप हिन्दी को लादें, मगर हम

अंग्रेजी लादने नहीं देंगे। हिंदी प्रांतों में अंग्रेजी नहीं चलेगी। राजकाज में, शिक्षा में, विश्वविद्यालय में, रेल में, डाक-तार में, पलटन में, हम अंग्रेजी को हटाएंगे इसलिए नहीं कि अंग्रेजी से हमको घृणा है, लेकिन इसलिए कि अगर अंग्रेजी चलेगी तो लोकतंत्र मजाक बन जाएगा। अंग्रेजी अगर चलेगी, तो भारत प्रगति नहीं करेगा। जनता का राज जनता की भाषा में चलना चाहिए।''

बाद में राष्ट्रपति के अभिभाषण पर धन्यवाद प्रस्ताव के दौरान 4 मार्च, 1965 को उन्होंने अपने भाषण में कहा - ''मद्रास में भाषा के नाम पर जो उपद्रव हुए हैं, उनकी उच्चस्तरीय अदालती जांच होनी चाहिए। कांग्रेस के एक सदस्य ने आज यह मांग की है और मैं समझता हूं कि मेरे मित्र अण्णादुरै जी भी इस मांग से सहमत होंगे कि इस बात की जांच होनी चाहिए कि उपद्रवों के पीछे किसकी प्रेरणा थी, किसकी योजना थी और किसकी तैयारी थी।

श्री अण्णादुरै को तमिल भाषा का अभिमान है। मैं उनके अभिमान की कद्र करता हूं। मगर उन्हें यह नहीं भूलना चाहिए कि हमें हिन्दी भाषा का अभिमान है। हमने दिल्ली में 'तमिल मुर्दाबाद' के नारे नहीं लगाए, मगर मद्रास में 'हिन्दी मुर्दाबाद' के नारे लगे। हिंदी ने मद्रास का क्या बिगाड़ा है? मद्रास के लोग इस शासन के खिलाफ हो सकते हैं, लेकिन मद्रास के लोगों को हिन्दी भाषा का विरोध नहीं करना चाहिए। मैं अगर दिल्ली में 'तमिल मुर्दाबाद' के नारे लगवाऊं तो श्री अण्णादुरै को कैसा लगेगा? मगर उन्होंने 'हिन्दी मुर्दाबाद' के नारे लगाए, हिन्दी का अपमान हुआ और वे चाहते हैं कि भावनाएं न भड़कें। अगर हमें सभी भाषाओं की कद्र करनी है, तो उन भाषाओं में हिन्दी भी आती है, केवल तमिल नहीं। तमिल समृद्ध भाषा है, मगर एक क्षण के लिए भी मैं यह मानने को तैयार नहीं हूं कि हिंदी एक समृद्ध भाषा नहीं है।''

गोवध बंदी आंदोलन

गोवध पर प्रतिबंध की मांग को लेकर 1966 में दिल्ली में एक अभियान चलाया गया। इसका नेतृत्व सर्वदलीय गो-रक्षा अभियान समिति कर रही थी। चारों पीठों के जगद्गुरु शंकराचार्य, रामानुजाचार्य, जगद्गुरु निम्बाकाचार्य, स्वामी करपात्री जी महाराज, राष्ट्रीय स्वयंसेवक संघ के सरसंघ चालक श्री गुरु माधव सदाशिव गोलवलकर, जैन मुनि सुशील कुमार जी आदि राष्ट्र संत इसके समर्थक थे। 7 नवंबर, 1966 को लाखों गो-भक्त, दिल्ली में संसद के सामने एकत्रित हुए। संत, महात्माओं, सांसदों और अनेक बुद्धिजीवियों ने इस सभा में

गोवध पर पूर्ण प्रतिबंध लगाने की मांग की। जैसे ही अटल जी ने भाषण के लिए माइक्रोफोन संभाला, असामाजिक तत्वों ने सभा में हंगामा शुरू कर दिया। शांत चलती रैली में मचे उपद्रव को कुचलने के लिए पुलिस ने गोलियां चलानी आरंभ कर दीं; परिणामस्वरूप सैकड़ों गोभक्त मारे गए। अटल जी बाल-बाल बचे। बाद में, 16 नवम्बर, 1966 को संसद में उन्होंने इस घटना का मुखर विरोध किया और गोलीकांड की जांच कराने की मांग करते हुए कहा – ''सेठ गोविन्ददास जी, श्री प्रकाशवीर शास्त्री, महन्त दिग्विजय नाथ जी, संत प्रभुदत्त ब्रह्मचारी जी देश के अनेक धर्माचार्य मंच पर विराजमान थे। मंच से 'गोहत्या बंद करो' हम शांति से अपनी मांग मनवाने के लिए आए हैं, नारे लगाए जा रहे थे। मगर बैरकों के ऊपर खड़े लोग, जो संदिग्ध थे, उत्तेजक नारे लगाकर माहौल बिगाड़ रहे थे। जैन मुनि सुशील कुमार जी ने हाथ जोड़कर उनसे ऐसे नारे न लगाने की प्रार्थना की। मगर उन लोगों ने पत्थर फेंकने शुरू कर दिए। उनको किन लोगों ने इकट्ठा किया, कामराज जी पर आक्रमण करने वाले कौन थे? इसकी जांच करवाई जानी चाहिए।''

चौथे आम चुनाव

1967 में चौथे आम चुनाव आ गए। अटल जी का राज्यसभा का कार्यकाल अभी बाकी था, लेकिन उन्होंने पुनः बलरामपुर से चुनाव लड़ने की घोषणा कर दी।

राज्यसभा के अपने इस कार्यकाल में अटल जी ने अपनी पूरी राजनीतिक क्षमताओं का उपयोग करते हुए राष्ट्रहित के अनेक मुद्दों को उठाया। राज्य सभा में कैसे सदस्य भेजे जाने चाहिए? इसका भी खुलासा करते हुए उन्होंने कहा है :

''मुझे लगता है कि राजनीतिक दलों को राज्यसभा के लिए सदस्यों का चुनाव करते समय अधिक सावधानी से काम लेना चाहिए। दलों के वयोवृद्ध नेता राज्यसभा की सदस्यता से सम्मानित किए जा सकते हैं, किंतु उनका अनुभव और चयन करते समय समाज के विभिन्न वर्गों के योग्य व्यक्तियों को प्रतिनिधित्व देने का प्रयास करें, तो इससे दल को भी शक्ति मिलेगी और राज्यसभा का रूप भी अधिक निखरेगा। सुरक्षा सेनाओं के अवकाश प्राप्त अधिकारी, शिक्षाशास्त्री, वैज्ञानिक, उद्योगपति, रचनात्मक कार्यकर्ता अपने योगदान से राज्यसभा के वाद-विवाद को अधिक उपयोगी बना सकते हैं।''

हार नहीं मानूंगा

विपदाएं आती हैं आएं, हम न रुकेंगे, हम न रुकेंगे।
आघातों की क्या चिंता है? हम न झुकेंगे, हम न झुकेंगे।
छुईमुई के पेड़ नहीं जो छूते ही मुरझा जाएंगे।
क्या तड़ितघातों से नभ के ज्योतित तारे बुझ पाएंगे?

तारों की ज्योति अक्षुण्ण होती है, उसे कोई बुझा नहीं सकता, क्योंकि उसमें स्वयं की आभा होती है। वे किसी से प्राप्त रोशनी के मोहताज नहीं होते। अटल जी भी भारतीय राजनीति के ऐसे ही सितारे हैं, जो अपनी रोशनी आप हैं और उनकी रोशनी राष्ट्र की पथ-प्रदर्शक है। 1962 के आम चुनाव से हारकर अटल जी चुप बैठने वालों में से नहीं थे। वे राज्यसभा में गए और वहां रहकर सक्रिय व सयंत राजनीति की। चौथे आमचुनाव के बारे में उन्होंने अपनी पुस्तक 'संसद में चार दशक' में जो कुछ लिखा, उन्हीं के शब्दों में –

''मैंने अपने चुनाव-क्षेत्र की पूरी चिंता की थी। मतदाताओं से निकट सम्पर्क रखा था। बलरामपुर का नाम उजागर किया था, किंतु हारने के बाद मैंने निश्चय किया कि अब मैं बलरामपुर से अधिक सम्पर्क नहीं रखूंगा। मैं कांग्रेस उम्मीदवार को काम करने का पूरा अवसर देना चाहता था, लेकिन मैं वहां से पुन: चुनाव लड़ने के लिए दृढ़प्रतिज्ञ था।

मुझे अपनी हार का बदला लेना था। अगले आम चुनाव के पहले कांग्रेस के कतिपय वरिष्ठ नेताओं ने मुझसे कहा कि मैं बलरामपुर सीट छोड़ दूं और कहीं दूसरे क्षेत्र से चुनाव लड़ लूं। उनका यह तर्क था कि मैं तो और कहीं से भी चुनाव जीत सकता हूं, किंतु बलरामपुर से विजयी कांग्रेस उम्मीदवार के लिए क्षेत्र छोड़ना अप्रतिष्ठाकारक होगा। मैंने उनके सुझाव को स्वीकार नहीं किया। मैं बलरामपुर से पुन: लड़ा और विजयी हुआ। मैं 31 हजार से भी अधिक मतों से जीता। मुझे 1,42,446 मत मिले, जबकि कांग्रेस के उम्मीदवार

प्रखर राजनेता अटल बिहारी वाजपेयी

को 1,10,704 वोट प्राप्त हुए। मेरे साथ विधान सभा के भी 4 उम्मीदवार विजयी हुए।

अटल जी पुन: लोकसभा में शोभायमान हुए। यहां रहकर उन्होंने अनेक राष्ट्रीय और अंतर्राष्ट्रीय मुद्दों को उठाया और ओजपूर्ण भाषण दिए। उनके कुछ महत्वपूर्ण भाषणों को यहां देना प्रासंगिक होगा।

कश्मीर में धारा 370

''जम्मू-कश्मीर भारत का अभिन्न अंग है, लेकिन जम्मू-कश्मीर का संविधान अभी तक अलग है। जम्मू-कश्मीर भारत का अटूट भाग है, लेकिन जम्मू-कश्मीर की नागरिकता प्रथक है। कश्मीर को हम भारत माता का किरीट कहते है। मुकुटमणि कहते हैं, लेकिन कश्मीर राज्य का झण्डा अलग है। इसका क्या कारण है?

भारत का संविधान जब शेष राज्यों के लिए उपयुक्त है, तो क्या वह जम्मू-कश्मीर के लिए उपयुक्त नहीं है? हमारा तिरंगा सारे देश का प्यारा और सबकी आंखों का तारा है, लेकिन तिरंगे के साथ कश्मीर ने अपना अलग झण्डा बनाया हुआ है। जब सभी देशी रियासतों के झण्डे अतीत के गर्भ में विलीन हो गए, तो केवल जम्मू-कश्मीर का अलग झण्डा रहे, इसका कोई कारण, औचित्य नहीं है।

मैं सदन का ध्यान खींचना चाहता हूं कि धारा 370 'टेम्पॉरेरी और ट्रांजिशनल प्रॉविजन के अंतर्गत है। स्पष्ट है कि यह धारा अस्थायी है, अंर्तकालीन है। यह भारतीय संविधान का स्थायी अंग नहीं बन सकती।

जम्मू-कश्मीर और शेष भारत के बीच में आज एक मनोवैज्ञानिक दीवार खड़ी है। यह दीवार जम्मू-कश्मीर में अस्थिरता की स्थिति उत्पन्न करती है। यह दीवार भारत-विरोधी तत्त्वों की गतिविधियों को बल प्रदान करती है। यह दीवार एकीकरण के मार्ग में बाधा है। समय आ गया है कि अब यह मनोवैज्ञानिक रुकावट दूर कर दी जाए और जम्मू-कश्मीर अन्य राज्यों की तरह भारतीय गणराज्य में आदर और बराबरी की स्थान प्राप्त करें।''

पं. दीनदयाल उपाध्याय का निधन

सादा जीवन, उच्च विचार और व्यवहार में सरलता के धनी पं. दीनदयाल उपाध्याय का जन्म अपने नाना पं. चुन्नीलाल जी के घर धनकिया (राजस्थान)

में अश्विन कृष्ण त्रयोदशी सोमवार संवत् 1973, तदनुसार 25 सितम्बर, 1916 को हुआ। नाना धनकिया के स्टेशन मास्टर थे। इनके पिता का नाम पं. भगवती प्रसाद उपाध्याय और माता का नाम श्रीमती रामप्यारी था। पं. भगवती प्रसाद जी 'जलेसर रोड' स्टेशन के स्टेशन मास्टर थे। वैसे मूलत: वे भगवान् कृष्ण की पावन जन्मभूमि मथुरा जिले के फराह नामक गांव के रहने वाले थे। उनकी शिक्षा-दीक्षा राजस्थान और उत्तरप्रदेश में हुई। वे आजन्म ब्रह्मचारी रहे।

डॉ. श्यामाप्रसाद मुखर्जी की कश्मीर में रहस्मयमय मृत्यु के बाद सर्व श्री प्रेमनाथ डोगरा, मौलिचन्द्र शर्मा, बच्छराज व्यास, पीताम्बर दास, डॉ. रघुवीर, ए. रामाराव, बलराज मधोक आदि ने जनसंघ के अध्यक्ष पद के रूप में कार्य किया। दिसम्बर, 1967 में जनसंघ के 14 वें अधिवेशन के अवसर पर पं. दीनदयाल उपाध्याय को इसका अध्यक्ष बनाया गया। आपके नेतृत्व में संघ एक नई चेतना के साथ आगे बढ़ने लगा। अटल जी के साथ - राष्ट्रधर्म, पांचजन्य और स्वदेश में आपने कंधे-से-कंधा मिलाकर कार्य किया।

वे बोलते कम थे, सुनते अधिक थे। अतिश्योक्ति और प्रचार में उनकी रुचि नहीं थी। वे समन्वयवादी थे, समझौतावादी थे; किंतु सिद्धांतों से गिरकर या परिस्थिति से पराजित होकर उन्होंने न समझौता किया, न समन्वय। जनसंघ को नवपथ की ओर अग्रसर कर राजनीति के विशाल प्रांगण में खड़े कर देने का साहस और जीवन केवल दीनदयाल जी में ही था।

इस मुखर राष्ट्र भक्त की रात्रि के अंधकार में चलती गाड़ी में क्रूरतापूर्वक हत्या कर दी गई। 11 फरवरी, 1968 को सभी भारतवासियों ने यह दुखद समाचार सुना कि पं. दीनदयाल जी का शव मुग़लसराय स्टेशन के निकट पड़ा पाया गया। भारत का जनमानस हिल गया। कण-कण आवाक् रह गया। भारत शोक-सागर में डूब गया।

अटल जी पर मानो वज्रपात हुआ। 12 फरवरी, 1968 को पं. दीनदयाल जी को श्रद्धासुमन अर्पित करते हुए संसद में उन्होंने कुछ यूं उद्गार व्यक्त किए—

"अध्यक्ष महोदय, हम शोक की छाया में यहां एकत्र हैं। आज जो घाव सबसे हरा है, वह श्री दीनदयाल उपाध्याय के देहावसान का है। वे संसद के सदस्य नहीं थे, लेकिन भारतीय जनसंघ के जितने सदस्य आज इस सदन में और दूसरे सदन में बैठे हैं, उनकी विजय का, जनसंघ को बनाने का, बढ़ाने का, यदि किसी एक व्यक्ति को श्रेय दिया जा सकता है, तो उपाध्याय जी को

प्रखर राजनेता अटल बिहारी वाजपेयी

है। देखने में सीधे-सादे, लेकिन मौलिक विचारक, कुशल संगठनकर्ता, दूरदर्शी नेता, सबको साथ लेकर चलने का जो गुण उन्होंने अपने जीवन में प्रकट किया, वह नई पीढ़ी के लिए मार्गदर्शन का काम करेगा। ऊंची-से-ऊंची शिक्षा प्राप्त करके उन्होंने नौकरी नहीं की, वे परिवार के बंधनों में नहीं बंधे, शरीर का कण-कण और जीवन का क्षण-क्षण उन्होंने भारतीयता के मस्तक को सौभाग्य के सिंदूर से मंडित करने के लिए समर्पित कर दिया।

जिन परिस्थितियों में उनका निधन हुआ है वे हृदयविदारक हैं। यह कहना ठीक नहीं होगा कि वे किसी रेल-दुर्घटना के शिकार हुए। यह तथ्यों के विपरीत है। लखनऊ से पटना जाते हुए मुग़लसराय स्टेशन से थोड़ी दूर उनका शव पाया गया। अगर दुर्घटना में उनकी मृत्यु होती, तो शरीर लेटी हुई अवस्था में न मिलता, फिर शरीर के ऊपर चादर पड़ी न मिलती, फिर उनके हाथों में 5 रुपये का नोट प्राप्त न होता। उनके शरीर पर जो घाव लगे, वे भी इस बात की ओर संकेत करते हैं कि मृत्यु रेल-दुर्घटना में नहीं हुई। मृत्यु के कुछ और कारण हैं। उन कारणों की छानबीन होनी चाहिए। उत्तरप्रदेश सरकार जांच कर रही है।

केन्द्रीय सरकार को उच्चस्तरीय जांच करने की आवश्यकता है। 3.45 पर उनकी लाश देखी गई, लेकिन यह प्लेटफार्म पर नहीं लाई गई। क्यों नहीं लाई गई? उनकी जेब में टिकट था। रिजर्वेशन की स्लिप थी। वे लखनऊ से पटना जा रहे थे, यह पता लगाया जा सकता था। मगर मुग़लसराय स्टेशन के कर्मचारियों ने अपने कर्तव्य का पालन नहीं किया। अगर अचानक हमारा एक कार्यकर्ता वहां न पहुंच जाता, तो उनकी लाश लावारिस लाश बनाकर अंतिम संस्कार के लिए भेज दी जाती।

प्रश्न केवल एक नेता का ही नहीं है, एक नागरिक के जीवन की सुरक्षा का भी है, प्रश्न रेल-यात्रियों की सुरक्षा का भी है और यह आवश्यक है कि इस मृत्यु पर पड़े हुए सारे रहस्य के पर्दे खोले जाएं, तह में जाने का प्रयत्न किया जाए, जिससे भविष्य में इस प्रकार की कोई दुर्घटना न हो सके, जिससे भविष्य में किसी दल को अपना अनमोल कार्यकर्ता न खोना पड़े।

अध्यक्ष महोदय, आपने, प्रधानमंत्री ने और आचार्य रंगा ने जो कुछ कहा है, हम स्वयं को उसके साथ सम्बद्ध करते हैं। जहां तक मेरा सवाल है, मुझे अंधेरा दिखाई देता है। मेरे लिए तो रोशनी बुझ गई। वाणी में संयम, दूरदर्शी दृष्टि, सम्पूर्ण देश का विचार, सबको साथ लेकर चलने की भावना, जो भी

उपाध्याय जी के संपर्क में आए थे, वे आज उनके अभाव को अनुभव करेंगे। हमारे लिए उनकी क्षति कभी पूरी नहीं होगी, लेकिन राष्ट्र के जीवन में फिर ऐसी दुर्घटना न हो, इसके लिए प्रयत्न करने की आवश्यकता है।''

जनसंघ की अध्यक्षता

पंडित दीनदयाल उपाध्याय की मृत्यु के बाद अटल जी ने संघ के अध्यक्ष पद का भार संभाला। उन्होंने दीनदयाल जी की कमी को अपनी जीवटता से पूरा करने का प्रयास किया और इसमें उन्हें सफलता भी मिली। देश में चारों ओर सांप्रदायिकता का वातावरण बना हुआ था। कुछ लोग संघ को भी सांप्रदायिक दल समझते थे, लेकिन जब इसमें शामिल होने लगे और इसका क्षेत्र बढ़ने लगा, तो लोगों की सोच भी बदलने लगी। ऐसा केवल अटल जी के तर्कपूर्ण और तथ्यपूरक भाषणों के कारण ही हो सका। अटल जी को उस बात से गहरी ठेस पहुंची, जब रबात के मुस्लिम सम्मेलन में भारतीय प्रतिनिधिमंडल ने भाग लेकर देश की छवि को धूमिल किया। अटल जी ने इस संबंध में 17 नंवबर, 1969 को लोकसभा में कड़ा विरोध जाते हुए कहा –

''अध्यक्ष महोदय! रबात में हुए राष्ट्रीय अपमान के लिए देश की जनता से क्षमा याचना करने के बजाय सरकार जले पर नमक छिड़कने का काम कर रही है। इस बात से कोई इनकार नहीं कर सकता कि रबात में जो कुछ हुआ, वह हमारी नीति के कारण हुआ, उसे हमने आमंत्रित किया था। रबात का सम्मेलन इस्लामी देशों का सम्मेलन था, वह इस्लामी देशों द्वारा बुलाया गया था और इसमें इस्लामी देशों की समस्याओं पर विचार होना था। भारत एक इस्लामी देश नहीं है, ऐसे सम्मेलन में सरकारी तौर पर जाए, इसके औचित्य का समर्थन नहीं किया जा सकता। इससे पहले भी दुनिया के अनेक देशों में इस्लामी सम्मेलन हुए थे। भारत से कुछ प्रतिनिधि गए थे, लेकिन यह पहला अवसर है, जब भारत सरकार ने एक प्रतिनिधिमंडल भेजा। प्रतिनिधिमंडल के नेता कैबिनेट-स्तर के एक मंत्री थे। प्रतिनिधिमंडल में विदेश मंत्रालय के एक राज्यमंत्री भी थे। रबात में हमारे राजदूत को भी प्रतिनिधि मंडल में शामिल किया गया था-एक बड़ा उच्च स्तरीय प्रतिनिधिमंडल था। क्या सरकार इस बात को स्पष्ट करने की तकलीफ करेगी कि हमने इस तरह इस्लामी सम्मेलनों में गैर-सरकारी प्रतिनिधिमंडल भेजने की नीति क्यों छोड़ी?

     प्रखर राजनेता अटल बिहारी वाजपेयी

भारत में मुसलमान रहते हैं, उनकी काफी संख्या है। वे समान नागरिकता के अधिकारों का उपयोग करते हैं। उन्हें राष्ट्र के प्रति समान कर्तव्यों का पालन करना है। मजहब के आधार पर हम अपनी जनता में कोई भेदभाव नहीं करते। हमने भारत में एक जनसांप्रदायिक राज्य स्थापित किया है। मुसलमानों की मजहबी समस्याएं हो सकती हैं, जिसके कारण वे देश के अंदर विचार कर सकते हैं, देश के बाहर भी विचार कर सकते हैं, लेकिन ऐसे सम्मेलन में सरकारी प्रतिनिधिमंडल भेजने की कोई आवश्यकता नहीं है।

अध्यक्ष महोदय! 1955-56 में स्वेज नहर के संकट के बाद काहिरा में आयोजित इस्लामी सम्मेलन में जब भारत का प्रतिनिधिमंडल भेजने का सवाल आया, तब पंडित जवाहरलाल नेहरू जीवित थे और मुझे बताया गया कि उन्होंने कहा था, हमें सरकारी प्रतिनिधिमंडल नहीं भेजना चाहिए। क्या वर्तमान विदेश मंत्री ने वह फाइल देखी है, जिस पर हमारे स्वर्गीय प्रधानमंत्री ने नोट लिखा था ? कहा जाता है कि उस फाइल से वे कागजात गायब कर दिए गए हैं। तब से लेकर अब तक अनेक सम्मेलन हुए हैं - 1965 में मोगादिस्यू, 1965 में बांडुंग में, 1965 में मक्का में और 1965 में कुआलालंपुर में।

कुआलालंपुर के सम्मेलन के लिए मुझे याद है, मलेशिया के लिए हमें निमंत्रण देने के लिए आए थे। उस समय डॉक्टर जाकिर हुसैन हमारे राष्ट्रपति थे। उनसे कहा गया था कि आप भारत के राष्ट्रपति हैं, आप मुसलमान हैं, आप अपना प्रतिनिधिमंडल भेजिए। मुझे यह भी याद है कि डॉक्टर जाकिर हुसैन ने उनसे कहा था - "मैं मुसलमान जरूर हूं, लेकिन मैं भारत का राष्ट्रपति हूं, हम एक सेक्यूलर देश हैं और मुसलमानों के सम्मेलन में बुलाकर आप हमारी बेइज्जती कर रहे हैं।"

कुआलालंपुर के सम्मेलन में कोई सरकारी प्रतिनिधिमंडल नहीं भेजा गया। मैं जानना चाहता हूं कि अब इस नीति को बदलने का निर्णय क्यों लिया गया? क्या प्रतिनिधिमंडल में इस पर विचार हुआ था? क्या कैबिनेट के लिए कोई मेमोरेंडम तैयार किया गया था? जब नीतियां बदलती हैं, तो केबिनेट के लिए एक मेमोरेंडम तैयार किया जाता है। वह मेमोरेंडम क्या है, किस आधार पर नीति परिवर्तन का निर्णय लिया गया?

हमारी नीति गुटों से अलग रहने की है। न हम सैनिक गुट में फंसना चाहते हैं और न हम मजहबी गुटों में अपने को बांधने की गलती कर सकते हैं। रबात में इस गुटनिरपेक्षता की नीति का भी परित्याग कर दिया गया। हमारी नीति नहीं

है कि एक इस्लामी गुट न बनने पाए, लेकिन अब कहा जा रहा है कि हमारी नीति यह है कि अगर ऐसा गुट बन जाए, तो ऐसे गुट में हम घुस जाएं। हमारी नीति है कि सैनिक गुट न बने, लेकिन क्या सैनिक गुट बने, तो हम उसमें घुस जाएंगे? हमारी इस्लामी गुट को बनने से रोकने की नीति विफल हो गई है। हमारी गुटनिरपेक्षता की नीति, सेक्यूलरवाद की नीति भी विफल हो गई है, जब इस सरकार ने भारत के सम्मान को ताक पर रखकर रबात के सम्मान में जाने का फैसला किया।

अध्यक्ष महोदय! अब तक जो सम्मेलन होते थे, उनमें शामिल होने के लिए हमारे पास बुलावे आया करते थे, उनमें शामिल होने के लिए हमें दावत दी जाती थी और हम जाने में संकोच करते थे, गैर-सरकारी स्तर पर जाने की बात करते थे, लेकिन रबात में निमंत्रण की भीख मांगनी पड़ी। पहले निर्णय किया गया था कि हमें नहीं बुलाया जाएगा। फिर हमने उन देशों के दरवाजे खटखटाए, हमने भारत में नई दिल्ली स्थित दूतावासों की दहलीज़ों पर माथे टेके और हमने कहा कि हमें बुलाइए। कहा जाता है कि हमें सर्वसम्मति से बुलाया गया था। मैं पूछना चाहता हूं कि यह सर्वसम्मति रात-ही-रात में कैसे बदल गई? इसका उत्तर दिया जाता है कि पाकिस्तान के प्रेसीडेंट पर वहां की जनता ने दबाव डाला और पाकिस्तान से तार गया कि अगर भारत को शामिल करना स्वीकार कर लेंगे, तो आपकी खैर नहीं है। पाकिस्तान में लोकतंत्र नहीं है, डिक्टेटरशिप है। हमारे यहां की लोकतंत्रीय सरकार तार से नहीं हिलती, श्री फेरूमान मर जाएं तो वह टस-से-मस नहीं होती, तेलंगाना की जनता गोलियां खाती रहे, इस सरकार के कान पर जूं तक नहीं रेंगती। हम हजारों लोगों को प्रधानमंत्री के दरवाजे तक ले जाएं और त्यागपत्र मांगे, लेकिन प्रधानमंत्री हमें अनुग्रहित नहीं करते। अध्यक्ष महोदय! यह लोकतंत्रवादी देश का हाल है और हमसे कहा जा रहा है कि आप यह मान लीजिए कि पाकिस्तान के डिक्टेटर को कुछ तार मिले और पहले पाकिस्तान के जिस डिक्टेटर ने हमारे राजदूत से हाथ मिलाया था और सर्वसम्मति से हमें बुलाने का फैसला किया था, रात-ही-रात में उन्हें इल्हाम हुआ कि अगर सवेरे भारत आ गया, तो उनकी तानाशाही खत्म हो जाएगी, ये हास्यपद बातें हैं, अपनी बुद्धि को ठीक रखकर कोई भी इन पर विश्वास नहीं कर सकता।

मैं तो एक ही निष्कर्ष पर पहुंचा हूं – भारत को सर्व सम्मति से बुलाने की एक चाल थी। यह एक जाल था, हमें बुलाकर अपमानित करने के लिए

और हम उस जाल में फंस गए। इसके लिए पाकिस्तान को दोष देने का कोई अर्थ नहीं है। पाकिस्तान हमारा विरोधी है, अपने जन्मकाल से ही हमारे प्रति शत्रुता का व्यवहार कर रहा है। हमारी भूमि पर आक्रमण करके बैठा है, देश के अंदर गड़बड़ फैलाना चाहता है, भारत से बाहर कोई भी ऐसा अवसर नहीं छोड़ना चाहता, जिस पर हमें बदनाम न कर सके, लेकिन हम पाकिस्तान की चाल में क्यों फंसे? हम न जाते तो हमारा अपमान न होता। यदि गैर सरकारी प्रतिनिधिमंडल जाता, तो वह पाकिस्तान के आरोपों का उत्तर दे सकता था।

अध्यक्ष महोदय! एक बात और कही जाती है कि अगर अहमदाबाद में दंगे न होते, तो रबात में हमारा अपमान न होता। अहमदाबाद के दंगे हुए – 19 तारीख को और जब 25 तारीख को रबात में एकत्र देशों ने सर्वसम्मति से बुलाने का फैसला किया था, तब वे दंगे दबाए जा चुके थे, शांत हो चुके थे। क्या 25 तारीख को अहमदाबाद के दंगे के बारे में खबरें उन्हें पता नहीं थी? क्या रातों-रात सारा प्रचार कर दिया? पाकिस्तान ने अहमदाबाद के दंगों का उपयोग करने की कोशिश की होगी, लेकिन इसके कारण सारा सम्मेलन हमारे खिलाफ हो गया, मैं यह मानने के लिए तैयार नहीं हूं। इस बात को भी ध्यान में रखना होगा कि अहमदाबाद में दंगों की जांच हो रही है। मैं ज्यादा कुछ नहीं कहना चाहता, लेकिन क्या यह नहीं हो सकता कि अहमदाबाद में उन तत्त्वों ने दंगे कराए हों, जो रबात सम्मेलन में भारत की स्थिति को बिगाड़ना चाहते थे? ऐसे तत्त्व हमारे देश में हो सकते हैं, उन्हें बेपर्दा किया जाना चाहिए, लेकिन रबात के अपमान के लिए हम अहमदाबाद के दंगों को दोष देकर अपनी जिम्मेदारी से नहीं बच सकते। अगर दंगे होते और हम न जाने का फैसला करते, तो हमें अपमान सहन नहीं करना पड़ता।

सबसे बड़े दु:ख की बात यह है कि उस सम्मेलन में, जो हमारे बड़े मित्र होने का दावा करते हैं और जिनके साथ मित्रता निभाने के लिए हमने निश्चित मार्ग से अलग जाकर भी नीति को अपनाने में कोई संकोच नहीं किया, वे भी रबात के सम्मेलन में हमारी मदद के लिए नहीं आए। जॉर्डन से हमें कोई शिकायत नहीं है, जॉर्डन तो सैनिक गुट का सदस्य है। जॉर्डन तो अभी साम्राज्यवाद की चौकी है। हमें टर्की और ईरान से भी कोई शिकायत नहीं है। हमें सऊदी अरब से भी अधिक आशा नहीं है। हम अपने विदेश मंत्री और प्रधानमंत्री से पूछना चाहते हैं कि रबात के सम्मेलन में यूनाइटेड अरब रिपब्लिक ने क्या किया? क्या खड़े होकर उन्होंने एक बार कहा कि जिस देश

को सर्वसम्मति से बुलाया गया है, उसको बाहर नहीं निकाला जा सकता और अगर आप बाहर निकालोगे, तो भारत के साथ हमको भी बाहर जाना पड़ेगा और फिर यह सम्मेलन नहीं हो सकता। मित्र वही है, जो जरूरत के समय काम आता है। मगर यूनाइटेड अरब रिपब्लिक ने हमारे साथ मित्रता का व्यवहार नहीं किया। यह बात मैं गुस्से में नहीं कह रहा हूं, बड़े शोक में कह रहा हूं। हम जानते हैं कि पश्चिम एशिया में प्रतिक्रियावादी ताकतें और प्रगतिशील ताकतें लड़ रही हैं। अगर हम प्रगतिशील ताकतों को बढ़ावा देना चाहते हैं, तो उन प्रगतिशील ताकतों को हमें बढ़ावा देना चाहिए।

प्रधानमंत्री ने कहा कि रबात का मामला वही उठा रहे हैं, जो अरबों से दोस्ती नहीं करना चाहते। माना प्रधानमंत्री अकेली हैं, जिन्होंने अरबों से दोस्ती का ठेका ले रखा है। सारा देश अरबों से दोस्ती करना चाहता है, लेकिन इसका मतलब यह नहीं कि इजराइल से दुश्मनी की जाए। अगर अरब देश हमारे और पाकिस्तान के एक साथ मित्र हो सकते हैं, अगर अरब देश पाकिस्तान और चीन के एक एक साथ मित्र हो सकते हैं, तो भारत, अरब और इजराइल एक साथ मित्र क्यों नहीं हो सकते? हम कहना चाहते हैं कि अरबों के इलाके पर इजराइल ने कब्जा किया है, वह खाली कर दे, लेकिन क्या वे इस बात को भी कहने के लिए तैयार हैं कि पाकिस्तान और चीन ने हमारे जिस इलाके पर कब्जा किया है, उसे पाकिस्तान और चीन खाली करके चले जाएं? दोस्ती कोई वनवे ट्रैफिक नहीं है। मित्रता के लिए केवल ताली एक हाथ से नहीं बजती। मित्रता परस्पर के हितों और संबंधों पर आधारित होती है।

इस्लामी गुट में शामिल होने की कोशिश करके हमने यूनाइटेड को कमजोर किया है। हमने अफ्रीकी और एशियाई देशों की एकता पर चोट की। हमने अरब देशों की एकता को भी भंग किया है। यूनाइटेड नेशंस के चार्टर में रीजनल ग्रुपिंग की इजाजत है, लेकिन मजहबी ग्रुपिंग की नहीं – मजहब के आधार पर बने हुए गुटों की नहीं। अफ्रीकी देशों का एक संगठन है, अरब देशों का एक संगठन है, लेकिन अब एक नई हवा चली है, जिसके अंतर्गत मजहब के आधार पर गुट बनाने का प्रयत्न हो रहा है। इस हवा का हमें विरोध करना चाहिए था, लेकिन हमारी सरकार इस हवा में उड़ गई। उसके पैर उखड़ गए और उस गलती को अब मानने के बजाय उस पर लीपा-पोती की जा रही है।

यूगोस्लाविया के एक अखबार का एक उदाहरण देकर मैं अपने भाषण को समाप्त करना चाहता हूं। यह 'रेव्यू ऑफ इंटरनेशनल अफेयर्स' है, जो कि

प्रखर राजनेता अटल बिहारी वाजपेयी

फेडरेशन ऑफ यूगोस्लाव जर्नलिस्ट्स के द्वारा प्रकाशित किया जाता है। इस अंक में यूगोस्लाविया के एक बड़े तत्वज्ञ लगोमिर मनोविच का लेख प्रकाशित हुआ है। हमारे विदेश मंत्री रबात सम्मेलन के पहले यूगोस्लाविया गए थे और वहां पर जो वक्तव्य प्रकाशित किया गया है, उसमें कहा गया कि हम परस्पर हितों की बातों पर और पश्चिम एशिया के संबंध में जो भी निर्णय होंगे, उनके बारे में चर्चा करेंगे। मैं श्री दिनेश सिंह से पूछना चाहता हूं कि क्या उन्होंने यूगोस्लाविया से पूछा कि क्या आपको रबात सम्मेलन में बुलाया गया है और क्या आप जा रहे हैं? यूगोस्लाविया में भी मुसलमान रहते हैं।

श्री मनोविच लेख में लिखते हैं, ''यदि मुस्लिम देशों की कोई भी सभा किसी धार्मिक मसले पर बुलाई जाती है, जैसे किसी धार्मिक स्थान....अकासा या किसी दूसरे अंतर्राष्ट्रीय स्तर के पवित्र स्थान जैसे येरूशलम का कोई भी भी हिस्सा तो यह तर्क पूर्ण कहा जा सकता है, लेकिन यहां तर्क स्पष्ट नहीं है। सभा धार्मिक आधार पर बुलाई गई है और राजनीतिक समस्याओं पर विचार-विमर्श होना है।''

मेरी सबसे बड़ी शिकायत यह है कि मुझे एक मिनट और दीजिए। सेकुलरवाद का मतलब है देश के अंदर सभी धर्मों को समान समझना और मजहब को राजनीति से अलग रखना। प्रधानमंत्री कहती हैं कि हम रबात में इसलिए गए कि वहां पर राजनीतिक मसलों पर चर्चा होने वाली थी। ऐसी स्थिति में हमारे वहां जाने पर, तो और भी आपत्ति होनी चाहिए थी। उस सम्मेलन को इस्लामी देशों ने बुलाया। एजेंडा में इस्लामी देशों की चर्चा थी और बाद में जो घोषणा प्रकाशित की गई, उसमें इस्लामी देशों का नाम लिया गया।

जब इस्लामी देश राजनीतिक सवालों पर चर्चा करते हैं, तब हम वहां पर नहीं जा सकते – यह हमारी सेक्यूलरिज्म नीति के खिलाफ है। वे इस्लाम की चर्चा करें, तो हमारे देश के मुसलमान प्रतिनिधि बनकर जा सकते हैं, लेकिन जब वे राजनीति को मजहब से मिलाते हैं, इस्लाम को राजनीति से मिलाते हैं तो हमारे लिए अपने दरवाजे बंद कर देते हैं, लेकिन हम रबात में दरवाजे तोड़कर घुस गए और बे-आबरू होकर वहां से निकले। इसके लिए माफी मांगने के बजाय सरकार गलती दोहरा रही है। मुझे डर है कि भविष्य में ये विदेश मंत्रियों के सम्मेलन में भाग लेंगे। जो सचिवालय कायम किया जा रहा, उसमें मदद देना यह हमारी गुटनिरपेक्षता और सेकुलरवाद की नीति के खिलाफ होगा। अगर सरकार ने सारी नीतियों और राष्ट्रीय हितों को ताक पर रखकर

अंधेरे में छलांग लगाने का फैसला कर लिया है, तो हम उसे एक और धक्का देने के लिए तैयार हैं, लेकिन देश की जनता इस अपमान को कभी सहन नहीं करेगी।

धन्यवाद!''

पाकिस्तान का आक्रमण

1971 में पाकिस्तान ने भारत पर ज़बरदस्ती युद्ध थोप दिया। बांग्लादेश का जन्म हुआ। देश पर आए भीषण खतरे के समय अटल जी विपक्षी न बनकर सदैव एक देश भक्त के रूप में उठ खड़े होते हैं। इस अवसर पर संसद में दिए गए उनके भाषण इसकी पुष्टि करते हैं :

''भारत वंदन की भूमि है, अभिनन्दन की भूमि है। यह अर्पण की भूमि है, तर्पण की भूमि है। हम जिएंगे तो इसके लिए, मरेंगे तो इसके लिए।

अध्यक्ष जी! हम एक राष्ट्रीय संकट की छाया में एकत्र हुए हैं। पाकिस्तान ने हमारे ऊपर युद्ध थोप दिया है। हम अग्निपरीक्षा से गुजर रहे हैं। कोई कारण नहीं है कि हम इस अग्निपरीक्षा में से कुन्दन बन कर चमकें। कोई कारण नहीं है कि हम अपनी सीमा की सुरक्षा न करें और पाकिस्तान के शासकों को ऐसा पाठ पढ़ाएं, जिसे वे ज़िन्दगी-भर न भुला सकें।

आज मैं पार्टी की ओर से बोलने को तैयार नहीं हूं। अब तो सारा देश एक पार्टी है। राजनीति के मतभेद भुलाकर, छोटी-छोटी चीजों को ताक पर रखकर, सारे देश को कंधे-से-कंधे लगाकर और कदम-से-कदम मिलाकर विजय के लिए आगे बढ़ना होगा। यह संघर्ष जितने बलिदान की मांग करेगा, वे बलिदान दिए जाएंगे, जितने अनुशासन का तकाजा होगा, यह देश उतने अनुशासन का परिचय देगा। कोई कारण नहीं कि हम संकट की घड़ी में उस राष्ट्रीय संकल्प का परिचय न दें, जो राष्ट्रीय संकल्प ऐसे अवसरों पर आवश्यक हुआ करता है।

अध्यक्ष महोदय! माताएं जिस दिन के लिए बच्चों को जन्म देती हैं, आज वह दिन आ गया है। बहनें जिस दिन के लिए भाइयों के हाथों पर राखी बांधती हैं, आज वह दिन आ गया। अगर पाकिस्तान यह समझता है कि धोखे से हमला करके वह हमें ग़फ़लत में डाल सकता है, तो यह पाकिस्तान की भूल है।

हम चाहते हैं कि यह देश विजयी हो और प्रधानमंत्री जी के नेतृत्व में हम एक नए इतिहास का निर्माण करें।''

बांग्लादेश का आविर्भाव

अटल जी हमेशा से सकारात्मक राजनीति के पक्षधर रहे हैं। पक्षपात से उन्हें बहुत पीड़ा होती है। बांग्लादेश के उदय के बाद 6 दिसम्बर, 1971 को जब अन्य नेतागण संसद में उहापोह की स्थिति में थे, अटल जी ने तब स्पष्ट कहा था –

हम इतिहास को एक नई दिशा देने का प्रयत्न कर रहे हैं। आज बांग्लादेश में अपनी आज़ादी के लिए लड़ने वालों और भारतीय जवानों का रक्त साथ-साथ बह रहा है। यह रक्त ऐसे संबंधों का निर्माण करेगा, जो किसी भी दबाव से टूटेंगे नहीं, जो किसी भी कूटनीति का शिकार नहीं बनेंगे। बांग्लादेश की मुक्ति अब निकट आ रही है। मुझे लगता है, हमारी सेनाएं अब ढाका के दरवाजे पर पहुंच रही हैं। भारत सरकार ने बांग्लादेश को मान्यता देकर, केवल मुक्ति–संग्राम को ही सहायता नहीं दी है, बांग्लादेश को अंतर्राष्ट्रीय दर्जा भी दे दिया है। अब वह सुरक्षा परिषद् में स्वाधीन बांग्लादेश का नुमाइन्दा बनकर जाएगा इसलिए हमारा उसे इस समय मान्यता देना और भी अर्थपूर्ण हो गया है।

मैं समझता हूं कि हमारी प्रधानमंत्री जी वास्तव में बधाई की अधिकारिणी हैं। हम कुछ और भी ऐसी खबरों की प्रतिदिन आशा करते हैं।''

छुआछूत एक अभिशाप

अटल जी छुआछूत के घोर विरोधी हैं। इस संदर्भ में उनके विचार महात्मा गांधी से मिलते-जुलते हैं। इस विषय पर संसद में भी वे जब-तब बोलते रहते हैं। उनके एक भाषण के अंश –'

''छुआछूत एक पाप है, छूआछूत एक अभिशाप है, अस्पृश्यता एक कलंक है। जब तक यह कलंक हमारे माथे से नहीं मिटेगा, हम दुनिया के सामने सिर ऊंचा करके नहीं खड़े हो सकते। मैं यह नहीं समझता, हिन्दू शास्त्र कहते हैं कि अस्पृश्यता चलनी चाहिए। अगर शास्त्रों में कोई ऐसी व्याख्या है, तो वह गलत व्याख्या हुई है और हम उसे मानने के लिए तैयार नहीं हैं। मैं एक कदम और आगे जाकर यह भी कहने को तैयार हूं कि कल अगर परमात्मा भी आकर कहे कि छुआछूत मानो, तो मैं उसे परमात्मा मानने के लिए तैयार नहीं हूं। मगर परमात्मा ऐसा नहीं कह सकता, जो परमात्मा के भक्त बनते हैं, उनको भी ऐसी बातें नहीं करनी चाहिए।''

मीडिया की आज़ादी

अटल जी ने पत्रकारिता से ही राजनीतिक जीवन की शुरुआत की थी अत: वे शुरू से ही प्रेस की स्वतंत्रता के पक्षधर रहे हैं। तत्कालीन प्रधानमंत्री श्रीमती इंदिरा गांधी कई बार प्रेस की कट्टर विरोधी हो जाती थीं। अटल जी बराबर उनके इस व्यवहार का विरोध करते रहे - संसद में और बाहर भी। एक बार इसी संदर्भ में लोकसभा में उन्होंने ये उद्गार व्यक्त किए थे -

''लोकतंत्र का एक आधार है, प्रेस की स्वतंत्रता। प्रधानमंत्री (श्रीमती इंदिरगांधी) प्रेस की स्वतंत्रता को भी नहीं पसंद करतीं। बम्बई के कांग्रेस अधिवेशन में उन्होंने कुछ समाचार-पत्रों में काम करने वाले संपादकों और संवाददाताओं को बुलाया और इस बात की शिकायत की कि बम्बई अधिवेशन की ठीक तरह से पब्लिसिटी नहीं हो रही है। उन्होंने यह भी कहा कि मैं आपके मालिकों को बुलाकर दस मिनट में आपको ठीक कर सकती हूं।

उपाध्यक्ष महोदय! भारत के समाचार-पत्रों में प्रधानमंत्री के भाषण और उनकी तस्वीरें जितना स्थान लेती हैं, उतना स्थान दुनिया के किसी लोकतंत्रवादी देश के प्रधानमंत्री को नहीं मिलता, फिर भी प्रधानमंत्री इससे संतुष्ट नहीं हैं। शायद वे चाहती हैं - 'एकोहं द्वितीयो नास्ति।' (एक मैं हूं और दूसरा कोई नहीं) मेरे सामन कौन है? यह भावना तानाशाही को जन्म देती है। प्रधानमंत्री को इस भावना से सावधान रहना चाहिए।''

न्यायपालिका की आज़ादी

स्वतंत्र न्यायपालिका लोकतंत्र की नींव होती है। अटल जी न्यायपालिका की स्वतंत्रता के पक्षधर हैं। वे न्यायपालिका को कार्यपालिका और विधायिका से उच्च मानते रहे हैं। इस सम्बंध में उनके विचार 'संसद में चार दशक' नामक पुस्तक में मिलते हैं। यथा: ''न्यायपालिका सर्वथा स्वतंत्र और निष्पक्ष रहनी चाहिए और जब मैं यह कहता हूं 'रहनी चाहिए' तो केवल रहनी ही नहीं चाहिए, दिखाई भी देनी चाहिए और ऐसी चर्चा नहीं होनी चाहिए, जिससे यह आशंका पैदा हो कि जजों को प्रभावित करने की कोशिश की जाती हो।''

उच्चतम न्यायालय में बिना किसी भेदभाव के वरिष्ठतम न्यायाधीश को ही वे प्रधान न्यायाधीश बनाने के पक्षधर रहे हैं। एक बार जब इस प्रथा को तोड़ने की कोशिश की गई तो 24 अगस्त, 1973 को उन्होंने संसद में संशोधन

विधेयक पेश करते हुए कहा, ''यह भी कहा जाता है कि अगर वरिष्ठ न्यायाधीश योग्य न हो तो? मैं पूछना चाहता हूं कि अगर वह योग्य नहीं है, तो वह सुप्रीम कोर्ट तक पहुंचा कैसे? क्या सुप्रीम कोर्ट तक पहुंचने के लिए योग्यता की कोई कसौटियां नहीं हैं? जो व्यक्ति सुप्रीम कोर्ट में जज हो सकता है, क्या वह चीफ जस्टिस नहीं हो सकता? क्या कोई कह सकता है कि जो तीन जज सुपरसीड किए गए थे, वे योग्य नहीं थे या उनमे निर्णय लेने की और नेतृत्व देने की योग्यता नहीं थी?

मगर सरकार को हां-में-हां मिलाने वाला जज चाहिए इसलिए वह अपने को किसी नियम, किसी परम्परा और किसी तरीके में बांधना नहीं चाहती। मेरा यह विधेयक इस दिशा में प्रयास है और मैं चाहूंगा कि सदन इस पर विचार करे और अपना मत दे।''

ग्वालियर इन पर फ़िदा

कितने पत्थर शेष न कोई जानता? अन्तिम कौन पड़ाव, नहीं पहचानता?
अक्षय सूरज, अखण्ड धरती, केवल काया, जीता-मरती,
इसलिए उम्र का बढ़ना भी त्योहार हुआ। नए मील का पत्थर पार हुआ।

ग्वालियर में जन्म लेकर अटल जी ने इसे मील का पत्थर बना दिया। तभी तो ग्वालियर में उन्हें चाहने वाले कहा करते हैं :

ग्वालियर इन पर फिदा है, ये फिदाए ग्वालियर।
आसमां की क्या ताकत, जो छुड़ा दे ग्वालियर।।

53 वर्ष की उम्र में अटल जी अपनी जन्मभूमि ग्वालियर से चुनाव रण में उतरे और विजयी रहे। 1971 में पांचवी लोकसभा के चुनाव हुए। अटल जी ग्वालियर से कांग्रेसी उम्मीदवार शशिभूषण वाजपेयी के विरुद्ध खड़े हुए और भारी बहुमत से विजयी रहे।

अपने इस कार्यकाल में भी वे संसद में लोकहित के मुद्दे बराबर उठाते रहे। उनके कुछ महत्त्वपूर्ण भाषणों को पाठक अवश्य पढ़ना चाहेंगे। यथा :

शिमला समझौता

पाकिस्तान के साथ हुए शिमला समझौते के अवसर पर अटल बिहारी वाजपेयी के उद्गार, ''हम भी पाकिस्तान की एक इंच जमीन नहीं चाहते हैं, मगर पाकिस्तान हमारी 30 हजार वर्ग मील जमीन पर कब्जा जमाकर बैठा रहे, ऐसा नहीं हो सकता।

शिमला-समझौते के कारण कश्मीर की जनता में अनिश्चितता पैदा हो गई है। दो-तीन दिन कश्मीर की जनता में सन्नाटा था। जो भारत के हिमायती थे, उनके हौसले पस्त थे। जो कश्मीर को भारत से अलग करना चाहते थे, उनके हौंसले

प्रखर राजनेता अटल बिहारी वाजपेयी

बुलंद थे। मैं जानना चाहता हूं कि शिमला में कश्मीर के बारे में क्या समझौता हुआ? मुझे दु:ख है, कोई गुप्त समझौता हुआ है। प्रधानमंत्री श्रीमती इंदिरा गांधी और राष्ट्रपति भुट्टो जिस मिट्टी के बने हैं, जिस वर्ग के प्रतिनिधि हैं, उसमें शायद वह यह नहीं चाहते कि हमेशा के लिए झगड़े खत्म हो जाएं। कोई-न-कोई प्रश्न उलझा रहे। यह मौका था स्थायी शांति का, जिसे हमने गंवा दिया।''

वंदे मातरम् का विरोध

'वंदे मातरम्' गान पर हर भारतीय गर्व कर सकता है, लेकिन बम्बई में तथाकथित लोग इसका विरोध कर रहे थे। इस अवसर पर अटल जी ने संसद में बड़ा हृदयस्पर्शी भाषण दिया था, उसके कुछ अंश –

''मैं जानना चाहता हूं कि आज मुस्लिम समाज में एक ऐसा वर्ग क्यों निकल रहा है, जो बम्बई में खड़ा होकर कहता है कि हम वंदे मातरम् कहने के लिए तैयार नहीं है। वंदे मातरम् इस्लाम विरोधी नहीं है। क्या इस्लाम को मानने वाले जब नमाज पढ़ते हैं, तो इस देश की धरती पर, इस देश की पाक जमीन पर सिर नहीं टेकते हैं? राष्ट्रगान जैसे मुद्दों पर किसी को भी असहमत होने की इजाजत नहीं दी जा सकती।

कल यह कहेंगे कि तिरंगा झंडा है, मगर हम तिरंगे झण्डे के आगे नहीं झुकंगे, क्योंकि हम अल्लाह के आगे झुकते हैं। हिन्दुस्तान में रहने वाले हर आदमी को तिरंगे के सामने झुकना पड़ेगा।

शिक्षा केन्द्रों में राजनीति

अटल जी एक शिक्षक के पुत्र हैं, अत: गुरु और शिष्य के बीच कैसे संबंध हों, यह वे भली-भांति जानते हैं। शिक्षा संस्थानों और राजनीति को वे अलग-अलग रखने के पक्षधर हैं। वे शिक्षा केन्द्रों में राजनीति पढ़ाए जाने के जरूर पक्षधर हैं, लेकिन वहां राजनीति के दांव-पेंच खेलना उन्हें गंवारा नहीं है। इस बारे में वे संसद में बोलते रहते हैं। इसी संदर्भ में 8 अगस्त, 1973 को दिए गए उनके भाषण का अंश :

''अब तो न वैसे शिक्षक हैं, न वैसे शिष्य हैं। अत: शिक्षक की स्थिति में जब तक हम सुधार नहीं करेंगे, तब तक देश उन्नति नहीं कर सकता। शिक्षक अपने आर्थिक प्रश्नों में उलझे हुए हैं। अगर हम शिक्षा के लिए धन

निकालें, तो शिक्षकों की स्थिति को भी सुधारें। शिक्षा को एक ऊंचे पद पर प्रतिष्ठित करें।

मैं समझता हूं, इस बात से राजनीतिक दलों में इस सवाल पर एक आम सहमति होनी चाहिए कि शिक्षा-केन्द्रों को राजनीति का अखाड़ा न बनाया जाए।''

निर्वाचित प्रतिनिधि को वापस बुलाने का अधिकार

जिस प्रकार जनता अपना प्रतिनिधि चुनती है, उसी प्रकार उसके अधिकार छीनने या उसकी सदस्यता खत्म करवाने का अधिकार भी जनता को सौंपा जाना चाहिए - इस विषय पर अटल जी ने 15 नवम्बर, 1974 को संसद में यह भाषण दिया -

''लोकतंत्र का आधार है एकाउन्टेबिलिटी, चुने हुए प्रतिनिधि का जनता के प्रति उत्तरदायित्व। हम कहते हैं कि स्वतंत्रता की रक्षा के लिए जनता का सतत् जागरण आवश्यक है। तो क्या लोकतंत्र की रक्षा के लिए जनता का पांच साल जगना आवश्यक नहीं है? 4 साल 364 दिन जनता सोती रहे और मतदान के दिन जाग जाए और अपने मताधिकार का उपयोग करे। लोगों को देखना होगा कि उनके द्वारा चुने गए प्रतिनिधि ठीक काम कर रहे हैं या नहीं?

रूढ़िवादी लोकतंत्र से हटकर जीवित और जाग्रत लोकतंत्र के अनुरूप यह संशोधन हमें स्वीकार करना चाहिए और जनता को अपने चुने हुए प्रतिनिधि को वापस बुलाने का अधिकार होना चाहिए।

कैद में कवि आज़ाद हुआ

इंदिरा जी का आपातकाल

तत्कालीन प्रधानमंत्री श्रीमती इंदिरा गाँधी ने पाँचवीं लोकसभा का चुनाव रायबरेली (उ.प्र.) से जीता था। श्री राजनारायण ने इस चुनाव के विरुद्ध इलाहाबाद उच्च न्यायालय में एक याचिका डाल रखी थी। इस याचिका पर जब न्यायाल का प्रतिकूल निर्णय आया और इंदिरा जी का निर्वाचन रद्द घोषित कर दिया गया, तो इससे वे बौखला उठीं। उन्होंने इस निर्णय को 'षड्यंत्र' करार दे दिया और 25 जून, 1975 मधु दण्डवते आदि नेतागण को गिरफ्तार कर लिया गया, जो वहाँ संसदीय समिति की एक बैठक में भाग लेने गए थे। उपर्युक्त कविता अटल जी ने इसी अवसर पर लिखी थी।

अटल जी को बंगलौर की सेन्ट्रल जेल में रखा गया। वहाँ राजनेता अटल तो बंदी रहे, लेकिन उनके अंदर बैठा कवि आज़ाद हो गया। इस क़ैद के दौरान उन्होंने अनेक कविताएँ लिखीं। जब सरकार ने वयोवृद्ध स्वाधीनता सेनानी लोकनायक जय प्रकाश नारायण को बीमारी की दशा में भी जेल में ठूँस दिया, तो ठीक इसी अवसर पर बिहार में बाढ़ ने तांडव छेड़ दिया। इसे इंदिरा जी के लिए सबक बताते हुए अटल जी ने लिखा—

जे.पी. डारे जेल में, ताको यह परिणाम,
पटना में परलै भई,   डूबे धरती-धाम,
डूबे धरती-धाम, मच्यो कोहराम चतुर्दिक्,
शासन के पान को, परजा ढोवे, धिक्-धिक्,
कह क़ैदी कविराय, प्रकृति का कोप प्रबल है,
जयप्रकाश के लिए, धधकता गंगाजल है।

सरकार कहती थी कि देश में फैली अराजकता की स्थिति को सुधारने के लिए आपातकाल लगाया गया है। इसके बाद 4 जुलाई, 1975 को राष्ट्रीय स्वयं सेवक संघ पर प्रतिबंध लगा दिया गया। इंदिरा जी का यह कैसा अनुशासन था? इसी भावना को अटल जी ने इस प्रकार व्यक्ति किया—

अनुशासन के नाम पर, अनुशासन का खून,
भंग कर दिया संघ को, कैसा चढ़ा जुनून,
कैसा चढ़ा जुनून, मातृपूजा प्रतिबंधित,
कुलटा करती केशव-कुल की कीर्ति कलंकित,
कह क़ैदी कविराय तोड़ कानूनी कारा,
गूँजेगा भारतमाता—की जय का नारा।

जेल में सुविधा के नाम पर कुछ नहीं था। इस पर अटल जी का व्यंग्य—

डाक्टरान दे रहे दवाई, पुलिस दे रही पहरा,
बिना ब्लेड के हुआ खुरदुरा, चिकना-चुपड़ा चेहरा,
चिकना-चुपड़ा चेहरा, साबुन तेल नदारद,
मिले नहीं अखबार, पढ़ें जो नई इबारत,
कह क़ैदी कविराय, कहाँ से लाएँ कपड़े,
अस्पताल की चादर, छुपा रही सब लफड़े।

कांग्रेस के तत्कालीन अध्यक्ष देवकांत बरुआ ने जब इंदिरा गाँधी को भारत माता के तुल्य दर्शाने का दुस्साहस किया, तब अटल जी चुप न बैठ सके। उन्होंने करारा व्यंग्य करते हुए ये उद्गार व्यक्ति किए—

'इन्दिरा इंडिया एक है', इति बरुआ महाराज,
अकल घास चरने गई, चमचों के सरताज,

                    प्रखर राजनेता अटल बिहारी वाजपेयी

चमचां के सरताज, किया अपमानित भारत,
एक मृत्यु के लिए कलंकित, भूत भविष्यत्,
कह कैदी कविराय, स्वर्ग से जो महान है,
कौन भला उस भारत माता के सामन है?

अटल जी को भरोसा था कि जनता इस तानाशाही को अधिक बर्दाश्त नहीं करेगी। तभी तो उनका कवि हृदय आश्वस्त होकर यह बोला था—

दिल्ली के दरबार में, कौरव का है जोर,
लोकतंत्र की द्रौपदी, रोती नयन निचोर,
रोती नयन निचोर, नहीं कोई रखवाला,
नए भीष्म, द्रोणों ने, मुख पर ताला डाला
कह कैदी कविराय, बजेगी रण की भेरी,
कोटि-कोटि जनता, न रहेगी बनकर चेरी।

जेल में दिन बिताने बड़े कठिन होते हैं। वे कठिनाई-भरे दिन कैसे बीतते थे, कविवर अटल जी के शब्दों में—

दण्डवते मधु से भरे, व्यंग्य विनोद प्रवीण;
मित्र श्याम बाबू सुभग, अलग बजावें बीन;
अलग बजावें बीन, तीन में ना तेरह में;
लालकृष्ण जी पोथी, पढ़ते हैं डेरा में;
कह कैदी कविराय, जमी थी खूब चौकड़ी;
कोट-पीस का खेल, जेल में घड़ी दो घड़ी।

मुक्त गगन के पंछी को पिंजरे में कैद कर दिया जाए, तो निश्चित ही वह अस्वस्थ हो जाएगा। भारत के राष्ट्रीय व्यक्तित्व अटल जी भी इसकी मार से कब तक बचते। उन्हें दर्दे-कमर ने आ घेरा। सरकार पर दबाव पड़ा, तो दिल्ली लाया गया और अखिल भारतीय आयुर्विज्ञान संस्थान में भर्ती कर दिया गया। अपनी इस पीड़ा को उन्होंने इस प्रकार व्यक्त किया—

दर्द कमर का तेज, रातभर लगीं न पलकें,
सहलाते बस रहे, एमरजेंसी की अलकें,
नर्स नींद में चूर, ऊँघते सभी सिपाही,

कंठ सूखता, पर उठने की सख्त मनाही,
कह क़ैदी कविराय, सवेरा कब आएगा?
दम घुटने लग गया, अँधेरा कब जाएगा?

अखिल भारतीय आयुर्विज्ञान संस्थान, दिल्ली में भर्ती थे। तभी दशहरे का त्योहार भी आया। अस्पताल की दसवीं मंज़िल के कमरे से उन्होंने रावण को जलते हुए देखा। तब शायद सोचा होगा कि सरकारी कुचक्र का रावण भी एक दिन इसी प्रकार जलेगा। इस दिन उन्होंने यह कविता लिखी थी—

दस मंज़िल ऊपर से चढ़कर देखा रावण जलता,
सदियों से स्वाहा होकर भी पाप निरंतर फलता।
राम-विजय की कथा पुरानी, किंतु युद्ध जारी है,
राजपाट के लिए अयोध्या फुँकने की बारी है।
माँ की ममता ने समाज को फिर संकट में डाला,
न्याय निरादृत हुआ, धर्म ने पाया देश-निकाला।
कोटि-कोटि भारतवासी क्या दर्शक बने रहेंगे?
सत्ता के बल पर मुट्ठी-भर कब तक तने रहेंगे?

कवि हृदय आततायियों को चुनौती देते हुए कहता है—

जन्म जहाँ श्रीकृष्ण का, वहाँ मिला है ठौर,
पहरा आठों याम का, जुल्म-सितम का दौर,
जुल्म-सितम का दौर; पाप का घड़ा भरा है,
अत्याचारी यहाँ कंस की मौत मरा है,
कह क़ैदी कविराय, धर्म ग़ारत होता है,
भारत में तब सदा, महाभारत होता है।

अटल जी को 27 जून, 1975 को गिरफ्तार किया गया। इसी बीच रक्षाबंधन, दशहरा और दिवाली जैसे त्यौहार निकल गए। जेल में ही 25 दिसम्बर आ गया— अटल जी का जन्म दिवस। अपने जीवन के 51 वर्ष पूर्ण होने पर उन्होंने यह कविता लिखी थी—

जीवन की ढलने लगी साँझ
उमर घट गई, डगर कट गई

   प्रखर राजनेता अटल बिहारी वाजपेयी

जीवन की ढलने लगी साँझ
बदले हैं अर्थ, शब्द हुए व्यर्थ,
शांति बिना खुशियाँ हैं बाँझ
सपनों से मीत, बिखरा संगीत
ठिठक रहे पाँव और झिझक रही झाँझ
जीवन की ढलने लगी साँझ।

कवि अटल को ईश्वर पर पूरा भरोसा था। 'एम्स' में इलाज के बाद उन्हें उनके सरकारी निवास 2, फिरोजशाह मार्ग पर लाकर नज़रबंद कर दिया गया। उनके यहाँ पहुँचने से पहले ही सादा कपड़ों में पुलिस ने उनके निवास को घेर लिया था। आने-जाने वालों पर चौबीसों घंटे निगाह रखी जाती थी। सरकार के इस कदम पर अटल जी ने इस प्रकार व्यंग्य किया था—

घर पहुँचे हम बाद में, पहले पुलिस तैयार,
रोम-रोम गद्गद् हुआ, लखि स्वागत-सत्कार,
लखि स्वागत-सत्कार, पराए अपने घर में,
कुत्ते का भी नाम, लिख लिया रजिस्टर में,
कह क़ैदी कविराय, शास्त्री कसें लँगोटा,
जनसंघ छूटा, नहीं पुलिस का पीछा छूटा!

विदेश मंत्री के पद ने जकड़ा

पहले पहरेदार थे, अब भी पहरेदार;
तब थे तेवर तानते, अब झुकते हर बार;
अब झुकते हर बार, वक्त की है बलिहारी;
नज़र चढ़ाने वालों ने ही, नज़र उतारी;
कह क़ैदी कविराय, पुन: बंधन ने जकड़ा;
पहले मद ने और आजकल, पद ने पकड़ा।

अंततोगत्वा आपातकाल की अमावस्या छँट गई। यह 20 महीने लम्बी चली। बाद में इसके बारे में अटल जी ने लिखा—

''सेंसर और प्रजातंत्र के एकाधिकार द्वारा श्रीमती गांधी जनता को विपक्ष से पूरी तरह काट देना चाहती थीं, लेकिन हुआ ठीक इसका उलट। उनके प्रचार-तंत्र की विश्वसनीयता खत्म-सी हो गई। भूमिगत साहित्य ने विपक्ष से जनता को जोड़े रखा। इसके विपरीत श्रीमती गांधी जनता से बुरी तरह कट गई। जन-मानस की मन: स्थिति की इसी स्थिति से गैर-जानकार रहने के कारण श्रीमती गांधी चुनाव कराने का फैसला ले बैठीं और जब उन्होंने जन-मानस का बदला हुआ रूप देखा, तब तक देर हो चुकी थी। बहुत हद तक इसका श्रेय भूमिगत प्रचार-तंत्र को है।

भूमिगत प्रचार-तंत्र का एक विस्तार विदेशों में था। इसी के कारण सरकार का तानाशाही चरित्र विदेशों में छिप नहीं सका। विदेशों में रहने वाले लाखों भारतीयों, विदेशी बुद्धिजीवियों और सोशलिस्ट इण्टरनेशनल के नेताओं, जिन्होंने तानाशाही के विरुद्ध हमारे संघर्ष का नैतिक समर्थन किया, हम उनके आभारी हैं। इस संघर्ष में विदेशों में प्रचार-अभियान का, विशेष रूप से सर्वश्री सुब्रह्मण्यम स्वामी, लैला फर्नांडीज, राम जेठमलानी, सी.आर.ईरानी, केदारनाथ साहनी, मकरंद देसाई आदि का योगदान विशेष रूप से स्मरणीय है।

भूमिगत आंदोलन का संचालन लोक-संघर्ष समिति ने किया। इसमें मुख्य रूप से सर्वोदय संगठन, कांग्रेस, जनसंघ, लोकदल और सोशलिस्ट पार्टी के भूमिगत नेता और कार्यकर्ता थे, परंतु राष्ट्रीय स्वयंसेवक संघ के देशव्यापी संगठन और भरपूर सहयोग के बिना भूमिगत आंदोलन कदाचित् इतना प्रभावी नहीं हो पाता।

जिन परिवारों ने भूमिगत कार्यकर्ताओं को आश्रय दिया, जिन्होंने भूमिगत संगठन-तंत्र, प्रचार-व्यवस्था, संचार-तंत्र और साधन उपलब्ध कराने आदि में सहयोग दिया अर्थात जिन्होंने बिना भूमिगत हुए भूमिगत गतिविधियों में हिस्सा लिया, वे भी गौरव के अधिकारी हैं।''

आपातकाल के बाद लोकनायक जयप्रकाश नारायण, मोरारजी देसाई व कुछ अन्य नेताओं ने आपसी विचार-विमर्श के बाद एक नया राजनीतिक दल बनाने का फैसला किया। इसका नाम 'जनता पार्टी' रखा गया और 20 जनवरी, 1977 को इसकी औपचारिक घोषणा कर दी गई। अटल जी भी इसके संस्थापक सदस्यों में से एक थे। जनसंघ का भी इसी में विलय कर दिया गया था।

मार्च, 1977 में लोकसभा के चुनाव हुए। इसमें कांग्रेस की शर्मनाक हार हुई। इंदिरा गांधी भी बुरी तरह पराजित हुई। अटल जी ने नई दिल्ली से चुनाव लड़ा और जीत हासिल की। केन्द्र में जनता पार्टी की सरकार बनी। मोरारजी देसाई इसके पहले प्रधानमंत्री बने। उन्होंने 24 मार्च, 1977 को पद की शपथ ग्रहण की। इस सरकार में अटल जी को विदेश मंत्री बनाया गया। विदेशमंत्री बनने पर उन्होंने पिछले पृष्ठ पर दी गई कविता की रचना की थी।

विदेश मंत्री के रूप में अटल जी

विदेश मंत्री के रूप में अटल जी ने अपने नाम के अनुरूप कार्य किया 'अटल' यानी न टलने वाला और 'बिहारी' यानी जो विचरण करता रहे, यात्राएं करता रहे। अटल जी विदेशों में जहां भी गए, अपनी बात पर अटल रहे और विदेश मंत्री के रूप में उन्होंने खूब यात्राएं कीं। भारत के अभी तक हुए विदेश मंत्रियों में उन्हें शीर्ष स्थान प्राप्त है। अपनी विदेश नीति को स्पष्ट करते हुए लोकसभा में उन्होंने 29 जून, 1977 को अपने प्रथम भाषण में ये शब्द कहे थे -

"इस अवसर पर जब कि मैं विदेश नीति पर पहली बार बोल रहा हूं, मैं भारत माता के लाखों पुत्रों और पुत्रियों को शुभकामना संदेश भेजता हूं, जो विश्व के विभिन्न भागों में वहां की सरकारों के अधीन या व्यक्तिगत नागरिक के रूप

में काम कर रहे हैं या रह रहे हैं। इनमें से हर एक अपने-अपने ढंग से भारत का दूत है और हमारी प्राचीन संस्कृति और सभ्यता का प्रतीक है। उन्होंने भले ही विदेश जाकर रहने या रोजी कमाने का रास्ता चुना हो, उन्हें हम कभी भी पराया नहीं समझेंगे और न मातृभूमि की संस्कृति और धर्म के प्रति उनकी निष्ठा को स्वीकार करने में कभी संकोच करेंगे। वे जहां कहीं हैं, भारत की विरासत को लेकर चल रहे हैं, यद्यपि उन्हें हम यह अवश्य सलाह देंगे कि वे अपने पूर्वजों के देश की सहिष्णुता और समन्वय की परम्परा के योग्य उत्तराधिकारी सिद्ध हों। उनका अपना हित इस बात में है और भारत की प्रतिष्ठा के अनुकूल भी यही होगा कि जब वे अपने लाभ के लिए भी काम करें, तो जिस देश में वे निवास करते हैं, उसके उदात्त हितों के साथ अपने को एकरूप, एकरस बनाएं और जैसा कि जरूरी है, उस देश के कानूनों का पालन करें।''

संयुक्त राष्ट्र संघ में हिन्दी की गूंज

आज जब अटल जी से उनके जीवन के सबसे सुखद क्षण के विषय में पूछा जाता है तो वे कहते हैं - ''अभी आना बाकी है। अभी तो संयुक्त राष्ट्र की साधारण सभा में हिन्दी में भाषण देना है।''

वे भारत के पहले विदेश मंत्री हैं, जिन्होंने न्यूयार्क में संयुक्त राष्ट्र संघ के 32 वें अधिवेशन में हमारी राष्ट्रभाषा हिन्दी में भाषण दिया। 4 अक्टूबर, 1977 का वह दिन आज भी इतिहास के पन्नों में सुनहरे अक्षरों में दर्ज है। उनका वह भाषण पाठक अवश्य पढ़ना चाहेंगे। वह इस प्रकार है :

''अध्यक्ष महोदय, प्रतिनिधिगण,

भारतवर्ष में हाल ही में एक ऐतिहासिक और अहिंसात्मक क्रांति हुई है। गत मार्च में हुए चुनावों में भारतीय जनता ने मान की दुर्दम्य आत्मशक्ति का परिचय दिया और एक स्वतंत्र तथा उन्मुक्त समाज में अपनी आस्था की पुष्टि की। उन्होंने लोकतंत्र को नष्ट करने की तामसी तथा निरंकुश शक्तियों के धूर्ततापूर्ण प्रयत्नों को निर्णायक रूप से पराजित कर दिया। हमारे देश की 60 करोड़ जनता के लिए मार्च की यह क्रांति स्पष्ट तथा दूरगामी महत्व रखती है, साथ ही समस्त संसार के स्वतंत्रता-प्रेमी लोगों के लिए भी यह उतनी ही महत्त्वपूर्ण हैं।

हमारी जनता ने निर्भीक होकर उन मूल सिद्धांतों, जीवन मूल्यों तथा आकांक्षाओं को परिपुष्ट किया, जिन पर लगभग 30 वर्ष पहले संयुक्त राष्ट्र

संघ की आधारशिला रखी गई थी। भारत के लोगों ने अपनी खोई हुई स्वतंत्रता और मूलभूत मानव अधिकार पुन: प्राप्त कर लिए हैं। मैं भारतीय जनता की ओर से राष्ट्र संघ के लिए शुभकाकमनाओं का संदेश लाया हूं। महासभा के इस 32वें अधिवेशन के अवसर पर मैं संयुक्त राष्ट्र का संदेश लाया हूं। महासभा के इस 32वें अधिवेशन के अवसर पर मैं संयुक्त राष्ट्र संघ में भारत की दृढ़ आस्था को पुन: व्यक्त करना चाहता हूं। हमारा विश्वास है कि राष्ट्रसंघ विश्व में शांति और सुरक्षा बनाए रखने और राष्ट्रों के बीच सहयोग के माध्यम से समानता, न्याय और समता पर आधारित शांतिपूर्ण प्रगति को प्रोत्साहित करने का उपकरण बनेगा।

जनता सरकार को शासन की बागडोर संभाले छ: माह हुए हैं। फिर भी इतने अल्प समय में हमारी उपलब्धियां उल्लेखनीय हैं। भारत में मूलभूत मानव अधिकार पुन: प्रतिष्ठित हो गए हैं। जिस भय और आतंक के वातावरण ने हमारे लोगों को घेर लिया था, वह अब दूर हो गया है। ऐसे संवैधानिक कदम उठाए जा रहे हैं, जिनसे यह सुनिश्चित हो जाए कि लोकतंत्र और बुनियादी आज़ादी का अब फिर कभी हनन नहीं होगा।

अध्यक्ष महोदय, 'वसुधैव कुटुम्बकम्' की परिकल्पना पुरानी है। भारतवर्ष में सदा से हमारा इस धारणा में विश्वास रहा है कि संसार एक परिवार है। अनेकानेक प्रयत्नों और प्रयोगों के बाद संयुक्त राष्ट्र संघ के रूप में इस स्वप्न के अब साकार होने की संभावना है, क्योंकि संयुक्त राष्ट्र संघ की सदस्यता लगभग विश्वव्यापी हो गई और वह 400 करोड़ लोगों का जो विभिन्न जातियों, रंगों और समुदायों के हैं, प्रतिनिधित्व करता है। फिर भी यह आवश्यक है कि संयुक्त राष्ट्र संघ केवल सरकारी प्रतिनिधिमंडलों का मिलन मंच मात्र न रहे। हमें इस लक्ष्य को ध्यान में रखना चाहिए कि किस प्रकार राष्ट्रों की यह महासभा मानवता के सामूहिक विवेक और इच्छा शक्ति का प्रतिनिधित्व करने वाली मानव की संसद का रूप ले सके।

हमारी सदा मान्यता रही है कि ईश्वर के अनेक रूप हो सकते हैं। हर भारतवासी को, भले ही वह कहीं जन्मा हो या कोई भी आस्था रखता है, अपने उद्धार और मुक्ति का मार्ग ढूंढ़ने की स्वतंत्रता रही है। साथ ही हमारे मनीषियों ने वैदिक युग से लेकर अब तक सदा ही हमें अपनी वाणी से मानवों के प्रति करुणा और सहिष्णुता का पाठ पढ़ाया है। गांधी जी ने इस तत्त्व का सार अपने प्रिय शब्द 'अंत्योदय' में व्यक्त किया है। 'अंत्योदय' का अभिप्राय है :

निम्नतम और निर्धन वर्गों के हितों की रक्षा और कल्याण, जिसके लिए प्रत्येक समाज को सन्नद्ध रहना चाहिए।

मेरा विश्वास है कि हमारी राष्ट्रीय और अंतर्राष्ट्रीय राजनीति में निरंतर सर्वोच्च स्थान मनुष्य: उसके सुख और कल्याण तथा मानव की आधारभूत एकता को मिलना चाहिए। मेरा अभिप्राय किसी आकृतिहीन मानव से नहीं है, जो अतीत काल से निरंकुशता को थोपने का बहाना बना रहा है, मेरा मतलब जीते-जागते मानव से है। उसकी संवेदनाएं और अपेक्षाएं, उसका सुख और दु:ख हमारे प्रयासों का केन्द्र बिन्दु होना चाहिए। सदा से ही हमारी धार्मिक और दार्शनिक विचारधारा का केन्द्र-बिंदु व्यक्ति रहा है। हमारे धर्मग्रंथों और महाकाव्यों में सदैव यह संदेश निहित रहा है कि समस्त ब्रह्माण्ड और सृष्टि का मूल-व्यक्ति और उसका सम्पूर्ण विकास है।

जब भारत ने उपनिवेशवाद और साम्राज्यवाद के विरुद्ध राष्ट्रीय स्वातंत्र्य-संग्राम छेड़ा, तब से विश्व एक लम्बा रास्ता तय कर चुका है। एक एशियाई देश के नाते हमने वियतनाम के बहादुर लोगों द्वारा स्वतंत्रता-संग्राम के दौरान झेले गए अपार कष्टों और अनगिनत बलिदानों को बड़ी संवेदना के साथ देखा। उनकी अंतत: सफलता मानव की आत्मशक्ति की ज्वलंत परिचायक तथा दासता के विरुद्ध अदम्य प्रतिरोध के प्रति श्रद्धांजलि है।

भारत ने सदा ही राष्ट्रीय और अंतर्राष्ट्रीय मामलों में अनावश्यक रक्तपात और हिंसा का विरोध किया है। हम अहिंसा में आस्था रखते हैं और चाहते हैं कि विश्व के संघर्षों का समाधान शांति और समझौते के मार्ग से हो। पराधीनता के अंधकारपूर्ण काल में भी भारत कतिपय आधारभूत सिद्धांतों पर दृढ़ था। वे सिद्धांत थे औपनिवेशिक दमन का तीव्र विरोध और रंगभेद के प्रत्येक रूप तथा मानव अधिकारों के प्रत्येक हनन की पूर्ण अस्वीकृति। इन सिद्धांतों के प्रति स्वतंत्र भारत की श्रद्धा आज और भी गहरी हो गई है।''

विदेश में तो उन्होंने राष्ट्रभाषा हिन्दी को बुलंद कर दिया था, लेकिन जब इसे अपने ही देश में सिसकते देखा, तो उनका हृदय क्रंदन कर उठा –

बनने चली विश्वभाषा जो, अपने घर में दासी,
सिंहासन पर अंग्रेजी को, लखकर दुनिया हांसी,
लखकर दुनिया हांसी, हिन्दी वाले हैं चपरासी,
अफसर सारे अंग्रेजीमय, अवधी हों, मद्रासी,

प्रखर राजनेता अटल बिहारी वाजपेयी

कह कैदी कविराय, विश्व की चिंता छोड़ो,
पहले घर में, अंग्रेजी के गढ़ को तोड़ो।

विदेश मंत्री के रूप में अटल जी ने पाकिस्तान, नेपाल, चीन अफ्रीकी देश तंजानिया आदि की यात्राएं कीं और इन देशों से सौहार्द्रपूर्ण संबंध स्थापित किए, अनेक समझौते भी हुए।

पाकिस्तान यात्रा में अटल जी ने वहां अपने भाषण में कहा - ''अब हिन्दुस्तान, पाकिस्तान को सिर्फ हॉकी के मैदान में हराएगा।'' उन्होंने फरक्का गंगाजल बंटवारा और 'सलाल समस्या' को सुलझाया। दोनों देशों के बीच स्थगित रेलयात्रा को पुनः शुरू किया गया।

नेपाल यात्रा के दौरान वहां भाषण करते हुए उन्होंने नेपाली जनता के दिल जीत लिए। उन्होंने कहा - ''दुनिया में कोई देश इतने निकट नहीं हो सकते, जितने कि भारत और नेपाल हैं। इतिहास ने, भूगोल ने, संस्कृति ने, धर्म ने, नदियों ने हमें बांधा है।

विदेशमंत्री के रूप में अटल जी ने पासपोर्ट नियमों को उदार बनाया। पुलिस सत्यापन प्रक्रिया को सरल कर दिया। अनावश्यक रूप से होने वाले विलम्ब के लिए दिशा-निर्देश जारी किए। इस दिशा में उनकी इस सुधार प्रक्रिया को आज भी याद किया जाता है।

अटल जी की विदेश नीति सफल होने लगी, तो विपक्ष की रातों की नींद हराम हो गई। उन्होंने अनावश्यक हो-हल्ला मचाना शुरू कर दिया कि जनता पार्टी की सरकार भारत को विदेशों में बेचने पर तुली हुई है। इसका जवाब देते हुए अटल जी ने लोक सभा में कहा -

''क्या इससे बड़ा झूठ कोई हो सकता है? क्या इससे अधिक अनुचित बात कोई हो सकती है? भारत इतना सस्ता नहीं कि उसे कोई खरीद ले। हम ऐसे कपूत नहीं कि राष्ट्रीय सम्मान का सौदा कर लें। देशभक्ति हमारा बाना है, राष्ट्रीय सम्मान हमारे लिए अनमोल धरोहर है। देश का सौदा करने से पहले हम अपने प्राण देना ज्यादा पसंद करेंगे।''

खिल उठा कमल का फूल

हाथों की हल्दी है पीली, पैरों की मेंहदी कुछ गीली
पलक झपकने से पहले ही सपना टूट गया।
दीप बुझाया रची दिवाली, लेकिन कटी न मावस काली
व्यर्थ हुआ आवाहन स्वर्ण सवेरा रूठ गया,
सपना टूट गया।
नियति नटी की लीला न्यारी सब कुछ स्वाहा की तैयारी
अभी चला दो कदम कारवां साथी छूट गया,
सपना टूट गया।

अटल जी की इस कविता में–"दीप बुझाया रची दिवाली"–शब्दों पर गौर कीजिए। 'दीप' या 'दीपक' जनसंघ का चुनाव चिह्न था। इसका जनता पार्टी में विलय कर सरकार रूपी दीवाली की रचना की गई थी, लेकिन कुछ ईर्ष्यालु और भयग्रस्त लोगों ने 'जनता पार्टी' में दरार पैदा कर दी। मोरारजी देसाई को प्रधानमंत्री पद से त्याग देना पड़ा। ये तथाकथित लोग विदेश मंत्री के रूप में अटल जी की बढ़ती लोकप्रियता और पार्टी में लालकृष्ण आडवाणी के बढ़ते प्रभाव से खासे परेशान थे। वैसे भी 'जनता पार्टी' विभिन्न मतावलंबियों का एक बेमेल जमावड़ा था। अंततोगत्वा इसे टूटना ही था।

चौधरी चरणसिंह नए प्रधानमंत्री बने। कांग्रेस ने उस सरकार का समर्थन किया, लेकिन आखिरकार बीच में उसने समर्थन वापस लेकर सरकार गिरा दी। दिसम्बर, 1979 में पुनः लोकसभा के चुनाव हुए। अटल जी ने दिल्ली से चुनाव लड़ा और जीते। कांग्रेस को बहुमत मिला और इंदिरा गाँधी पुनः प्रधानमंत्री निर्वाचित हुई।

भारतीय जनता पार्टी का गठन

अटल जी, आडवाणी और जनसंघ के अन्य नेताओं ने पिछले प्रयोग

से सबक लेकर अकेले चलने की नीति अपनाने का संकल्प किया और एक नया राजनीतिक दल गठित करने का विचार करने लगे। अंत में नए दल का नाम 'भारतीय जनता पार्टी' (बी.जे.पी.) रखने का निश्चय किया गया। 6 अप्रैल, 1980 को इसकी औपचारिक घोषणा कर दी गई। अटल जी को इसका अध्यक्ष बनाया गया। दिसम्बर, 1980 में भारतीय जनता पार्टी का पहला अधिवेशन मुम्बई में हुआ जिसकी अध्यक्षता करते हुए अटल जी ने इसके धर्म-निरपेक्ष स्वरूप पर प्रकाश डाला। उन्होंने कहा कि पार्टी डॉ. श्यामाप्रसाद मुखर्जी, पं. दीनदयाल उपाध्याय व अन्य नेतागण के सपनों को साकार कर सशक्त भारत के पुनर्निर्माण के कार्य में जुटी रहेगी। उनके सपनों के भारत में किसी भी नागरिक के साथ जाति, वर्ण या नस्ल के आधार पर भेदभाव नहीं होगा। सभी नागरिकों को समान अधिकार मिलेंगे।

इस अधिवेशन में शामिल हुए पूर्व विदेश मंत्री एम.सी. छागला ने कहा था–"मैं यहाँ एक पार्टी सदस्य अथवा प्रतिनिधि की भाँति नहीं बोल रहा हूँ, लेकिन फिर भी मुझे लगता है कि मैं आपमें से ही एक हूँ। भाजपा एक राष्ट्रीय दल है। मैं आपके अनुशासन, ईमानदारी और समर्पण का प्रशंसक हूँ। मुझे विश्वास है कि अटल जी एक दिन देश के प्रधानमंत्री बनेंगे।"

यह बात काल के कपाल पर सत्य सिद्ध हुई

खिला कमल

कमल हमारा राष्ट्रीय पुष्प है। विष्णु जी की नाभि से उत्पन्न कमल से ही ब्रह्माजी उत्पन्न हुए और उन्होंने सृष्टि रचना की। कमल को हमारे ग्रंथोंष्टि में सत्, चित्त और आनन्द का प्रतीक कहा गया है। नाल के रूप में कमल सत् का, दलों के रूप में चित्त का और मकरंद के रूप में आनन्द का प्रतीक है। इन्हीं सब बातों को ध्यान में रखकर भारतीय जनता पार्टी ने 'कमल' को अपना चुनाव चिह्न घोषित किया।

कमल का फूल अटल जी को भी बहुत प्रिय है। वैसे भी वे प्रकृति प्रेमी हैं, कवि हैं और सौंदर्य के पुजारी हैं, उन्होंने सोच-समझकर ही इसे चुनाव चिह्न के रूप में चुना। "राजनीति के कीचड़ में उन्हें कमल के समान ऊपर उठना है"–इसके पीछे प्रमुखत: यही सोच काम कर रही थी। कमल के बारे में अटल जी कहते हैं:

"कमल जैसा मुख, कमल जैसी आँखें, कमल जैसे हाथ, कमल जैसे पाँव, कमल जैसी नाभि। शायद ही किसी अन्य पुष्प को यह सम्मान तथा महत्त्व मिला हो, जैसा कमल को मिला है। शायद ही किसी भाषा या साहित्य में किसी पुष्प का ऐसा गुणगान हुआ हो जैसा कमल का भारतीय भाषाओं के साहित्य में हुआ है। मंदिरों, महलों, बागों, तड़ागों सभी स्थानों पर समान रूप से, अध्यात्म से लेकर भौतिक जीवन के विभिन्न क्षेत्रों में सर्वत्र कमल शोभायमान है। वस्तुत: कमल शाश्वत सांस्कृतिक प्रतीक भी है और शाश्वत संस्कृति का प्रतीक भी।

कमल से मेरा परिचय बचपन से है। पिता की उँगली पकड़कर जब कभी शाम को मंदिर में दर्शन के लिए जाने का अवसर मिलता, मार्ग में पहाड़ी पर बने तालाब में यदा-कदा कमल के दर्शन हो जाते। पिताजी कमल के बारे में विस्तार से बताते। जो बात समझ में आती वह इतनी थी कि पूरे तालाब में गोलाकार पत्ते पर बड़ी शान से खड़ा कमल अवश्य ही फूलों का राजा होगा। बाद में जब कुछ बड़ा हुआ और प्रभु रामचन्द्र जी की आरती में 'नवकंज लोचन, कंज मुख कर कंज, पद कंजारुणम्' के गायन में शामिल होने लगा तो कमल के नए रूप सामने आए।

देवता की मूर्ति पर चढ़ने वाले पुष्पों में कमल के दर्शन शायद ही कभी हुए हों। सिंहन के लहड़े नहीं, हंसन की नहिं पात। कमल की खेती नहीं होती। वह क्यारियों की शोभा नहीं बढ़ाता। उसके लिए सरोवर चाहिए। सरोवर भी सूखा नहीं, जल से परिपूर्ण। जल भी शांत, स्थिर। कहते हैं, जल में कीचड़ दिखाई नहीं देती। वह कीचड़ से ऊपर उठकर अपने अस्तित्व की घोषणा करता है और इस सिद्धांत का प्रतिपादन करता है कि जन्म से कोई हेय या नीचा नहीं होता। वस्तु तथा व्यक्ति का मूल्यांकन उसके चरित्र और गुण के कारण होना चाहिए।"

सातवीं लोकसभा में बीजेपी का प्रतिनिधित्व

सातवीं लोकसभा में इंदिरा गाँधी प्रधानमंत्री बनीं कांग्रेस ने बहुमत हासिल किया था। अटल जी विपक्ष में बैठे और भारतीय जनता पार्टी संसदीय दल के नेता के रूप में उन्होंने अपने पर्वूवर्ती कार्यों को आगे बढ़ाया। उत्तर प्रदेश में जब हरिजनों पर अत्याचार हुए, तो उन्होंने सरकार से कड़ा विरोध प्रकट किया और पद यात्राएँ करके लोगों में आत्मविश्वास जाग्रत किया। सरकार ने मिनी मीसा लगाकर लोगों के अधिकारों का हनन करना चाहा तो भी वे चुप नहीं रहे और

प्रखर राजनेता अटल बिहारी वाजपेयी

संसद में इसका प्रतिवाद करते हुए कहा कि 'इस सरकार के हाथों में, जो बदले की भावना से प्रेरित है, हम नज़रबंदी के अधिकार नहीं देना चाहते हैं'

पंजाब में उग्रवाद

पंजाब को तोड़ने के लिए कुछ लोगों ने वहाँ आतंक मचाना आरम्भ कर दिया। प्रांत के निर्भीक अखबार 'पंजाब केसरी' के निष्पक्ष और साहसी सम्पादक लाला जगतनारायण और उनके पुत्र पत्रकार रमेशचन्द्र जी की बलियाँ चढ़ा दी गईं। प्रसिद्ध स्वर्ग मंदिर (अमृतसर) पर अलगाववादियों ने अधिकार कर लिया। सरकार ने पंजाब को अशांत क्षेत्र घोषित कर दिया। पुलिस को असीमित अधिकार मिल गए। उसने निर्दोष लोगों पर अत्याचार आरम्भ कर दिए, तब अटल जी ने संसद में इसका विरोध करते हुए कहा :

"सम्प्रति पंजाब की जनता दो पाटों के बीच में पिस रही है। एक ओर आतंकवादियों ने निर्दोषों को मारा और दूसरी ओर पुलिस मुठभेड़ के नाम पर निरपराध नागरिकों की जान ले रही है। गृहमंत्री जी ने तो कह दिया है कि हम अकालियों से बात करने के लिए तैयार हैं और अकालियों के साथ मिलकर सरकार भी बनाने को तैयार हैं, तब फिर पंजाब को उपद्रवग्रस्त घोषित करने की जरूरत क्या है? मैं यह भी पूछना चाहता हूँ कि क्या हवलदार को इस तरह के अधिकार देना जरूरी है? सरकार में इच्छाशक्ति नहीं है, अधिकाधिक अधिकार लेकर क्या करेगी? उनका दुरुपयोग होगा, यह हमारी आशंका है इसलिए हम इसका विरोध कर रहे हैं।"

पंजाब में निर्मम हत्याओं पर अटल जी केन्द्र सरकार से बराबर जवाब तलब करते रहे :

"पंजाब को हमने उपद्रवग्रस्त घोषित कर दिया है। पुलिस को असाधारण अधिकार दे दिए हैं। सेना का उपयोग करने की भी तैयारी हो रही है। परिस्थिति क्यों इतनी बिगड़ने दी गई?

मैं गृहमंत्री महोदय से पूछना चाहता हूँ कि कितने उग्रवादी पकड़े गए हैं? चार हज़ार से अधिक लोग गिरफ्तार किए गए हैं। उनमें या तो तस्कर हैं या समाज विरोधी तत्व हैं, चोर-उचक्के, बदमाश हैं। उग्रपंथी कितने हैं? ग्रहमंत्री सदन को विश्वास में लेकर यह बात बताएँ कि उग्रपंथियों की कुल संख्या के बारे में, कुल शक्ति के बारे में, क्या स्थिति है?

मैं चाहता हूँ कि सरकार एक श्वेत पत्र प्रकाशित करे। श्वेत पत्र में मुख्य रूप से दो बातें होनी चाहिए। उग्रपंथी कौन है? उग्रपंथियों का किस

राजनीतिक दल से संबंध है? उग्रपंथियों का किन राजनीतिक नेताओं से संबंध है। दल खालसा की स्थापना किसने की? 1980 के चुनावों में संत भिंडरवाले और उनके सहयोगियों का सहयोग और समर्थन किसने लिया था?"

जहाँ पंजाब के हालात सुधारने के लिए राजनेता अटल नीतिगत कार्यक्रम चला रहे थे, वहीं कवि अटल काव्य के माध्यम से द्रवित हो रहे थे :

खून क्यों सफेद हो गया? भेद में अभेद खो गया।

बँट गए शहीद, गीत कट गए।

कलेजे में कटार पड़ गई, दूध में दरार पड़ गई।

खेतों में बारूदी गंध, टूट गए नानक के छन्द

सतलुज सहम उठी, व्यथित-सी वितस्ता है,

वसंत से बहार झड़ गई, दूध में दरार पड़ गई।

अपनी छाया से बैर, गले लगने लगे हैं गैर,

खुदकुशी का रास्ता, तुम्हें वतन का वास्ता

बात बनाएँ, बिगड़ गई, दूध में दरार पड़ गई।

अटल जी धार्मिक स्थलों में सेना या पुलिस के हस्तक्षेप के पक्षधर नहीं हैं, जब 'हरिमंदर साहिब' से अलगाववादियों को खदेड़ने की कार्रवाई के लिए सेना भेजी गई, तो संसद में उन्होंने ये उद्गार व्यक्त किए :

"मैं सबसे पहले सेना के उन अफसरों और जवानों को बधाई देना चाहता हूँ, जिन्होंने अपने अनमोल प्राणों की बलि चढ़ाकर और अपनी बहुमलय जाने जोखिम में डालकर सिखों के पवित्रतम तीर्थ और सभी भारतीयों के लिए श्रद्धा के स्थान श्री हरिमंदर साहिब को आतंकवादियों से मुक्त किया और उसकी पवित्रता को पुन: कायम किया।

सेना को एक बड़ा कठिन और नाजुक दायित्व सौंपा गया था। उस दायित्व को कुशलता और बहादुरी से निभाने के लिए सेना का अभिनन्दन किया जाना चाहिए, किंतु हमें यह नहीं भूलना चाहिए कि सेना मुख्य रूप से विदेशी शत्रुओं का मुकाबला करने के लिए संगठित और सज्जित की गई है। अपने ही देशवासियों के विरुद्ध सेना का उपयोग एक अप्रिय कदम है, जिसे यथासंभव टाला जाना चाहिए।"

पंजाब में सेंसर

देश की एकता और अखंडता के लिए अटल जी का हृदय हमेशा छटपटाता रहता है। स्वतंत्रता के समय पाकिस्तान के रूप में देश का बँटवारा

प्रखर राजनेता अटल बिहारी वाजपेयी

उनके दिल पर लगा ऐसा जख्म है, जो अभी तक हरा है–'मर हम भी गए मरहम न मिला'–वाली स्थिति है। स्वर्ण मंदिर में सेना की मौजूदगी और पंजाब में सेंसर के खिलाफ उन्होंने केन्द्र सरकार की कड़े शब्दों में आलोचना की थी :

"आज़ादी के 36 साल बाद, देश के बँटवारे के 36 साल बाद भी आज देश की एकता के ऊपर बात नहीं है। हम अभी तक एक राष्ट्र नहीं बने, यह कोई अच्छी बात नहीं है। मजहब के आधार पर पाकिस्तान बना, वह बँट गया। हमने मजहब को अपना आधार नहीं बनाया; हमने कहा कि हमारा देश धर्मनिरपेक्ष, सेक्युलर होगा। यह सभी धर्मो के मानने वालों के लिए होगा। फिर भी भारत बँटने के कगार पर आ गया है। क्या इसके लिए अकाली ही जिम्मेदार हैं और प्रधानमंत्री (श्रीमती इंदिरा गाँधी) दूध की धुली हुई हैं?

प्रधानमंत्री जी कहती हैं कि वे ज़हर पीने के लिए तैयार हैं। उनके हिस्से में तो अमृत आया है, ज़हर तो बाकी लोग पिएँगे, लेकिन मैं कहना चाहता हूँ कि परमात्मा के लिए देश की एकता को राजनीति का मुद्दा मत बनाइए। देश की एकता के साथ खिलवाड़ मत करिए; जो कुछ हो गया, उसको अब भूल जाएँ और नए अध्याय का श्रीगणेश करें। आखिर स्वर्ण मंदिर में सेना कब तक रहेगी? पंजाब में सेंसर कब तक चलेगा? आप किसी भी हिस्से के चप्पे-चप्पे पर फौज नहीं खड़ी कर सकते। देश एक रहेगा तो किसी एक पार्टी की वजह से एक नहीं रहेगा; किसी एक व्यक्ति की वजह से एक नहीं रहेगा; किसी एक परिवार की वजह से नहीं रहेगा। देश एक रहेगा तो देश की 70 करोड़ जनता की देशभक्ति की वजह से रहेगा।"

नज़रबंदी कानून का विरोध

विचार और व्यक्ति की स्वतंत्रता का अटल जी ने सदैव पक्ष लिया है। इसे वे लोकतंत्र की आवश्यकता मानते हैं। अकारण किसी को गिरफ्तार करना उसके विचारों का गला घोंट देना, नज़रबंद कर देना आदि को वे लोकतंत्र के लिए खतरा मानते हैं। जब इंदिरा सरकार ने एक बार ऐसा करने की चेष्टा की थी, तो आपने इन शब्दों में रोष प्रकट किया था :

''हमारे संविधान-निर्माताओं ने यह व्यवस्था की थी कि किसी व्यक्ति को बिना कारण गिरफ्तार नहीं किया जाएगा, बिना मुकदमा चलाए जेल में नहीं

रखा जाएगा, लेकिन उस समय की परिस्थिति को ध्यान में रखकर संविधान में नज़रबंदी का प्रबंध किया गया था, किंतु ऐसा लगता है कि जो अस्थायी था, अब उसको स्थायी कानून बनाया जा रहा है। उस समय के गृहमंत्री सरदार पटेल ने पहली बार नज़रबंदी का कानून पार्लियामेंट में पेश किया था, तो उस समय उन्होंने कहा था कि मुझे रातों को नींद नहीं आई। इतिहास अपने को दोहरा रहा है। आज सरदार जैलसिंह हमारे गृहमंत्री हैं; सरदार पटेल को कानून पेश करने से पहले रातों को नींद नहीं आई, लेकिन सरदार जैलसिंह की यह हालत है कि कानून पेश करने के बाद, अध्यादेश लाने के बाद, इतने प्रसन्न हैं कि दिन में भी सोना शुरू कर दिया है।

व्यक्तिगत स्वाधीनता पर हमला, व्यक्तिगत स्वाधीनता को मर्यादित रखना युद्ध के काल में तो उचित हो सकता है, लेकिन शांति के काल में नहीं।''

दूसरी बार भाजपा के अध्यक्ष

1984 में अटल जी को पुन: भारतीय जनता पार्टी का राष्ट्रीय अध्यक्ष मनोनीत किया गया। उनके नेतृत्व में विभिन्न मतावलंबी भाजपा के साथ जुड़े। पार्टी का जनाधार बढ़ा। ये उनके कुशल नेतृत्व का ही प्रभाव था कि उन्होंने अन्य पार्टियों के मतदाताओं को भी अपनी ओर आकृष्ट कर लिया था।

इंदिरा गांधी की नृशंस हत्या

पंजाब में आतंकवाद के चलते 31 अक्टूबर, 1984 को निजी सुरक्षाकर्मी ने प्रधानमंत्री इंदिरागांधी की हत्या कर दी। अटल जी ने इसे लोकतंत्र के लिए भीषण खतरा बताते हुए इंदिरा गांधी को श्रद्धांजलि अर्पित की। इससे देश में कांग्रेस के प्रति सहानुभूति की लहर दौड़ गई। इसके फौरन बाद हुए लोकसभा चुनाव में राजीव गांधी के नेतृत्व में कांग्रेस ने अभूतपूर्व सफलता अर्जित की। अटल जी भी कांग्रेस के उम्मीदवार माधवराज सिंधिया से ग्वालियर से चुनाव में पराजित हो गए। राजीव गांधी प्रधानमंत्री बने। बीजेपी को लोकसभा में केवल दो ही सीटों के साथ संतोष करना पड़ा, जबकि पिछली लोकसभा में उनके 22 सांसद थे।

1985 में अटल जी किसी भी सदन के सदस्य नहीं रहे। इस दौरान वे बीजेपी और साहित्यिक गतिविधियों में सक्रिय रहे। 1986 में वे राज्यसभा के सदस्य चुन लिए गए।

आहुति बाकी, यज्ञ अधूरा

भरी दुपहरी में अंधियारा, सूरज परछाई से हारा,
अंतरम का नेह निचोड़े, बुझी हुई बाती सुलगाएं,
आओ फिर से दिया जलाएं।
हम पड़ाव को समझे मंजिल, लक्ष्य हुआ आंखों से ओझल,
वर्तमान के मोहजाल में, आने वाला कल न भुलाएं,
आओ फिर से दिया जलाएं।
आहुति बाकी, यज्ञ अधूरा, अपनों के विघ्नों ने घेरा,
अंतिम जय का वज्र बनाने, नव दधीचि हड्डियां गलाएं,
आओ फिर से दिया जलाएं।

आहुतियां अभी बाकी थीं, यज्ञ अधूरा था, अत: राज्यसभा के माध्यम से अधूरे कार्य पुन: आरम्भ हो गए। देश की विभिन्न समस्याओं के बारे में संसद में वे अपनी बेबाक राय प्रकट करते रहे।

संविधान संशोधन

1986 का वर्ष फिर से अटल जी के लिए खुशियों भरा रहा। उन्हें राज्यसभा के लिए चुन लिया गया था, जहां उन्होंने देश की विभिन्न समस्याओं पर अपनी चिंताए व्यक्त करते हुए केंद्र सरकार को सकते में डाल दिया। उन्होंने पंजाब में फैल रहे आतंकवाद, मिजोरम में बढ़ती हुए समस्या, लिट्टे का तमिल लोगों के लिए परेशानी का सबब बनना और समान शिक्षा के अधिकार जैसी प्रमुख समस्याओं से देश की जनता व सरकार को अवगत करवाया।

गोरखालैंड समस्या

गोरखालैंड की समस्या ने फन उठाया, तो उन्होंने चिंता प्रकट की – ''पंजाब में साम्प्रदायिकता को कुछ सीमा तक दोष दे सकते हैं, लेकिन गोरखालैंड में क्या

हो रहा है? श्री सुभाष घीसिंग तो हिन्दू हैं। वहां हिन्दू, सिख, मुसलमान का सवाल नहीं है। केन्द्र सरकार ने परिस्थिति को इस तरह से मिस हैंडिल किया है कि श्री सुभाष घीसिंग बिना बनाए हुए ही, सब गोरखाओं, नेपालियों के नेता बन गए हैं। उन्हें एकमात्र प्रवक्ता बना दिया गया है। मैं अभी सिलीगुड़ी गया था। वहां ऑल्टरनेट डेज़ पर बंद हो रहा है। मजूदर भूखों मर रहे हैं, कार्य-व्यवहार अस्त-व्यस्त है। थाने पर हमला हुआ, सिपाही मार दिए गए। घीसिंग को दिल्ली बुलाया जाता है, उनसे बातचीत की जाती है। किस बात पर बातचीत की गई थी? क्या बातचीत के पहले यह शर्त नहीं लगाई जा सकती थी कि वह हिंसा का परित्याग करें? क्या पश्चिमी बंगाल की मार्क्सवादी सरकार के लिए सरदर्द पैदा करना उचित है? यह तरीका नहीं है, देश की एकता और अखण्डता को बचाने का।''

लिट्टे समस्या

श्रीलंका में लिबरेशन टाइगर्स ऑफ तमिल ईलम (लिट्टे) ने सिर उठाया तो तमिलनाडु के लोग भी चिंतित हो उठे, क्योंकि उनके अनेक परिजन श्रीलंका में फंसे हुए थे। इस समस्या की ओर सरकार का ध्यान आकर्षित करते हुए अटल जी ने ये शब्द कहे: मैं दो दिन मद्रास में था। तमिलनाडु के लोग दु:खी हैं कि श्रीलंका की समस्या की ओर नई दिल्ली को जितना ध्यान देना चाहिए, नई दिल्ली ध्यान नहीं दे पा रही है। जाफना में लोग फंसे हुए हैं, उनके पास खाने को अनाज नहीं है, बीमारी में दवा नहीं है। वे हमारे रक्त का रक्त हैं, हमारे मांस का मांस है। हम श्रीलंका में सैनिक हस्तक्षेप करें, इसका सवाल पैदा नहीं होता, मगर कुछ मानवता के भी तकाजे हैं। क्या जाफना में फंसे हुए लोगों की हम किसी तरह से मदद नहीं कर सकते? केन्द्र सरकार इस सवाल पर विचार करे। उसे पूरे प्रतिपक्ष का समर्थन मिलेगा।

मिज़ो समस्या

पनडुब्बी, खरीद का मामला हो या बोफोर्स का, दिल्ली-हरियाणा में आतंकवादी हमलों का मामला हो या मिज़ो समस्या का; अटल जी ने व्यक्तिगत रूप से इन पर ध्यान दिया और दलगत हितों से ऊपर उठकर कार्य किया। उग्र होती मिज़ोरम समस्या को उन्होंने 21 जुलाई, 1986 को एक ध्यानाकर्षण प्रस्ताव के माध्यम से राज्यसभा में उठाया और कहा – ''मिजोराम में हजारों की संख्या में चकमा रहते हैं, जो बौद्ध हैं, ईसाई नहीं हैं। मिजो नेशन फ्रंट एक

प्रखर राजनेता अटल बिहारी वाजपेयी

क्रिश्चियन स्टेट लाना चाहता है। यह ठीक है कि उन्होंने कॉन्स्टीट्यूशन में उस बात को थोड़ा अलग करके रखा है। अभी चकमाओं का एक डिस्ट्रिक्ट कांउसिल है। लालडेंगा उस कांउसिल को समाप्त करना चाहते हैं। क्या सरकार चकमाओं के लिए यूनियन टेरिटरी बनाने का विचार करेगी? मिजोरम भी एक हिल डिस्ट्रिक्ट था, फिर उसका दर्जा बढ़ा, अब वह राज्य हो गया। पांच लाख से कम आबादी वाला राज्य। उनका अलग हाई कोर्ट होगा, अलग यूनिवर्सिटी होगी। आप देश के अन्य भागों में इस तरह की मांगे उठाने से कैसे रोकेंगे? इनर लाइन के बारे में भी स्पष्टीकरण जरूरी है। आपको जम्मू-कश्मीर में जाने के लिए परमिट की जरूरत नहीं है। अगर यह प्रावधान ट्राइबल्स के रक्षण के लिए रखा गया है, तो गृहमंत्री महोदय को वक्तव्य देना होगा कि इसका दुरुपयोग नहीं किया जाएगा। आखिर हम मिजोरम के लोगों को जीवन की मुख्य धारा में लाना चाहते हैं। उनके विशेष हितों की रक्षा करनी चाहिए। एक अलगाव की, एक अलग-थलग लोगों की भावना को पनपने नहीं देना चाहिए।''

सिख विरोधी दंगे

इंदिरा गांधी की हत्या के बाद देश की राजधानी दिल्ली सहित अनेक स्थानों पर सिख विरोधी दंगे हुए। जिनमें सैकड़ों निर्दोष लोग मारे गए। बाद में भी छुटपुट घटनाएं होती रहीं। इन पर भी अटल जी लोकसभा में खूब बोले:

''आतंकवादियों ने दिल्ली में अपनी गतिविधियां तेज कर दी हैं। दिल्ली में उन्होंने सामूहिक हत्याएं की, उन्होंने चुन-चुनकर लोगों को मारा, लेकिन वे अभी तक पकड़े नहीं गए। किसी को नज़रबंद भी नहीं किया गया। आतंकवादी हरियाणा को लपेट में ले आए हैं। गंगानगर में दो पुलिसकर्मियों की हत्या हुई है। आतंकवादी अपनी गतिविधियों का विस्तार करने में समर्थ हो रहे हैं और सरकार के पास इस अध्यादेश के अलावा कोई हथियार नहीं है। क्या सरकार के शस्त्रागार में कमी है? अगर नहीं है तो स्पष्ट विचार नहीं है, राजनीतिक इच्छा शक्ति नहीं है और दूरदर्शिता के आधार पर, नीति के आधार पर पंजाब की समस्या को हल करने का संकल्प नहीं है।

दिल्ली के दंगों में जिनके हाथ खून से रंगे हुए हैं, वे पंजाब की समस्या का सफलतापूर्वक समाधान कर सकेंगे, इस बारे में मुझे संदेह है।

दिल्ली के दंगों के लिए किसी को दोष लेना पड़ेगा। किसी की सज़ा भुगतनी पड़ेगी।

जब कभी हम पंजाब में आते हैं और हिन्दू-सिख भाइचारे की बात करते है, तो हमारे मुंह पर कुछ सवाल मारे जा रहे थे, तब आप कहां थे? हम तो अपने ढंग से वहां जवाब दे देते हैं, क्योंकि हम हत्यारों में शामिल नहीं थे, लेकिन यह सरकार जरूर कठघरे में खड़ी है इसलिए मैं कहूंगा कि आपने दंगों की जांच के लिए कमीशन बनाया, देर से बनाया और उसको ठीक तरह से काम नहीं करने दिया, लेकिन अब उसकी रिपोर्ट को दबाइए मत।''

गूंजी हिन्दी विश्व में

नवम्बर, 1987 में अटल जी संयुक्त राष्ट्र आमसभा में भाग लेने भारतीय प्रतिनिधिमंडल के साथ न्यूयार्क गए। 8 नवम्बर को उन्होंने पुन: हिन्दी में भाषण दिया और राष्ट्र भाषा को विश्व मंच से गौरवान्वित किया।

जनवरी 1989 को मॉरीशस की राजधानी पोर्ट लुई में 'विश्व हिन्दी सम्मेलन' का आयोजन हुआ जिसमें अटल जी - डॉ. कर्ण सिंह, कमलेश्वर, पं. श्रीनारायण चतुर्वेदी, भगवती चरण वर्मा, पं. शिवसागर मिश्र, अमृतलाल नागर आदि के साथ गए। इस अवसर पर अटल जी ने यह व्यग्यांत्मक कविता रची :

पोर्ट लुई के घाट पर, नवपंडों की भीर;
रोली, अक्षत, नारियल, सुरसरिता का नीर।
सुरसरिता का नीर, लगा चंदन का घिस्सा;
भैयाजी ने औरों का भी हड़पा हिस्सा।
कह कैदी कविराय, जयतु जय शिवसागर जी
जय भगवती जागरण, निरावरण जय नागर जी!
हिन्दी दां हुलसे फिरें, मार लिया ज्यों तीर;
मॉरीशस की भीड़ पर, छिड़का गंगा नीर;
छिड़का गंगा नीर, साथ में अक्षत रोली;
चंदन घिसती रही मुफ्त का, पंडा टोली।
कह कैदी कविराय विश्व भाषा का सपना;
पूरा होगा सिर्फ, मंत्र हिन्दी का जपना।

इस कविता में 'भैयाजी' पं. श्री नारायण चतुर्वेदी के लिए, 'शिवसागर' पं. शिव सागर मिश्र के लिए, 'भगवती' भगवती चरण वर्मा के लिए और 'नागर' अमृतलाल नागर के लिए प्रयुक्त किया गया है।

ठन गई! मौत से ठन गई!

अटल जी दिन-रात राष्ट्र हित के कार्यों में लगे रहते हैं। अत्याधिक व्यस्तता के कारण खान-पान समय पर नहीं हो पाता, परिणामस्वरूप अस्वस्थ हो जाना लाज़िमी है। इसी प्रकार, एक बार जब अस्वस्थता अधिक बढ़ गई तो नवम्बर 1988 में जांच के लिए वे न्यूयार्क (संयुक्त राज्य अमेरिका) गए। वहां से उन्होंने 'धर्मयुग' में छपने के लिए उपर्युक्त शीर्षक से एक कविता भेजी। कविता के साथ सम्पादक के नाम एक पत्र भी लिखा : ''शायद आपको पता हो कि मैं इलाज के लिए यहां आया हूं। डॉक्टर ने जब उस दिन कहा था कि ऑपरेशन करना पड़ेगा, तो उस रात को मैं अच्छी तरह सो नहीं सका। एक आशंका मन को मथती रही। अपने भाव शब्दबद्ध कर डाले। काव्य की कसौटी पर मेरा प्रयास भले ही खरा न उतरे, किंतु यह मेरी ज़िंदगी का दस्तावेज़ है।'' धर्मयुग के सम्पादक डॉ. धर्मवीर भारती अटल जी के अनन्य मित्रों में से थे। वे अटल जी की कविताओं के शुरू से ही कायल रहे। वह कविता उन्होंने धर्मयुग के 18 से 24 दिसम्बर, 1988 के अंक में पृष्ठ 23 पर प्रकाशित की। पाठकों के लिए वह कविता स्वयं अटल जी की हस्तलिपि में पृष्ठ 106 पर दी जा रही है :

इस कविता को पढ़कर कुछ लोग नाराज़ हुए और कुछ लोग दु:खी। दु:खी होने वालों की संख्या अधिक थी। उन्हें सांत्वना देते हुए अटल जी ने इस प्रकार प्रतिक्रिया व्यक्त की थी :

''धर्मयुग में प्रकाशित मेरी कविता ''मौत से ठन गई'' से कुछ मित्र मुझसे नाराज़ हैं। नाराज़ कम दु:खी ज्यादा हैं। उन्हें लगता है कि जैसे मैंने उनके साथ छल किया है। 'ज़िंदगी का दस्तावेज़' लिखकर, उसे छपवाकर मैं न्यूयार्क से सही-सलामत वापस कैसे आ गया? मौत की कविता लिखी थी तो मुझे उसे जीना चाहिए था। कथनी और करनी में इतना बड़ा अंतर! उन्हें मुझसे ऐसी उम्मीद नहीं थी।

यह बात नहीं कि उन्हें मेरी कविता पसंद नहीं आई। उन्होंने उसे पसंद किया है और बड़े गौर से पढ़ा है। कविता के साथ कंकाल जैसी रेखाकृति,

ठन गयी !
मौत से ठन गयी !

जूझने का मेरा कोई इरादा न था,
मोड़ पर मिलेंगे इसका वादा न था;
रास्ता रोक कर वह खड़ी हो गयी,
यों लगा जिन्दगी से बड़ी हो गयी;
मौत की उमर क्या ? दो पल भी नहीं,
जिन्दगी-सिलसिला, आज-कल की नहीं,
मैं जी भर जिया, मैं मन से मरूँ,
लौट कर आऊँगा, कूच से क्यों डरूँ;
तू दबे पाँव, चोरी-छिपे से न आ,
सामने वार कर, फिर मुझे आज़मा;
मौत से बेख़बर जिन्दगी का सफ़र
शाम हर सुरमई, रात बंसी का स्वर;
बात ऐसी नहीं कि कोई ग़म ही नहीं,
दर्द अपने-पराये कुछ कम भी नहीं;
प्यार इतना परायों से मुझ को मिला,
न सगों से मिला, न कोई बाकी गिला;
हर चुनौती से दो हाथ मैंने किये,
आँधियों में जलाये हैं बुझते दिये;
आज झकझोरता तेज़ तूफान है,
नाव मँझधार की बाँहों में मेहमान है;
पार पाने का क़ायम मगर हौसला,
देख तेवर तूफां का तेवर तरी तन गयी;
मौत से ठन गयी !

अटल बिहारी वाजपेयी

     प्रखर राजनेता अटल बिहारी वाजपेयी

दो तरफ काला बार्डर, सम्पादक जी की टीप, गंभीर रूप से अस्वस्थ होने की सूचना, मेरे पत्र का हवाला। लोग दो व्यक्तियों की लड़ाई देखने के लिए ठिठक जाते हैं, यहां तो जिंदगी और मौत से ठन गई थी।

उस दिन सेंट्रल हॉल में मेरी कविता की चर्चा चल पड़ी। बात शुरू हुई मेरी तबीयत से और पहुंच गई मेरी कविता तक। श्री सीताराम केसरी ने रचना की बड़ी तारीफ की।

केसरी जी और कविता! लेकिन उस दिन मैं उनके काव्य-प्रेम का कायल हो गया और लोग भी प्रभावित हुए। श्याम बाबू (श्री श्यामानन्दन मिश्र) बोले, 'अरे भई धर्मयुग लाओ, देखा जाए क्या लिखा है।' 'धर्मयुग' आया। कविता के पन्ने पलटे जाने लगे। लोग और सिमट आए। मैंने कहा, 'लाइए, मैं सुना देता हूं। संसद के सेंट्रल हॉल में मैंने पहली बार और शायद अंतिम बार कविता-पाठ किया।

कविता पहले भी पढ़ी जा चुकी है, किंतु उसका प्रकाशन पहली बार हुआ है। जब मैंने उसे पढ़ा तो कोई खिन्न नहीं हुआ, किसी ने एतराज नहीं किया। शायद इसका कारण यह था कि मैं भला-चंगा था। मेरे मुंह से मौत की बात सुनकर भी उन्हें यह नहीं लगा कि यह सचमुच जिंदगी और मौत का सवाल है। वे कविता को कल्पना की देन ही समझते रहे, किंतु 'धर्मयुग' में जिस रूप में यह कविता छपी, उसे पढ़ने वाले उद्विग्न हो उठे। उन्हें लगा कि मैं मरणासन्न हूं। मेरी कविता ज़िन्दगी का दस्तावेज़ नहीं, मौत का घोषणा-पत्र है।

मैंने कविता क्यों लिखी? लिखी सो लिखी, उसे छपने के लिए क्यों भेजा? उसके साथ ऐसा पत्र क्यों लिखा? जितने प्रेमी उतने प्रश्न। मैं किस-किसको क्या-क्या उत्तर दूं? मुझे लगता है कि यदि 'धर्मयुग' की कविता का हवाला देकर मेरी अस्वस्थता का समाचार दैनिक 'नवभारत टाइम्स' प्रथम पृष्ठ पर बॉक्स बनाकर न छापता तो शायद इतना बखेड़ा न खड़ा होता।

बात दो साल पुरानी है। दिल्ली में गुर्दे के ऑपरेशन के बाद मैं एक संसदीय प्रतिनिधि मंडल में कनाडा गया था। लौटते हुए अमरीका में डॉक्टरों को दिखाने का तय हुआ। दिन-भर की जांच-पड़ताल के बाद शाम को जो रिपोर्ट आई, उसने चिंता में डाल दिया। जहां ऑपरेशन हुआ था, वहां कुछ नया विकार पैदा होने के आसार दिखाई दिए। सौ में से निन्यानवे मामलों में ऐसा नहीं होता। मैं शायद एक फीसदी में आता हूं। दूसरे दिन प्रात: स्कैन

करने का फैसला हुआ। उस रात मैं सो नहीं सका। एक आशंका मन को उद्वेलित करती रही। मैं कागज और कलम लेकर बैठ गया। भावों के अंधड़ को मैंने शब्दों में बांधने की कोशिश की। उसे प्रकाशन के लिए नहीं भेजा, क्योंकि दूसरे दिन डॉक्टरों ने मुझे क्लीन चिट दे दी। उसे सिर्फ एक बार ग्वालियर में पढ़ा था।

गोष्ठी कैंसर अस्पताल में आयोजित हुई थी।

पिछले साल के मध्य में मेरी तबियत पुन: बिगड़ने लगी। वजन घटने लगा, थकान बढ़ने लगी। मैंने न्यूयॉर्क जाकर दिखाने का विचार किया। प्रधानमंत्री ने मुझे प्रतिनिधि मंडल में शामिल कर मेरा काम आसान कर दिया। भारतीय मिशन ने मेरी जांच-पड़ताल का प्रबंध किया था। पहली रिपोर्ट संतोषजनक आई, किंतु वजन का घटना नहीं थमा, न थकान दूर हुई। फिर पड़ताल करने का फैसला हुआ। सबकुछ देखकर डॉक्टर इस नतीजे पर पहँचे कि और एक ऑपरेशन करना पड़ेगा। वही न्यूयॉर्क की नगरी, वही बिजली की रोशनी में जगमग अंधेरी रात, वही अकेलापन, वही सन्नाटा। मैंने डायरी खोलकर पुरानी कविता पढ़ी, उसमें कुछ संशोधन किया, उसे कागज पर उतारा और 'धर्मयुग' को भेज दी।

कुछ मित्रों को शिकायत है कि मेरी कविता में निराशा टपकती है। उनके लिए मैं आशा का संदेशवाहक रहा हूं, मातम का मसीहा नहीं। ऐसे मित्रों को मैं क्या कहूं, जो मौत का नाम सुनते ही मुरझा जाते हैं। उनके साथ मेरी पूरी सहानुभूति है, किंतु मैं मौत से भयभीत नहीं हूं। जो ध्रुव है उससे भय कैसा? वैसे भी मैंने मौत को निकट से देखा है। कल यदि काल आकर मेरे द्वार पर दस्तक दे, तो मैं उसी क्षण उसके साथ चल खड़ा हूंगा। एक बार भी मुड़कर नहीं देखूंगा, किंतु यदि मृत्यु मेरे साथ खेल करेगी, जैसा बिल्ली चूहे के साथ करती है, तो मैं उससे लड़ूंगा, आखिरी दम तक दो-दो हाथ करूंगा।

मेरी कविता जंग का ऐलान है, पराजय की प्रस्तावना नहीं। वह हारे हुए सिपाही का नैराश्य-निनाद नहीं है, जूझते योद्धा का जय-संकल्प है। 'हार नहीं मानूंगा, रार नई ठानूंगा, काल के कपाल पर लिखता-मिटाता हूं'- यह निराशा का स्वर नहीं, आत्मविश्वास का उद्घोष है। यदि मेरी कविता ने कुछ मित्रों को कचोटा और कष्ट पहुंचाया है, तो मैं उनसे क्षमा मांगता हूं। मुझे लगता है

कि उसका प्रकाशन समय के पूर्व हो गया। उसे लिखकर या तो मुझे मर जाना चाहिए था या मरने के बाद उसका प्रकाशन करना चाहिए था। अगली बार मैं इसका ध्यान रखूंगा।''

आरक्षण आंदोलन

1989 में लोकसभा चुनाव हुए तो देश की जनता ने इस बार कांग्रेस को सिरे से ख़ारिज कर दिया। 2 दिसंबर, 1989 को जनता दल ने विश्वनाथ प्रताप सिंह के नेतृत्व में केंद्रीय सरकार का गठन किया, तो राजीव गांधी ने विपक्ष की कुर्सी संभाली। जनता दल की सरकार बनाने में भारतीय जनता पार्टी और भारतीय कम्युनिस्ट पार्टी के समर्थन का अति महत्त्वपूर्ण योगदान था।

अभी सरकार को बने एक साल भी नहीं हुआ था कि वी.पी. सिंह के मंडल आयोग की सिफारिशें लागू करने के कारण देश में कोहराम मच गया। चारों तरफ छात्र-छात्राओं द्वारा आंदोलन प्रदर्शन किए जाने लगे। पूरा देश इस तरह घटनाओं से सिहर उठा। अटल जी ने यह सब देखा तो इस तरह की राजनीति की घोर निंदा की।

जब चारों तरफ से देश-भर में वी.पी. सिंह के खिलाफ आवाजें उठने लगीं तो वे संसद में अपना विश्वास मत साबित न कर सके। इसके फलस्वरूप उन्होंने अपने पद से इस्तीफा दे दिया और फिर 10 नवंबर, 1990 को चंद्रशेखर कांग्रेस के सहयोग से देश के प्रधानमंत्री बने। हालांकि वे भी प्रधानमंत्री पद पर अधिक समय तक बने न रह सके इसीलिए नया जनादेश प्राप्त करने के उद्देश्य से 13 मार्च, 1991 को लोकसभा भंग कर दी गई।

कार सेवकों पर गोलाबारी

अयोध्या में राम मंदिर के पुननिर्माण के पक्ष में देश की जनता को जोड़ने के लिए सितम्बर 1990 में बी.जे.पी. के अध्यक्ष लालकृष्ण आडवाणी ने रथ यात्रा की और हिन्दू समाज में चेतना पैदा की। इस अवसर पर जब अयोध्या में राम मंदिर के निर्माण के लिए राम भक्तों ने 30 अक्टूबर, 1990 की तिथि घोषित की, तो उत्तर प्रदेश के तत्कालीन मुख्यमंत्री मुलायम सिंह यादव ने राज्य-भर से लाखों रामभक्त कार सेवकों को गिरफ्तार कर अस्थायी जेलों में डाल दिया। 2 नवम्बर को उत्तरप्रदेश

में कार सेवकों पर अंधाधुंध गोलियां चलाई गईं। अटल जी ने इसकी तुलना अमृतसर के जलियांवाला कांड से करते हुए इसे बर्बरता पूर्ण कार्यवाई करार दिया।

राजीव गांधी की हत्या : श्रद्धांजलि

1991 में चुनाव की तिथियां घोषित हो चुकी थीं। सभी दल चुनाव प्रचार में लगे थे, इसी दौर में 21 मई, 1991 को चेन्नई में एक चुनाव सभा में आतंकवादियों ने एक 'मानव बम' द्वारा राजीव गांधी की हत्या कर डाली। इस वीभत्स हत्या ने सारे देश को हिलाकर रख दिया। अटल जी को भी डॉ. श्यामाप्रसाद मुखर्जी, पं. दीनदयाल उपाध्याय, इंदिरा गांधी और अब इस हत्या ने झकझोर कर रख दिया था। 6 जून, 1991 को अपनी श्रद्धांजलि अर्पित करते हुए उन्होंने कहा :

''सभापति जी, मृत्यु शरीर का धर्म है। जन्म के साथ मरण जुड़ा हुआ है, लेकिन जब मृत्यु सहज नहीं होती, स्वाभाविक नहीं होती, प्राकृतिक नहीं होती, 'जीर्णानि वस्त्राणि यथा विहाय' - गीता की इस कोटि में नहीं आती, जब मृत्यु बिना बादलों से बिजली की तरह गिरती है, भरी जवानी में किसी जीवन-पुष्प को चिता की राख में बदल देती है, जब मृत्यु एक साजिश का नतीजा होती है, एक षड्यंत्र का परिणाम होती है, तो समझ में नहीं आता कि मनुष्य किस तरह से धैर्य धारण करे, परिवार वाले किस तरह से वज्रपात को सहें। श्री राजीव गांधी की जघन्य हत्या हमारे राष्ट्रीय मर्म पर एक आघात है, भारतीय लोकतंत्र पर एक और कलंक है। एक बार फिर हमारी महान सभ्यता और प्राचीन संस्कृति विश्व में उपहास का विषय बन गई है। शायद दुनिया में कोई और देश नहीं होगा, जो अहिंसा की इतनी बातें करता हो, लेकिन शायद कोई और देश दुनिया में नहीं होगा, जहां राजनेताओं की इस तरह से हिंसा होती हो। यह हिंसा और हत्या का सिलसिला बंद होना चाहिए।

सभापति महोदय, मैं अपनी ओर से, अपने दल की ओर से हृदय से श्री राजीव गांधी की स्मृति में विनम्र श्रद्धांजलि अर्पित करता हूं और परमात्मा से प्रार्थना करता हूं कि दिवंगत नेता की आत्मा को सद्गति दे और शोक-संतप्त परिवार को इस वज्रपात को सहन करने की शक्ति दे।''

1991 में संपन्न हुए आम चुनावों में कांग्रेस को बहुमत प्राप्त न हुआ, लेकिन फिर भी अनय संगठनों के सहयोग से 21 जून, 1991 को नरसिम्हा

प्रखर राजनेता अटल बिहारी वाजपेयी

राव ने देश का प्रधानमंत्री पद संभाला। अटल जी राजनीति में अपनी सक्रिय भूमिका निभा रहे थे। लखनऊ से भारी मतों से जीत हासिल कर उन्होंने संसद में प्रवेश किया। वहां उन्होंने अपने तेजस्वी व ओजपूर्ण भाषणों से सभी को मंत्रमुग्ध कर दिया। अटल जी देश ही नहीं अंतर्राष्ट्रीय पटल पर भी अपनी पैनी नजर रखते थे। 18 सितंबर, 1991 को उन्होंने लोकसभा में अंतर्राष्ट्रीय स्थिति के संदर्भ में अपने विचार व्यक्त करते हुए कहा जिसके कुछ वाक्यांश इस प्रकार हैं -

''उपाध्यक्ष महोदय! आखिर में सदन को अंतर्राष्ट्रीय स्थिति जैसे महत्त्वपूर्ण विषय पर चर्चा करने का अवसर मिल ही गया। यह चर्चा पहले ही होनी चाहिए थी। विदेश मंत्रालयों की मांगों पर सदन गहराई से विचार करता। यह आवश्यक था, लेकिन ऐसा लगता है कि बजट अधिवेशन में कार्य का विभाजन किस तरह से हो, चर्चा की प्राथमिकताएं क्या हो और सदन के समय का सर्वोत्तम सदुपयोग किस तरह से किया जाए, इस बारे में हमने मिल-बैठकर, सोच-समझकर कोई फैसला नहीं किया है। इस संबंध में अगला बजट आने से पहले कोई ठोस निर्णय होना चाहिए।

उपाध्यक्ष महोदय! अंतर्राष्ट्रीय परिस्थिति बड़ी तेजी से बदल रही है। जैसा कि राज्यमंत्री महोदय ने कहा - ऐसा लगता है कि जैसे एक युग का अंत हो गया है। मैं सहमत हूं, उपनिवेशवाद समाप्त प्राय: है, रंगभेद दक्षिण अफ्रीका में अपना दम तोड़ रहा है, शीतयुद्ध समाप्त हो गया है। किसने कल्पना की थी कि दो गुटों में बंटा हुआ विश्व और ऐसे दो गुट, जो एटमी हथियारों के ढेर पर खड़े हुए हैं, एक-दूसरे को समाप्त करने या कम-से-कम करने के उद्‌घोषित लक्ष्य से बंधे थे - वे गुट एक दिन अतीत का विषय हो जांएगे। सैनिक गठबंधन, फिर चाहे वह नाटो हो या वार्सा पैक्ट हो, अपनी उपयोगिता खो चुके हैं। बर्लिन की दीवार ढह गई, जर्मनी का एकीकरण हो गया, नामीबिया में आजादी का झंडा फहराया गया। सोवियत संघ ने कई जगह से अपनी सेना वापिस बुला ली।

नि:संदेह युग परिवर्तन की इन घटनाओं के लिए यदि किसी एक व्यक्ति को सबसे अधिक श्रेय दिया जा सकता है, तो वह सोवियत संघ के श्री गोर्बाचोव हैं। वे इतिहास पुरुष हैं। बड़े साहस के साथ उन्होंने फैसले लिए। अमेरिका ने भी उसमें योगदान दिया है। दोनों महाशक्तियों की समझ में यह आ गया है कि एटमी हथियारों की लड़ाई नहीं लड़ी जानी चाहिए, क्योंकि

यह लड़ाई जीती नहीं जा सकती। इस अनुभूति के कारण जो सिलसिला शुरू हुआ, उसे मैं युग परिवर्तन की घटना कह रहा हूं, लेकिन मैं विदेश राज्यमंत्री की इस बात से सहमत नहीं हूं कि सहयोग का दूसरा युग शुरू हो गया है। अभी सहयोग का युग शुरू होना बाकी है। एक युग मर गया। दूसरा युग अभी शुरू नहीं हुआ है। हम दोनों युगों के संधिकाल में खड़े हैं। यह संक्रमण काल है।

जहां विश्व की इन घटनाओं से हमें आनंद हो रहा है, वहीं इन परिवर्तनों के कारण मन में चिंता भी पैदा हो रही है, नई चुनौतियां हमारे सामने आ रही हैं। अमेरिका 'न्यू वर्ल्ड' की बात कर रहा है। हम भी चाहते हैं कि संसार की पुनर्रचना हो, नई अर्थव्यवस्था आए, लेकिन वांशिगटन से जो संकेत मिल रहे हैं, उनसे लगता है कि क्योंकि अमेरिका एक अकेला सुपर पावर रह गया है, वह अपनी इच्छा से विश्व की रचना करना चाहेगा। मैं देख रहा हूं कि हमारे सामने एक सुपर-एलायंस उभर रहा है, केवल सुपर पावर ही नहीं, बल्कि सुपर-एलायंस और दुर्भाग्य से, आंतरिक स्थितियों के कारण वित्तीय संकट के परिणाम स्वरूप सोवियत संघ में एक छोटा भागीदार, जूनियर पार्टनर बन रहा है।

यह सुपर-एलायंस है - 'यूरो-अमेरिका एलायंस', जिसके साथ वर्ल्ड बैंक है, आई.एम.एफ है और बहुराष्ट्रीय कंपनियां हैं।

जहां दुनिया को एक सांचे में ढालने की कोशिश की जाए, वहां दुनिया के छोटे-मोटे देशों को, दुर्बल देशों को अपनी प्रतिभा के अनुसार, अपनी प्रकृति के अनुसार, अपनी संस्कृति के अनुसार अपना विकास करने का अधिकार होगा या नहीं होगा, अवसर होगा या नहीं होगा। मेरी चिंता तो तब और बढ़ती जाती है, जब मैं वाशिंगटन से सुनता हूं कि वह मोरल फोर्स के रूप में सारे संसार को अपने हिसाब से चलाने की बात कर रहा है। छोटे-छोटे देश, विशेषकर तृतीय विश्व के देश इस परिस्थिति का सामना कैसे करेंगे?

उपाध्यक्ष महोदय! भारत एक लोकतंत्रवादी देश है। हमने 1975-76 के थोड़े-से कालखंड को छोड़कर, अपने देश में लोकतंत्र की पताका फहराई है। पश्चिम के देश भी लोकतंत्रवादी होने का दावा करते हैं, लेकिन भारत का उनके साथ कैसा व्यवहार रहा है? जब भारत के लोकतंत्र में और पड़ोसी देश में पनपने वाली तानाशाही में, उन्हें चुनाव करने का अवसर आया, तो उनका झुकाव हमारे पड़ोसी देश की ओर रहा है, भारत की ओर नहीं। उन्होंने हमें

माननीय पूर्व प्रधानमंत्री
श्री अटल बिहारी वाजपेयी

प्रधानमंत्री श्री अटल बिहारी वाजपेयी की कुछ चुनिंदा फोटो

युवक रूप में अटल जी

कॉलेज सहपाठियों के साथ बैठे हुए नीचे, मध्य में अटल जी।↓

संपादक के रूप में अटल जी ↓

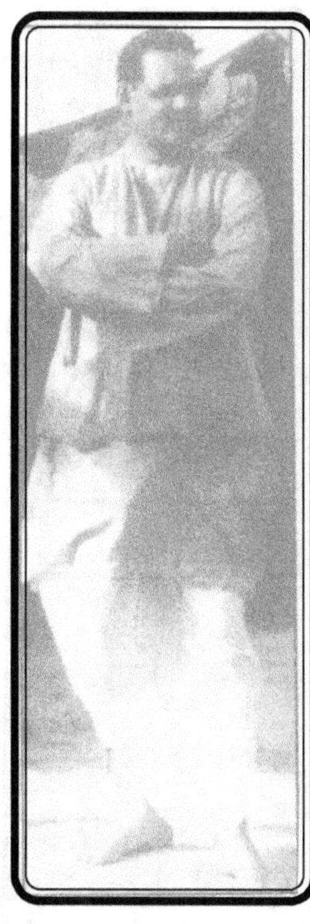

अपने बड़े भाई प्रेम वाजपेयी, श्री सदाबिहारी वाजपेयी और दोनों भाभियों के साथ अटल जी

स्व. प्रधानमंत्री श्रीमती इंदिरा गांधी के साथ अटल जी

राजनीति बना संकल्प, संकल्प के धनी का

अटल जी के राजनीतिक सहयोगी श्री बलराज मधोक एवं श्री भैरो सिंह शेखावत

↑

अटल जी के कविता संग्रह 'मेरी इक्यावन कविताएं' का विमोचन करते श्री नरसिम्हा राव, उनके दाईं ओर खड़े अटल जी।

तत्कालीन राष्ट्रपति श्री के.आर. नारायणन अटल जी को प्रधानमंत्री पद और गोपनीयता की शपथ दिलाते हुए।

→

अभिनेत्री ऐश्वर्या राय बच्चन के साथ अटल जी

प्रेस कॉन्फ्रेंस के दौरान पत्रकारों को सम्बोधित करते अटल जी

प्रखर राजनेता अटल बिहारी वाजपेयी

एक प्रखर वक्ता के रूप में अटल जी।

बी.जे.पी. के युवा नेता वरुण गांधी के साथ अटल जी।

नई दिल्ली में नेताजी सुभाषचंद्र बोस की जयंती पर अटल जी।

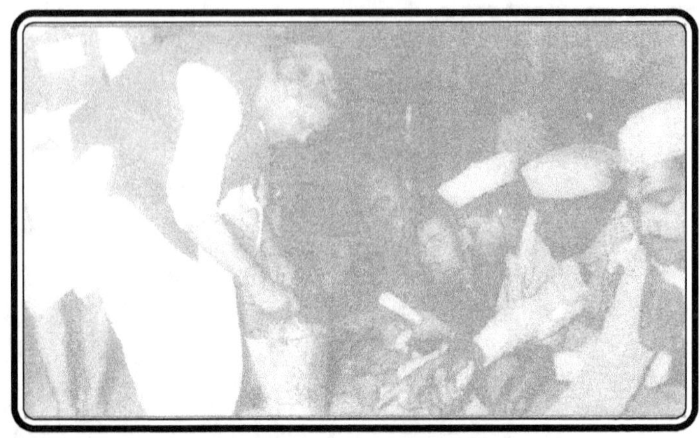

1973 में कानपुर अधिवेशन में अध्यक्ष होते हुए भी कार्यकर्ताओं को भोजन परोसते हुए

चुनाव प्रचार के दौरान बी.जे.पी. नेता लालकृष्ण आडवाणी के साथ

नेता लालकृष्ण आडवाणी, वर्तमान प्रधानमंत्री मनमोहनसिंह व अब्दुल कलाम के साथ अटल जी

प्रखर राजनेता अटल बिहारी वाजपेयी

तेल की मूल्य वृद्धि के विरुद्ध बैलगाड़ी पर बैठकर प्रदर्शन करते अटल जी

विश्राम के क्षणों में कवि हृदय अटल

अटल जी के चेहरे की विभिन्न मुद्राओं को दर्शाती यह तस्वीर

राजनीतिकि मुद्दो पर लाल कृष्ण आडवाणी से चर्चा करते हुए

वर्तमान प्रधानमंत्री मनमोहन सिंह को
जीत की बधाई देते अटल जी

छोटी बच्ची से राखी बंधवाते
अटल जी

सफल प्रधानमंत्री व प्रसिद्ध कवि
अटल बिहारी वाजपेयी

प्रखर राजनेता अटल बिहारी वाजपेयी

आर्थिक सहायता दी है, लेकिन पड़ोसी देशों को हथियार दिए हैं। पाकिस्तान एटमी शक्ति बन गया है, जबकि हमारे ऊपर नॉनप्रालिफरेशन ट्रीटी पर दस्तखत करने का दबाव बनाया जा रहा है। हम मिसाइल विज्ञान का विस्तार करने के लिए स्वतंत्र नहीं हैं। अमेरिका की नीति में परिवर्तन हो, प्रसन्नता की बात होगी, मुझे प्रसन्नता होगी, लेकिन मुझे कभी-कभी चिंता होती है।

स्वतंत्रता के बाद भारत ने गुटनिरपेक्षता की नीति पर चलने का फैसला किया है। यह फैसला एक सही फैसला था। मुझे खेद है कि राष्ट्रपति के अभिभाषण पर धन्यवाद देते हुए प्रधानमंत्री ने कहा कि भारतीय जनता पार्टी और कांग्रेस के बीच में कोई मिलन भूमि नहीं है, मीटिंग-ग्राउंड नहीं है, क्योंकि भारतीय जनता पार्टी गुटनिरपेक्षता की प्रासंगिकता पर, रेलेवेंस पर प्रश्नचिह्न लगा रही है।

मैं स्वयं विदेशमंत्री रह चुका हूं। 1977 में जब जनता पार्टी की सरकार बनी तो हमने कहा था कि नॉनएलाइनमेंट होना चाहिए, लेकिन जेन्युइन होना चाहिए और उस नीति का ईमानदारी से अवलंबन किया गया। गुटनिरपेक्षता हमारी स्वतंत्रता का, अंतर्राष्ट्रीय क्षेत्र में विस्तार था। स्वतंत्रता के शुभ प्रभात में भारत किसी महाशक्ति का पिछलग्गू होने का पाप नहीं कर सकता था। मुझे याद है पंडित जवाहर लाल नेहरू, जो हमारी विदेश नीति के शिल्पी थे, वे इस सदन में मौजूद थे, जब मैंने कहा था कि कांग्रेस की जगह कोई और पार्टी होती और पंडित जी की जगह कोई ओर विदेश मंत्री होता तो वे भी स्वतंत्रता के बाद इस नीति का अवलंबन करता कि हम किसी सैनिक गुट से नही मिलेंगे। यह भी कि गुण-दोष के आधार पर अंतर्राष्ट्रीय समस्याओं का फैसला करेंगे।''

खाड़ी देशों की स्थिति को स्पष्ट करते हुए अटल जी ने आगे कहा –

''खाड़ी के बारे में भी ऐसा ही हुआ है। अमेरिका आएगा कि नहीं आएगा? मुझे याद है कि हमारी जानकारी कितनी कम थी कि जब राष्ट्रपति सद्दाम ने मोर्चा लिया, तो लोग कहते थे कि इराक तो अमेरिका के लिए नया वियतनाम होने वाला है, न हमने वियतनाम को समझा, न हमने इराक को पहचाना और अमेरिका की शक्ति को भी हमने कम करके आंका जिसने पहली बार महायुद्ध के पश्चात् एक गठबंधन तैयार कर दिया, 27 देशों का गठबंधन, उसमें गुटनिरपेक्ष देश भी थे। अत: गुटनिरपेक्ष आंदोलन के बारे में चिंता होती है। भारत एक संस्थापक सदस्य है। यूगोस्लाविया का क्या हाल है? यूगोस्लाविया बिखर रहा है। वह कोई

समर्थ भूमिका निभाने की स्थिति में नहीं है। इजिप्ट चाहता है कि गुटनिरपेक्ष कमेटी बनाने का फैसला हो। उधर इंडोनेशिया रूचि नहीं ले रहा है। मुझे लगता है कि गुट-निरपेक्ष देश और तृतीय विश्व के अन्य देश, इन सबको साथ लेकर आगे बढ़ना होगा, कोई तीसरा ब्लॉक बनाने की दृष्टि से नहीं।

अध्यक्ष महोदय! आपको याद होगा कि जब नेहरू जी ने गुटनिरपेक्षता की बात की थी तो उन्होंने यह भी कहा था कि भारत कोई तीसरा ब्लॉक नहीं बनाना चाहता। यहां तक कि भारत सेक्रेट्रीएट के लिए भी तैयार नहीं हुआ। नेहरू जी ने कहा कि मैं गुटनिरपेक्ष संगठन को इंस्टीट्यूशनलाइज नहीं करना चाहता, हमें विचार में और कार्य में स्वतंत्रता चाहिए, लेकिन धीरे-धीरे जिस तरह से गुटनिरपेक्ष देश एक आंदोलन में बंध गए, उसमें कठिनाइयां आईं।

आज एक नई पहल की जरूरत है। हम चाहते हैं कि संसार सहयोग के आधार पर कायम हो, लेकिन इस दुनिया में विविधता भी है। हर देश अपने भाग्य का आप फैसला करे। एक ही ढांचा, ग्लोबल मार्केट और बात का न होना है इसके साथ इंटिग्रेट। क्या संसार में, एक-सी दुकानें होंगी? यह विश्वबंधुत्व की कल्पना नहीं - क्षमा करिए। अलग-अलग रास्तों पर चलकर हर देश अपने व्यस्तित्व को सार्थक करे। हम तो चाहते हैं कि विश्व की विविधता रहे, क्यूलरिज्म रहे, साम्यवाद की पराजय हो गई, क्योंकि वह विचार के जगत से उतरकर एकवार के बंधन मे बंध गया और उस बंधन ने जीवन के हर क्षेत्र को अपनी मुट्ठी में जकड़ने की कोशिश की। स्वतंत्रता तिरोहित हो गई। यह लोकतंत्र की अपनी शक्ति है, उसकी ऊर्जा है कि वह अपने को बदलता रहता है। अगर डिक्टेटर शिप ऑफ प्रोलेटेरियर के नाम पर रूस में तानाशाही नहीं आती, तो जिस जीवन-दर्शन के बल पर रूस एक महाशक्ति के रूप में उभरा, वह तो सारी दुनिया को चमत्कृत करने को काफी था, लेकिन जिस तरह से उभरा, उसी तरह से बिखर रहा है...।''

25 जनवरी, 1992 को देश की राजनीति में महत्त्वपूर्ण योगदान देने व अनेक उपलब्धियों को हासिल करने के कारण अटल जी को पद्मविभूषण से सम्मानित किया गया।

बलिदानों की बेला आई

जो बरसों तक लड़े जेल में, उनकी याद करें,
जो फांसी पर चढ़े खेल में, उनकी याद करें।
याद करें काला पानी को, अंग्रेजों की मनमानी को,
कोल्हू में जुट तेल पेरते, सावरकर से बलिदानी को,
याद करें बहरे शासन को, बम से थर्राते आसन को,
भगत सिंह, सुखदेव, राजगुरु के आत्मोत्सर्ग पावन को
अन्यायी से लड़ें दया की मत फरियाद करें।
उनकी याद करें।
याद करें हम पुर्तगाल को, जुल्म-सितम के तीस साल को,
फौजी बूटों तले क्रांति की सुलगी चिनगारी विशाल को।
याद करें सालाज़ारों को, ज़ारों के अत्याचारों को,
साइबेरिया के निर्वासित शिविरों के हाहाकारों को,
स्वतंत्रता के नए समर का शंख विनाद करें।
उनकी याद करें।
बलिदानों की बेला आई, लोकतंत्र दे रहा दुहाई
स्वाभिमान से वही जिएगा, जिससे कीमत गई चुकाई।
मुक्ति मांगती शक्ति संगठित, युक्ति सुसंगत, भक्ति अकम्पित,
कृति तेजस्वी, धृति हिमगिरि-सी मुक्ति मांगती गति अप्रतिहत।
अंतिम विजय सुनिश्चित, पथ में क्यों अवसाद भरें?
उनकी याद करें।

यह बलिदानों की ही बेला थी। डॉ. श्याम प्रसाद मुखर्जी से लेकर राजीव गांधी तक बलिदानों की एक अनवरत शृंखला और अब गत दिनों रामभक्त निर्दोष कार सेवकों का बलिदान।

लखनऊ से प्रथम निर्वाचन

बलिदानों की इस बेला में अटल जी ने लखनऊ और विदिशा (म.प्र.) दो स्थानों से लोकसभा का चुनाव लड़ा और दोनों स्थानों पर विजय हासिल की। दसवीं लोकसभा में भारतीय जनता पार्टी को 119 सीटें प्राप्त हुईं और लोकसभा में वह प्रमुख विपक्षी दल के रूप में प्रतिष्ठित हुई। इस संदर्भ में स्वयं अटल जी के विचार पाठकों को अधिक रुचिकर लगेंगे :

‘‘लोकसभा में दसवें आम चुनाव के बाद सदन की जो स्थिति बनी उसमें भारतीय जनता पार्टी 119 स्थान प्राप्त करके मुख्य स्थान प्राप्त करके मुख्य विरोधी दल के रूप में प्रतिष्ठित हुई। 227 स्थान प्राप्त कर कांग्रेस सबसे बड़े दल के रूप में उभरी। राष्ट्रपति वेंकटरमण ने जब कांग्रेस संसदीय दल के नेता श्री नरसिंह राव को सरकार बनाने के लिए बुलाया, तो सदन में कांग्रेस का बहुमत नहीं था। ऐसी स्थिति में कांग्रेस को सरकार बनाने के लिए कहने से पहले भारतीय जनता पार्टी से भी विचार-विनिमय करना चाहिए था, किंतु शायद राष्ट्रपति पिछले डेढ़ साल की राजनीतिक अस्थिरता से इतने खिन्न हो गए थे कि उन्होंने किसी अन्य दल से परामर्श करने की आवश्यकता नहीं समझी।

वस्तुत: 1990-91 का कालखंड भारतीय राजनीति के इतिहास में राजनीतिक अस्थिरता के कालखंड के रूप में याद किया जाएगा। आम चुनाव में कांग्रेस की पराजय हुई, किंतु राष्ट्रीय मोर्चा को, जिसमें जनता दल शामिल था, स्पष्ट बहुमत नहीं मिला। भारतीय जनता पार्टी और कम्युनिस्टों ने सरकार में शामिल न होते हुए उसे बाहर से समर्थन देना तय किया। इसके बल पर श्री विश्वनाथ प्रताप सिंह को राष्ट्रपति ने सरकार बनाने के लिए निमंत्रित किया। यदि 1984 में कांग्रेस को इंदिरा लहर ने भारी बहुमत दिया था, तो 1990 के चुनाव में भ्रष्टाचार-विरोधी लहर ने, जिसका प्रतीक बोफोर्स था, कांग्रेस को धाराशायी कर दिया।

गैर-कांग्रेसी दलों ने चुनाव में यह वादा किया था कि वे 1979 के इतिहास की पुनरावृत्ति नहीं करेंगे और मिलकर चलेंगे। लोगों ने इसी भरोसे वोट भी दिए, किंतु राष्ट्रीय मोर्चा, विशेषत: जनता दल अपनी एकता बनाए नहीं रख सका। पहले दिन ही आपस में जो अविश्वास पैदा हो गया, वह अंत में सरकार ही ले डूबा। 1979 का कलंकपूर्ण इतिहास, आश्वासनों के

बावजूद, दोहराया गया। कांग्रेस ने श्री चन्द्रशेखर के नेतृत्व में जनता दल से अलग हुए गुट को समर्थन देकर केन्द्र में गैर-कांग्रेसी सरकार के दूसरे ऐतिहासिक प्रयोग पर पानी फेर दिया, किंतु इसके लिए कांग्रेस से अधिक गैर-कांग्रेसी नेता दोषी थे।

1979 की तरह इस बार भी किसी सैद्धांतिक प्रश्न या नीतिगत मामले को लेकर जनता दल में फूट नहीं पड़ी। सत्ता के अमर्यादित लोभ ने पार्टी में फूट डाल दी। मण्डल आयोग की सिफारिशों को तो केवल फूट को वैचारिक जामा पहनाने और विरोधियों को मात देने के लिए शस्त्र के रूप में प्रयुक्त किया गया। यह कार्य भी इतनी जल्दबाजी में और इतने फूहड़ ढंग से हुआ कि सरकार के समर्थक दलों को न तो पूरी तरह विश्वास में लिया गया और न देश के भीतर, विशेषकर नौजवानों में अनुकूल राय बनाने का प्रयत्न किया गया। इसके बावजूद यदि पहले दिन ही घोषणा कर दी जाती कि सामाजिक और शैक्षणिक पिछड़ेपन के साथ आर्थिक पिछड़ापन भी देखा जाएगा और सामाजिक दृष्टि से अग्रणी समझे जाने वाले वर्गों के नौजवानों को भी उनकी आर्थिक स्थिति के अनुसार नौकरियों में कुछ सुरक्षित स्थान दिए जाएंगे, तो आरक्षण-विरोधी आंदोलन उतना जोर नहीं पकड़ता।

उत्तर में पहली बार हुई आत्मदाह की घटनाओं ने पूरे समाज को दहला दिया। नौजवानों को संदेह हुआ कि पिछड़े वर्गों के लिए 27 प्रतिशत आरक्षण देने की घोषणा सामाजिक न्याय की भावना से नहीं, सत्ता कायम रखने की लालसा से प्रेरित है।

आरक्षण का मामला इतना नाजुक है कि उसे बहुत संभालकर हाथ लगाने की जरूरत है। रोज़गार के घटते हुए अवसरों और नौजवानों की बढ़ती हुई अपेक्षाओं में संतुलन कायम रखना ऊंचे दर्जे की नीतिमत्ता की मांग करता है। यह कार्य न तो जाति-द्वेष को हवा देकर पूरा किया जा सकता है और न इसे वोट की राजनीति से जोड़कर ही इसका संतोषजनक हल निकाला जाता सकता है। एक ओर पिछड़े वर्ग के नौजवानों में सामाजिक अन्याय के विरुद्ध रोष की भावना बढ़ रही है और दूसरी ओर अगड़े वर्ग के नौजवान अधीर होते जा रहे हैं। इस प्रश्न पर एक राष्ट्रीय आम सहमति के आधार पर ही कोई हल निकाला जा सकता है, किंतु गृह-कलह में फंसा जनता दल सारे मामले में ऐसा उलझकर रह गया कि उसकी सरकार भी चली गई और आरक्षण का प्रश्न भी न्यायालय में लटका रहा गया।''

राष्ट्रीय सरकार का गठन कितना व्यावहारिक

1990 के अंत में जनता की सरकार जब डगमगाने लगी थी, तब तत्कालीन राष्ट्रपति श्री आर. वेंकटरमण ने एक राष्ट्रीय सरकार के गठन की आवश्यकता पर बल दिया था ताकि समय से पूर्व होने वाले चुनाव-व्यय से बचा जा सके। इसका स्वागत करते हुए अटल जी ने ये विचार व्यक्त किए थे :

''राष्ट्रीय सरकार के गठन के सुझाव का मैंने सार्वजनिक रूप से स्वागत किया था। बाद में भारतीय जनता पार्टी ने भी उससे सहमति जताई, किंतु बात आगे नहीं बढ़ी, क्योंकि अन्य दल इसके लिए तैयार नहीं हुए। इस बार मुख्य बाधा कम्युनिस्टों और भाजपाइयों को साथ बैठाने की नहीं थी। वह अध्याय तो नवम्बर, 1990 में ही समाप्त हो गया था। श्री मधु लिमये का यह तर्क भी काम नहीं आया था कि अगर पोलैंड में 'सोलिडेरिटी' नामक संगठन, जिसे एक दृष्टि से रोमन कैथोलिक चर्च का विस्तार ही माना जाता है, कम्युनिस्टों के साथ सरकार बना सकता है, तो भारत में भाजपा और कम्युनिस्ट, एक न्यूनतम कार्यक्रम के आधार पर काम क्यों नहीं कर सकते? इस बार अन्य बाधाएं थीं। जनता दल का कांग्रेस-विरोधी रुख और तीखा हो गया था। इस स्थिति में क्या राष्ट्रीय सरकार का गठन व्यवहारिक होगा? युद्ध की स्थिति में राष्ट्रीय सरकार की आवश्यकता समझ में आ सकती है, किंतु शांतिकाल में उसका गठन कहां तक उचित होगा? फिर अगले चुनाव में क्या होगा? क्या सरकार में शामिल दल मिलकर चुनाव लड़ेंगे? यदि नहीं, तो क्या अलग-अलग चुनाव लड़ने की तैयारी सरकार में साथ रहते हुए ही शुरू नहीं हो जाएगी? मिली-जुली सरकार का प्रयोग न 1977-79 में सफल हुआ, न 1990 में। एक राष्ट्रीय सरकार उनसे किस रूप में भिन्न होगी?

एक प्रश्न, जिस पर उस समय भी दबे स्वरों में चर्चा हुई थी और जिसको लेकर आज भी काफी गलतफहमी फैली हुई है, वह यह है कि राष्ट्रपति श्री वेंकटरमण स्वयं प्रधानमंत्री बनना चाहते थे और राष्ट्रीय सरकार के गठन की सारी कवायद इसी दृष्टि से की गई थी।

भारतीय जनता पार्टी के संसदीय दल के नेता के नाते मैं उन दिनों इस मामले पर हुई सभी चर्चाओं में शामिल था। श्री वेंकटरमण के साथ हुई अपनी वार्ताओं के आधार पर मैं दृढ़तापूर्वक यह कह सकता हूं कि राष्ट्रीय सरकार

के गठन का सुझाव रखते समय, स्वयं उनका प्रधानमंत्री बनने का विचार उनके मन को छू तक नहीं गया था। सत्य तो यह है कि चर्चा के दौरान यदि कभी यह कहा गया कि ऐसी सरकार का नेतृत्व करने के लिए आपसे अधिक उपयुक्त व्यक्ति और कौन हो सकता है, तो उन्होंने उसे तत्काल अस्वीकार कर दिया। उनका कहना था कि राष्ट्रपति के सर्वोच्च पद पर बैठे हुए व्यक्ति को इस प्रकार के विचार को पास तक नहीं फटकने देना चाहिए। जब कभी नेतृत्व का प्रश्न आया और सत्य तो यह है कि राष्ट्रीय सरकार के गठन का सुझाव इस ठोस स्थिति तक कभी पहुंचा ही नहीं, श्री वेंकटरमण ने डॉ. शंकर दयाल शर्मा का नामोल्लेख किया। इस मामले को लेकर, जिन्होंने श्री वेंकटरमण पर महत्त्वाकांक्षी होने का अरोप लगाया है, उन्होंने पूर्व राष्ट्रपति के साथ बड़ा अन्याय किया है। उन्हें या तो तथ्यों की जानकारी नहीं है या वे किसी पूर्वाग्रह से पीड़ित हैं। यदि वेंकटरमण चाहते तो एक और टर्म के लिए राष्ट्रपति चुने जा सकते थे, किंतु वे स्वेच्छा से, मुस्कारते हुए जिस तरह राष्ट्रपति भवन का ताम-झाम छोड़कर चले गए वह दूसरों के लिए उदाहरण है।

1990 और 1991 की तरह मैं आज भी इस मत का हूं कि इस विशाल देश को सुदृढ़ और समृद्ध बनाने के लिए राष्ट्रीय समस्याओं पर एक आम राय बनाना जरूरी है। कोई एक दल या दलसमूह केवल शासन और प्रशासन के भरोसे न तो देश को एक रख सकता है और न विकास के तकाजों को ही पूरा कर सकता है। भले ही सरकार संयुक्त न हो, किंतु राष्ट्रीय मानस तो विभक्त नहीं होना चाहिए। 'संवो मनांसि जानताम्' का यही संदेश है।''

जीवंत भारतीय लोकतंत्र

अटल जी ने भारतीय लोकतंत्र को जीवंत, सबल और शक्तिशाली बताते हुए बड़े सुंदर ढंग से इसकी व्याख्या की है। हमारे पाठक उनके विचारों को अवश्य पढ़ना पसंद करेंगे :

''भारत, संसार का सबसे बड़ा लोकतंत्र है। 1975 और 76 के छोटे-से कालखंड को छोड़कर लोकतंत्र की व्यवस्था अक्षुण्ण रही है। बालिग मताधिकार, निष्पक्ष चुनाव, स्वतंत्र न्यायपालिका, बहुदलीय पद्धति तथा स्वतंत्र प्रेस हमारे लोकतंत्र के आधार हैं। लोग चुनाव के माध्यम से सरकार बदलते हैं। 1977 में तो लोगों ने श्रीमति इंदिरा गांधी जैसी शक्तिशाली प्रधानमंत्री को ही चुनाव में परास्त कर दिया था। 1980 में आपाताकलीन ज्यादतियों के विरुद्ध

जनरोध के ज्वार पर सत्ता के सिंहासन तक पहुंची जनता दल की सरकार को, जिसे लोकनायक जयप्रकाश नारायण का आशीर्वाद प्राप्त था, अपदस्थ कर दिया गया था। 1989 में मतदाताओं ने राजीव गांधी की सरकार को, जिसे उन्होंने 5 वर्ष पूर्व ही लोकसभा की 517 सीटों में से 415 सीटें देकर भारी-भरकम बहुमत प्रदान किया था, उसे भी हटा दिया। राज्यों में भी लोगों ने सरकारें बदली हैं और मताधिकार की निर्णायक शक्ति का प्रकटीकरण किया है।

क्या इसका अर्थ यह है कि भारतीय लोकतंत्र ऊपर से जितना जीवन्त दिखाई देता है, भीतर से भी वह उतना ही सबल और शक्तिशाली है? क्या लोकतंत्र की सभी संस्थाएं अपने दायित्व का भली-भांति पालन कर रही हैं? क्या देश में लोकतांत्रिक जीवन-मूल्यों की रक्षा हो रही हैं? क्या लोकतंत्र की जड़ें गहरी जम गई हैं?

इन प्रश्नों का उत्तर खोजते समय बड़ी निराशा होती है। संसद में वाद-विवाद कम, शोर-शराबा ज्यादा होता है। चुनाव धन-शक्ति और गुण्डा-शक्ति के, बड़े पैमाने पर, प्रयोग करने के कारण दूषित हो गए हैं। दलीय पद्धति दल-बदल की अनैतिक प्रवृत्ति के कारण क्षतिग्रस्त होती है। न्यायपालिका की निष्पक्षता पर अंगुलियां उठने लगी हैं। चुनाव आयोग आरोप-प्रत्यारोपों के घेरे में आ गया है। राजनीति का अपराधीकरण हो रहा है। लोकतंत्र का बाहरी ढांचा बरकरार है, किंतु उसे भीतर-ही-भीतर घुन खाए जा रहा है।

लोकतंत्र 51 बनाम 49 का खेल नहीं है। हमारी चुनाव पद्धति तो ऐसी है, जिसमें विजयी पार्टी और विजयी उम्मीदवार के लिए 51 फीसदी वोट प्राप्त करना भी आवश्यक नहीं है। वेस्ट मिनिस्टर पद्धति में अल्पमतों के बल पर बहुमत प्राप्त करने का दोष तो पहले ही विद्यमान है, दलों की बहुलता, और उससे भी बढ़कर चुनाव में उम्मीदवारों की अत्याधिकता के कारण वोटों का भारी विभाजन विचित्र स्थिति को जन्म दे रहा है। 30-35 फीसदी वोटों के बल पर पार्टियां सरकार बना रही हैं और उससे भी कम वोट लेकर लोकसभा और विधानसभा में सांसद, विधायक चुने जा रहे हैं। यह पद्धति बुनियादी तौर पर दोषपूर्ण हैं।

भारत में वेस्ट मिनिस्टर प्रणाली के अनुसार प्रतिपक्ष के नेता का विशेष दर्जा दिया जाता है, उसे मंत्रिपरिषद के सदस्यों के समकक्ष वेतन-भत्ते और सुविधाएं दी जाती हैं। ब्रिटेन की परम्परा का पालन करते हुए भारत भी लोक

लेखा समिति के अध्यक्ष का पद प्रतिपक्ष को जाता है। यहां तक कि उपाध्यक्ष का पद भी प्रतिपक्ष को देने की परम्परा का, जैसे-तैसे ही सही, पालन किया जा रहा है, किंतु, इन व्यवस्थाओं और परम्पराओं के मूल में प्रतिपक्ष का समादर करने की जो भावना निहित है, वह देश में अभाव के रूप में ही दिखाई देती है। समादर तो दूर रहा, यहां प्रतिपक्ष के प्रति सहिष्णुता दिखाने की भी मानसिकता नहीं है। प्रतिपक्ष को शत्रुपक्ष समझा जाता है। न केवल समझा जाता है, बल्कि इस आशय की सार्वजनिक घोषणाएं भी की जाती हैं। बढ़ती हुई असहिष्णुता लोकतांत्रिक व्यवस्था के लिए गंभीर खतरा है।

वेस्टर मिनिस्टर पद्धति के परिणामस्वरूप भारतीय समाज में पहले से ही विद्यमान अनेक भेद और अधिक तीव्र हो उठे हैं। जाति-उपजाति, उपासना पद्धति, भाषा और रहन-सहन के आधार पर बंटा हुआ समाज और भी बिखर रहा है। साम्प्रदायिकता खुलकर खेल रही है। जातिवाद का ज़हर जन-जीवन को जीर्ण कर रहा है। संयोजक तत्त्व विभाजक तत्त्वों में बदल रहे हैं। राजनीति सत्ता का खेल मात्र बनकर रह गई है। येन-केन-प्रकारेण सत्ता हथियाना और हथियाने के बाद जैसे भी हो उसे बनाए रखना, यही राजनीति का चरम लक्ष्य रह गया है। सत्ता के लोभ से प्रेरित होकर राजनीतिक दल विघटन को बढ़ावा देने में भी संकोच नहीं करते, यहां तक कि राष्ट्र-विरोधी तत्त्वों से भी सांठ-गांठ करने से बाज नहीं आते।

लोकतंत्र की सफलता के लिए दलीय पद्धति का सुदृढ़ होना बहुत आवश्यक है। भारत जैसे विशाल और विविधतापूर्ण देश में ब्रिटेन की तरह द्विदलीय पद्धति तो व्यावहारिक नहीं जान पड़ती, किंतु यह जरूरी है कि जो भी दल हों वे नीतियों और कार्यक्रमों पर आधारित हों, लोकतांत्रिक तरीकों से चलें, उनमें नियमित रूप से सदस्यता हो, अनिवार्यत: संगठनात्मक चुनाव हों और वे अपने सुनिश्चित घोषणापत्र के आधार पर मतदाताओं के समक्ष जाकर उनका समर्थन प्राप्त करें। ऐतिहासिक कारणों से कांग्रेस का स्वरूप एक राजनीतिक मंच का अधिक और एक राजनीतिक दल का कम रहा है। साम्यवादियों से लेकर सम्प्रदायवादियों तक ने कांग्रेस की छत्रछाया में बैठकर राजनीति की है। वह समय के अनुसार जितनी बदली है, उतनी ही पूर्ववत् रही है। समाजवादी समाज की रचना से लेकर उन्मुक्त अर्थव्यवथा की नई मंजिल तक पहुंचने में उसे भले ही 60 साल का समय लगा हो, किंतु, वैचारिक दृष्टि से उसने यह यात्रा बड़ी सरलता से पूरी कर ली है।

उसका लचीलापन उसके लिए गुण हो सकता है, किंतु अन्य दलों के लिए वह बड़ी कठिनाई का कारण बना है। व्यवहारवाद और अवसरवाद के बीच में विभाजक रेखा बड़ी बारीक है।

'जैसी बहे बयार, पीठ तब तैसी दीजै' – आराम से ज़िंदगी जीने का कारगर नुस्खा हो सकता है, किंतु उससे नवस्वाधीन राष्ट्र को नवनिर्माण के लिए कठोर परिश्रम करने की ओर प्रेरित नहीं किया जा सकता। उसके लिए कुछ जीवन-मूल्यों में गहरी प्रतिबद्धता आवश्यक है।''

'कमल' के संरक्षक को पद्म विभूषण

जिस 'कमल' चिह्न की नींव से अटल जी ने भाजपा का प्रवर्तन किया था, उसी नामधारी अलंकरण 'पद्म विभूषण' से, उनकी राजनीतिक उपलब्धियों के लिए 25 जनवरी, 1992 को उन्हें सम्मानित किया गया। इतनी ऊंचाई पाकर भी उन्होंने उच्चता को पास तक नहीं फटकने दिया। उनकी कविता ''ऊंचाई'' में उन्होंने इस बात की भावपूर्ण अभिव्यक्ति की है। यह भावना केवल अटल जी ही अभिव्यक्त कर सकते हैं।

सर्वश्रेष्ठ सांसद

जनता जनार्दन के प्रेम को अटल जी अपने लिए सबसे बड़ा पुरस्कार मानते हैं। वैसे, उ.प्र. हिन्दी संस्थान ने 28 सितम्बर 1992 को उन्हें 'हिन्दी गौरव' सम्मान प्रदान किया। 1 अगस्त, 1994 को लोकमान्य तिलक स्मारक ट्रस्ट (पुणे) ने उन्हें 'लोकमान्य तिलक सम्मान' से अलंकृत किया। 17 अगस्त, 1994 को उन्हें देश के सर्वश्रेष्ठ सांसद के रूप में सम्मानित किया गया।

लेखक और कवि के रूप में अटल जी

राजपथ पर भीड़, जनपथ पड़ा सूना,
पलटनों का मार्च, होता शोर दूना।
शोर से डूबे हुए स्वाधीनता के स्वर,
रुद्ध वाणी, लेखनी जड़, कसमसाता डर।
भयातंकित भीड़, जन अधिकार वंचित,
बन्द न्याय कपाट, सत्ता अमर्यादित।
लोक का क्षय, व्यक्ति का जयकार होता,
स्वतंत्रता का स्वप्न रावी तीर रोता।
रक्त के आंसू बहाने को विवश गणतंत्र,
राजमद ने रौंद डाले मुक्ति के शुभ मंत्र।
क्या इसी दिन के लिए पूर्वज हुए बलिदान?
पीढ़ियां जूझीं, सदियों चला अग्नि-स्नान?
स्वतंत्रता के दूसरे संघर्ष का घननाद,
होलिका आपात् की फिर मांगती प्रहलाद।
अमर है गणतंत्र, कारा के खुलेंगे द्वार,
पुत्र अमृत के, न विष से मान सकते हार।

अटल जी ने आपातकाल के दौरान, 1975 में 'अमर है गणतंत्र' नाम से उपर्युक्त कविता की रचना की थी। कवि के रूप में उनकी पहली कविता 1939 में – 'कवित आज सुना वह गान रे' – शीर्षक से ग्वालियर के विक्टोरिया कॉलेजियट हाई स्कूल की कॉलेज पत्रिका में प्रकाशित हुई थी। (पाठक यह कविता पृष्ठ 19 पर पढ़ें।) जब वे कक्षा नौ के छात्र थे। लेखक के रूप में उनके ज्वलंत और तथ्यपरक् विचार सबसे पहले लखनऊ से प्रकाशित मासिक 'राष्ट्रधर्म' के माध्यम से, फिर साप्ताहिक 'पांचजन्य' द्वारा

तदुपरांत 'दैनिक स्वदेश' और 'वीर अर्जुन' द्वारा हमें मिलते रहे हैं। स्वतंत्रता संग्राम से लेकर आज तक के उनके भाषण, उनके विचार, उनके व्याख्यान भी उनके लेखक और कवि मस्तिष्क की उपज हैं, जो ऐतिहासिक दस्तावेज़ के रूप में हमारी थाती हैं।

संसद में तीन दशक

3 मार्च, 1993 को, 'संसद में तीन दशक' नाम से अटल जी के भाषणों के तीन खंडों का विमोचन हुआ। इनमें अटल जी के गत् 40 वर्षों के राजनीतिक जीवन और लोकसभा तथा राज्यसभा में उन्होंने जिन समस्याओं को उठाया, वे विचार दर्ज हैं। लोकसभा के तत्कालीन अध्यक्ष शिवराज पाटिल ने नई दिल्ली में इनका विमोचन करते हुए कहा कि 'जब वे छात्र थे, अटल जी का भाषण सुनने कक्षा छोड़कर आया करते थे। वे उच्च कोटि के वक्ता के साथ-साथ अनुशासित, अध्ययनशील तथा मर्यादावान आदर्श सांसद भी हैं। उनकी भाषा में गंगा जैसी निर्मलता है।' इस अवसर पर समारोह में मौजूद सर्वश्री चन्द्रशेखर, लालकृष्ण आडवाणी, रविराय और विद्यालय शुक्ल आदि ने भी अटल जी के राजनीतिक जीवन से जुड़े अनेक रोमांचक संस्मरण सुनाए। इनका सम्पादन अटल जी के करीबी मित्र एन.एम. घटाटे ने किया।

मेरी इक्यावन कविताएं

13 अक्टूबर, 1995 का दिन। स्थान – फिक्की सभागार, नई दिल्ली। अटल जी, तत्कालीन प्रधानमंत्री पी.वी. नरसिम्हा राव, डॉ. विद्यानिवास मिश्र, डॉ. चंद्रिका प्रसाद शर्मा, डॉ. शिवमंगल सिंह 'सुमन', डॉ. लक्ष्मीमल सिंघवी, आर.एस.एस. के श्री के.सी. सुदर्शन, श्री लालकृष्ण आडवाणी, डॉ. मुरली मनोहर जोशी, मदनलाल खुराना आदि विशिष्ट अतिथियों की मौजूदगी।

अवसर था, अटल जी के काव्य संग्रह 'मेरी इक्यावन कविताएं' पुस्तक के लोकार्पण का। दीप प्रज्वलित कर श्री नरसिम्हा राव ने समारोह का औपचारिक शुभारंभ किया। प्रख्यात साहित्यकार डॉ. विद्यानिवास मिश्र ने पुस्तक का लोकर्पण किया और उसकी पहली प्रति प्रधानमंत्री पी.वी. नरसिम्हा राव को भेंट की। इस अवसर पर अपने भाषण की शुरुआत करते हुए श्री राव ने कहा – ''अटल जी मेरे नए गुरु हैं..।'' तो हॉल करतल ध्वनि से गूंज उठा। तालियों का शोर थमा तो श्री राव आगे बोले :

''एक दिन पार्लियामेंट के सेंट्रल हॉल में चन्द्रशेखर जी ने अटल जी को गुरुजी कहकर सम्बोधित किया। उसी क्षण मुझे ऐसा लगा कि मेरा जीवन तो

प्रखर राजनेता अटल बिहारी वाजपेयी

यों ही बीत गया। मैंने किसी को अपना गुरु नहीं बनाया। कहा जाता है कि गुरु के बिना शिक्षा पूरी नहीं होती इसलिए तभी से मैंने भी अटल जी को अपना गुरु बना लिया। इस तरह मैंने निगुरा होने के कलंक को धो लिया।

मैं पिछले बीस वर्षों से अटल जी के बेहद करीब रहा हूं, इंचों करीब नहीं, गज़ों करीब। मैंने अटल जी को सदैव अपना समानधर्मा पाया है। उनके व्यक्तित्व में कुछ ऐसा है, जो हमें बांधता है, दूर नहीं जाने देता इसलिए मैं अटल जी को सुनते ही रहना चाहता हूं। कभी-कभी संसद में वे ऐसी जली-कटी सुनाते हैं कि हम तिलमिला जाते हैं। मगर उनका सौहार्द छुपाए नहीं छुपता। उनका भाषण रौद्र होते हुए भी शांत रस का आभास देता है, क्योंकि उनके दिल में कठोरता नहीं है। अपनी संवेदनशीलता के कारण हमारे पक्ष के सदस्यों को भी अटल जी बहुत पसंद हैं इसलिए हम लोगों के लिए वे विपक्ष के सबसे अच्छे नेता हैं। उनकी कविता की एक पंक्ति 'इतना काफी है/ अंतिम दस्तक पर/खुद दरवाजा खोलूं' मुझे रुला देती हैं।''

इस अवसर पर डॉ. शिवमंगल सिंह 'सुमन' भी बोले। वे डी.ए.वी कॉलेज, कानपुर में हिन्दी के प्राध्यापक थे, तब अटल जी भी छात्र के रूप में वहां अध्ययनरत थे और उनका बड़ा आदर करते थे। श्री 'सुमन' ने अटल जी को ऐसा संवेदनशील कवि बताया जो संघर्षशील योद्धा भी है, जो चुनौतियां भी देता है और विद्रोह भी करता है।

डॉ. विद्यानिवास मिश्र ने कहा कि अटल जी की वाणी व लेखनी दोनों पर सरस्वती विराजी हैं। इस अवसर पर श्री सुदर्शन ने अटल जी की कविताओं का पाठ भी किया, जिसे श्रोताओं ने बहुत पसंद किया। डॉ. लक्ष्मीमल सिंघवी ने अटल जी की कविताओं को रसपूर्ण और संवेदनशक्ति से भरपूर बताया।

अटल जी की पुस्तक 'मेरी इक्यावन कविताएं' का संकलन व सम्पादन अवध विश्वविद्यालय, लखनऊ से जुड़े साहित्यकार डॉ. चंद्रिकाप्रसाद शर्मा ने किया। इससे पूर्व उनकी 41 चुनिंदा कविताएं 'अमर आग है' नाम से आचार्य विष्णुकांत शास्त्री के संपादन में श्री बड़ा बाजार कुमार सभा पुस्तकालय, कोलकाता से प्रकाशित हुईं। 'जंग न होने देंगे' शीर्षक से उनकी कविताओं की एक कैसेट भी बनी है।

इस विमोचन समारोह के अंत में श्री अटल बिहारी वाजपेयी ने आभार व्यक्त करते हुए कहा :

''मुझे आभार प्रदर्शन करने के लिए कहा गया है। मैं क्या कहूं? मैंने कभी नहीं सोचा था कि मेरी कविताओं की संख्या इक्यावन पहुंच जाएगी। लंदन में

श्री सिंघवी जी ने अपने निवास पर एक काव्य-संध्या का अयोजन किया, जिसमें मुझे कवि-रूप में मान्यता मिली। मुझे याद है कि जो कविताएं मैंने पढ़ीं वे सोलह-सत्रह ही थीं। लता जी की उपस्थिति ने कार्यक्रम को सुहावना बना दिया था। आपातकाल के समय की मेरी कुण्डलियों को मेरे मित्र श्री दीनानाथ मिश्र ने संपादित करके प्रकाशित कराया, तब मैं मंत्री था। मंत्री को प्रकाशक मिल जाते हैं, औरों को तो ग्राहक भी मिलना मुश्किल हो जाता है।

मैं सोचता हूं कि मेरी इन कविताओं को कौन छापेगा? प्रो. विष्णुकांत जी ने कलकत्ता में 'एक शाम' का आयोजन किया। मैंने कविताएं पढ़ीं। उन कविताओं की संख्या 25-30 से ज्यादा नहीं थी। लखनऊ के डॉ. चन्द्रिकाप्रसाद शर्मा 51 कविताएं इकट्ठी करने में सफल हुए। मुझे लगता है, कुछ कविताएं इधर-उधर और फैली पड़ी होंगी। अपनी कविताओं को सहेजकर न रखने का दोष मेरा है। मैंने कभी ज्यादा चिंता नहीं की। अब मेरी कविताएं पुस्तक के रूप में आ गई हैं। आलोचक अपनी कसौटी पर कसेंगे। इस मंच की कही गई अधिकांश बातें मैं सुन नहीं सका। केवल भावार्थ ग्रहण किया है। मुझे डॉ. सुमन जी का आशीर्वाद मिला है। एक विद्यार्थी के रूप में मैंने उनसे प्रेरणा पाई। कवि-सम्मेलनों में भी उनके साथ रहा। मेरी 'अमर आग' कविता उन्हीं की प्रेरणा से लिखी गई। यदि छात्र के रूप में मुझसे कभी कोई त्रुटि हो गई हो, तो मैं सार्वजनिक रूप से क्षमा मांगता हूं। भले अब मैं कॉलेज का छात्र न हूं, लोकतंत्र की पाठशाला का विद्यार्थी तो हूं ही।

श्री नरसिम्हा राव जी, मैं उनके नाम के साथ पद का उल्लेख नहीं कर रहा हूं, ने अस्वस्थता के बावजूद इस कार्यक्रम में अपनी उपस्थिति से कार्यक्रम को गौरव प्रदान किया है। उनकी भूमिका एक साहित्यकार की भूमिका है। उन्होंने जो कुछ अभी तक लिखा है, वह प्रकाशित नहीं हुआ, भाषणों के रूप में ही है। उस दिन श्री नरेन्द्र मोहन जी की पुस्तक के लोकार्पण के कार्यक्रम में उनको एक साहित्यकार के रूप में सुनने का अवसर मिला था। यह कोई प्रधानमंत्री और प्रतिपक्ष के नेता का मिलन नहीं है। यह तो साहित्य संगम है। यहां हृदय की बातें होती हैं। राजनीति अस्थिर है, चंचल होती है, यह समयसापेक्ष होती है और साहित्य कालनिरपेक्ष होता है, वह कालविजयी होता है।

श्री चन्द्रशेखर जी मुझे गुरुजी कहते हैं। मैं कहता हूं, गुरु तो गुरु रह गए, चेला शक्कर हो गए। आज गुरु की आवश्यकता नहीं है, गुरुघंटाल की आवश्यकता है।''

सब पर भारी, अटल बिहारी

सबल भुजाओं में रक्षित है, नौका की पतवार।
चीर चलें सागर की छाती, पार करें मंझधार।
ज्ञान केतु लेकर निकला है, विजयी शंकर।
अब न चलेगा ढोंग, दम्भ, मिथ्या आडम्बर।

ग्यारहवीं लोकसभा के चुनावों की घोषणा 1996 में हुई। अटल बिहारी वाजपेयी ने लखनऊ और गुजरात में गांधी नगर से परचे दाखिल किए। उन दिनों लखनऊ में नारे लग रहे थे :

''उज्ज्वल भारत की तैयारी; अटल बिहारी, अटल बिहारी।''

और –

''सब पर भारी, अटल बिहारी।''

लखनऊ में उनके विरुद्ध समाजवादी पार्टी ने अभिनेता राज बब्बर को उतारा। अटल जी ने लखनऊ और गांधी नगर में अनेक जनसभाएं आयोजित कीं। अंततोगत्वा उन्हें दोनों स्थानों पर विजय मिली। लखनऊ में राज बब्बर को उन्होंने 1 लाख 18 हज़ार वोटों से पराजित किया। इस चुनाव में कांग्रेस को केवल 136 सीटें मिलीं, जबकि भाजपा ने 161 सीटें जीतकर सबसे बड़े दल के रूप में उपस्थिति दर्ज कराई।

तेरह दिन के प्रधानमंत्री

तत्कालीन राष्ट्रपति डॉ. शंकरदयाल शर्मा ने सबसे बड़े दल के रूप में उभरी भाजपा के नेता अटल बिहारी वाजपेयी को सरकार बनाने के लिए आमंत्रित किया।

16 मई, 1996 को राष्ट्रपति भवन में पक्ष और विपक्ष के अनेक गणमान्य नागरिक और राजनेताओं की मौजूदगी में अटल जी ने देश के ग्यारहवें प्रधानमंत्री के रूप में शपथ ग्रहण की। इस अवसर पर पूरा देश दूरदर्शन पर टकटकी लगाए था।

अटल जी के बड़े भाई पं. अवध बिहारी वाजपेयी (अब स्वर्गीय) भी भाव विभोर से वहां मौजूद थे। श्री अटल बिहारी वाजपेयी के प्रधानमंत्री बनने पर देश-विदेश से बधाइयों का तांता लग गया। दिल्ली, गांधी नगर, लखनऊ और देश के अन्य भागों में अभिनन्दन समारोह आयोजित किए गए।

राष्ट्र के नाम पहला संदेश

प्रधानमंत्री अटल बिहारीर वाजपेयी ने देश के नाम अपने पहले संदेश में गरीबी और बेरोज़गारी के उन्मूलन, कश्मीर समस्या के समाधान, स्वच्छ प्रशासन और आगामी कार्यक्रमों पर व्यापक प्रकाश डाला। यह संदेश दूरदर्शन और आकाशवाणी पर 19 मई, 1996 को प्रसारित हुआ। उन्होंने कहा :

''राष्ट्रपति जी ने भारतीय जनता पार्टी तथा उसके सहयोगी दलों द्वारा लोकसभा में सबसे अधिक सीटें जीतने के आधार पर सरकार बनाने का मुझे निमंत्रण दिया है। राष्ट्रपति महोदय का यह निर्णय लोकतंत्रीय परम्पराओं के अनुरूप है और उन्हें घोषित करता है। मैंने जनादेश की भावना का सम्मान करते हुए इस पद की जिम्मेदारी को पूरी विनम्रता के साथ स्वीकार किया है। फिर भी कुछ लोगों ने इस निर्णय की जिस भाषा में आलोचना की है, उससे मुझे गहरा दु:ख हुआ है और मुझे विश्वास है कि इससे आपकी भावनाओं को भी चोट लगी होगी। जो लोग तरह-तरह के जोड़-तोड़ कर और अलग-अलग प्रकार के गठबंधन बनाकर भी हमसे अधिक सीटें प्राप्त करने में सफल नहीं हुए, आज वे उन दलों के साथ सांठ-गांठ करने में संकोच नहीं कर रहे हैं, जिनके विरुद्ध उन्होंने कटुतापूर्ण चुनाव-संघर्ष किया था। उनकी इस राजनीति को सत्ता प्राप्ति के एकमेव उद्देश्य से प्रेरित सिद्धांतहीन राजनीति के अतिरिक्त और कोई नाम नहीं दिया जा सकता। पिछले एक सप्ताह में उन्होंने इस बारे में एक भी शब्द नहीं कहा कि वे आपके लिए या देश के लिए क्या करेंगे, उनकी कार्यसूची में केवल यही छ: शब्द हैं : ''हम भाजपा को नहीं आने देंगे।'' इसके लिए हमको बदनाम करने का सुनिश्चित अभियान चलाया जा रहा है, जिसका उद्देश्य हमें प्राप्त जनादेश को ध्वस्त कर देना है। मुझे विश्वास है कि लोकतंत्र में सच्ची निष्ठा रखने वाले सारी स्थिति पर पुनर्विचार करेंगे।''

मतदाताओं के सामने विकास, भ्रष्टाचार, सरकारी काम-काज में पारदर्शिता और जवाबदेही, ये मुद्दे आज भी उतने ही प्रासंगिक हैं, जितने की पहले थे। संक्षेप में कहूं, तो भारत को 'सुराज' अर्थात् अच्छा राज्य होना चाहिए।

एक महत्त्वपूर्ण मुद्दा गरीबों के उत्थान का है। हमारे पास पर्याप्त प्राकृतिक साधन होने पर भी अधिकांश देशवासी गरीब हैं, जिन्हें उनके अवसरों से वंचित रखा गया है और जिन्हें तरक्की का मौका नहीं मिला है। मैं स्वयं उनमें से एक हूं, इस दौर से गुज़रा हूं और इसलिए उनकी पीड़ा समझता हूं।''

विश्वास मत

27 मई, 1990 को लोकसभा में विश्वास मत प्रस्तुत करते हुए अटल बिहारी वाजपेयी ने कहा :

''सभी धर्मों को, पंथों को समान दृष्टि से देखना हिन्दू-चिंतन का निचोड़ है। यह हमारी अस्मिता है। भारत में अनेक मत हैं, अनेक मतान्तर हैं - केवल एक पुस्तक नहीं है, एक पैगम्बर नहीं है। यहां ईश्वर को मानने वाले भी हैं, ईश्वर को नकारने वाले भी हैं, यहां किसी को सूली पर नहीं चढ़ाया गया और न किसी को पत्थर मारकर दुनिया से उठाया गया। यह सहिष्णुता इस देश की मिट्टी में है -
'एकम् सद्विप्रा बहुधा वदन्ति।'

इस देश में कभी भी मजहबी राज्य की मांग नहीं उठी – मजहब के आधार पर, मत भिन्नता के आधार पर उत्पीड़न की बात नहीं उठी, न उठेगी, न उठनी चाहिए। भारत सैकुलर है, सैकुलर रहेगा। हम अपने पड़ोसी देशों की तरह मजहबी राज्य नहीं बनेंगे।''

अपने तर्कपूर्ण और तथ्यपरक् भाषण द्वारा बीजेपी पर लगाए जाने वाले साम्प्रदायिकता के आरोप को अटल जी ने शरारतपूर्ण और निराधार करार दिया। इसके बाद संसद में अनेक वक्ताओं ने विचार प्रकट किए। 28 मई को विश्वास मत पर हुई बहस का उत्तर देते हुए अटल जी ने जो कुछ कहा वह उनका ऐतिहासिक भाषण बन गया है।

ऐतिहासिक भाषण

बहस का उत्तर देते हुए प्रधानमंत्री श्री अटल बिहारी वाजपेयी ने विपक्ष को आड़े हाथ लेते हुए कहा कि वह सिद्धांतविहीन, राष्ट्र की प्रगति में बाधक और अवसरवादी है। उन्हीं के शब्दों में :

भगवान श्रीराम ने कहा था – ''मैं मृत्यु से नहीं डरता। अगर डरता हूं तो बदनामी से डरता हूं, लोकापवाद से डरता हूं। मैं यह स्पष्ट कर देता हूं कि पार्टी तोड़कर, सत्ता के लिए नया सिद्धांतहीन गठबंधन करके अगर सत्ता हाथ आती है, तो मैं ऐसी सत्ता को चिमटे से छूना भी पसंद नहीं करूंगा। चालीस साल का मेरा राजनीतिक जीवन खुली किताब है। आज मैं आपको एक चेतावनी देना चाहता हूं। देश का क्या होगा? हम तो प्रतिपक्ष में बैठने के लिए तैयार हैं।

अध्यक्ष महोदय, जब मैं राजनीति में आया, मैंने कभी सोचा भी नहीं था कि मैं एम.पी. बनूंगा। मैं पत्रकार था; और जिस तरह की राजनीति चल रही है, वह मुझे रास नहीं आती। मैं छोड़ना चाहता हूं, मगर राजनीति मुझे नहीं छोड़ती है। फिर मैं विरोधी दल का नेता हुआ, आज प्रधानमंत्री हूं। थोड़ी देर बाद प्रधानमंत्री भी नहीं रहूंगा। प्रधानमंत्री बनते समय मेरा हृदय आनन्द से उछलने लगा हो, ऐसा नहीं हुआ। अब जब मैं सब कुछ छोड़-छाड़कर चला जाऊंगा, तब भी मेरे मन में किसी तरह की ग्लानि होगी, ऐसा होने वाला नहीं है।

हमारी शुभकामनाएं आपके साथ हैं। हम अपने देश की सेवा के कार्य में जुटे रहेंगे। हम संख्या-बल के सामने सिर झुकाते हैं और आपको विश्वास दिलाते हैं कि जो कार्य हमने अपने हाथ में लिया है, वह जब तक पूरा नहीं कर लेंगे, तब तक विश्राम से नहीं बैठेंगे, तब तक आराम से नहीं बैठेंगे, चैन नहीं लेंगे।

अध्यक्ष महोदय, मैं अपना त्यागपत्र राष्ट्रपति महोदय को देने जा रहा हूं।''

अटल जी ने राष्ट्रपति को त्यागपत्र सौंप दिया।

उनके बाद, जोड़-तोड़ करके 1 जून 1996 को संयुक्त मोर्चे के एच.डी. देवगौड़ा को प्रधानमंत्री बनाया गया। उनकी पारी 21 अप्रैल, 1997 को समाप्त हो गई।

21 अप्रैल, 1997 को आई.के.गुजराल प्रधानमंत्री बने। वे 18 मार्च, 1998 तक सत्तासीन रहे। इसके बाद देश को मध्यावधि चुनावों में धकेल दिया गया।

राह कौन-सी जाऊं मैं

चौराहे पर लुटता चीर, प्यादे से पिट गया वज़ीर,
चलूं आखिरी चाल कि बाज़ी छोड़ विरक्ति रचाऊं मैं?
राह कौन-सी जाऊं मैं?
सपना जन्मा और मर गया, मधु ऋतु में ही बाग़ झर गया,
तिनके बिखरे हुए बटोरूं या नव सृष्टि सजाऊं मैं?
राह कौन-सी जाऊं मैं?
दो दिन मिले उधार में, घाटे के व्यापार में,
क्षण-क्षण का हिसाब जोड़ूं या पूंजी शेष लुटाऊं मैं?
राह कौन-सी जाऊं मैं?

12वीं लोकसभा के चुनाव फरवरी 1998 में हुए। अटल जी इस बार भी लखनऊ से चुनाव में खड़े हुए। समाजवादी पार्टी ने फिल्म निर्माता मुजफ्फर अली को उनके विरुद्ध खड़ा किया। उसके पहले अटल जी ने पूरे देश का तूफानी दौरा किया और व्यापक जन सभाओं को संबोधित किया।

तमाम कुचक्रों और बाधाओं को कुचलते हुए अटल जी 2 लाख 19 हजार 222 मतों से विजयी रहे। इस चुनाव में भारतीय जनता पार्टी को 177 स्थानों पर विजय हासिल हुई और वह पुन: एक सबसे बड़े दल के रूप में उभरी। कांग्रेस को केवल 140 सीटें मिली।

दूसरी बार प्रधानमंत्री

राष्ट्रपति के.आर. नारायणन ने अटल बिहारी वाजपेयी को सरकार बनाने का न्यौता दिया। 19 मार्च, 1998 को अटल जी ने दूसरी बार प्रधानमंत्री पद की शपथ ली और 28 मार्च को अपने कुछ सहयोगियों के

समर्थन से बहुमत सिद्ध कर दिया। सरकार के समर्थन में 274 और विरोध में 261 वोट पड़े।

नए भारत का निर्माण

अब एक नए और विकसित भारत का निर्माण करना था। प्रधानमंत्री अटल बिहारी वाजपेयी के शब्दों में :

स्वपन देखा था कभी जो आज हर धड़कन में है
एक नया भारत बनाने का इरादा मन में है
एक नया भारत, कि जिसमें एक नया विश्वास हो
जिसकी आंखों में चमक हो, एक नया उल्लास हो
हो जहां सम्मान हर एक जाति, हर एक धर्म का
सब समर्पित हों जिसे, वह लक्ष्य जिसके पास हो
एक नया अभिमान अपने देश पर जन-जन में है
एक नया भारत बनाने का इरादा मन में है
बढ़ रहे हैं हम प्रगति की ओर, जिस रफ्तार से
कर रहा हमको नमन, यह विश्व भी उस पार से
पर अधूरी है विजय जब तक गरीबी है यहां
मुक्त करना है हमें अब देश को इस भार से
एक नया संकल्प-सा अब तो यहां जीवन में है
एक नया भारत बनाने का इरादा मन में है
भूख जो जड़ से मिटा दे, वह उगाना है हमें
प्यास ना बाकी रहे, वह जल बहाना है हमें,
जो प्रगति से जोड़ दे, ऐसी सड़क ही चाहिए
देश सारा गा सके वह गीत गाना है हमें
एक नया संगीत देखो आज तो कण-कण में है
एक नया भारत बनाने का इरादा मन में है

पोखरण की गूंज

18 मई, 1974 को भारत ने अपना पहला परमाणु परीक्षण थार के रेगिस्तान में, पाकिस्तान की सीमा से 153 कि.मी. दूरी पर जैसलमेर

प्रखर राजनेता अटल बिहारी वाजपेयी

(राजस्थान) ज़िले के पोखरण नामक स्थान पर किया था। यह ज़मीन के अंदर था और पूरी तरह सफल रहा। इस प्रकार भारत ने परमाणु शक्तियों में संयुक्त राज्य अमेरिका, रूस, ब्रिटेन, फ्रांस, चीन और कनाडा के बाद सातवां स्थान प्राप्त कर लिया।

देश को अपनी रक्षा में अधिक सक्षम बनाने के लिए परमाणु सम्पन्न होने का सपना अटल जी के मन में लम्बे समय से पल रहा था। 22 दिसम्बर, 1964 को राज्य सभा में भी इस बारे में उन्होंने विचार व्यक्त करते हुए कहा था कि एटम बम का जवाब एटम बम ही होना चाहिए।

अपने उसी स्वप्न को साकार करते हुए डॉ. ए.पी.जे. अब्दुल कलाम के नेतृत्व में पोखरण में 11 और 13 मई 1998 को क्रमश: तीन और दो परमाणु परीक्षण किए गए। इसी के साथ भारत परमाणु सम्पन्न देशों की श्रेणी में शामिल हो गया। प्रधानमंत्री अटल बिहारी वाजपेयी की इस उपलब्धि पर देशवासियों ने उन्हें बधाई दी। इस अवसर पर उन्होंने कहा :

''मैं आपका बहुत आभारी हूं। सचमुच में अभिनंदन होना चाहिए वैज्ञानिकों का, उन इंजीनियरों का जिन्होंने पोखरण में जो कुछ हुआ उसे सफलतापूर्वक करके दिखाया। देश में इस सवाल पर एक आम राय है और लगभग सभी पार्टियां इस बात से सहमत रही हैं कि देश की रक्षा के लिए, देश की स्वतंत्रता, संप्रभुता और अखण्डता की रक्षा के लिए हमें सब कदम उठाने के लिए तैयार रहना चाहिए। हमने जो कुछ किया है अपने बचाव के लिए किया है, देश की रक्षा के लिए किया है, किसी को खतरा पैदा करने के लिए नहीं किया है।

1974 में पोखरण में एक अणु-परीक्षण हुआ था। अब फिर परमाणु-परीक्षण हुआ है। तब से हम विज्ञान, टैक्नोलॉजी, परमाणु ऊर्जा के क्षेत्र में भी बहुत आगे बढ़े हैं। हमारे वैज्ञानिकों ने, इंजीनियरों ने वक्त के बदलने के साथ अपने ज्ञान को, अपनी जानकारी को आज की स्थिति का सामना करने लायक बनाए रखा है। 11 तारीख को जो परीक्षण प्रारंभ हुआ था, वो परीक्षण आज समाप्त हो गया और उस पर विश्व अपनी प्रतिक्रिया कर रहा है। अलग-अलग तरह की प्रतिक्रियाएं हो रही हैं। हम ऐसी दुनिया में विश्वास करते हैं, जो परमाणु अस्त्रों से रहित हो, लेकिन ऐसी दुनिया एकतरफा नहीं होगी। आज तो दुनियां बंटी हुई है। कुछ देश ऐसे हैं, जो समझते हैं केवल उन्हीं को अपनी रक्षा के लिए हर तरह के कदम उठाने का अधिकार है, बाकी देशों को इस तरह का कोई अधिकार नहीं है। यह हमें स्वीकार नहीं है।

विज्ञान, टैक्नोलॉजी, न्यूक्लियर एनर्जी इनको देश की सीमाओं में नहीं बांध सकते। अंतर्राष्ट्रीय नियम जो हो सब पर लागू होना चाहिए। सब मर्यादा में रहने चाहिए। अभी इस तरह के विश्व की रचना बाकी है। हम उस दिशा में प्रयत्न करते रहेंगे। मैं आपसे एक ही बात कहना चाहता हूं कि हमने जो कदम उठाया है सोच-समझकर उठाया है।, किसी जल्दबाजी में नहीं उठाय, लोकप्रियता हासिल करने के लिए नहीं उठाया। देश की रक्षा का सवाल सर्वोपरि सवाल है। राजनीतिक भेदभाव से ऊपर है और यह हमारा मूलभूत अधिकार है, हमारा कर्तव्य भी है। हम अपने कर्तव्य का पालन करेंगे और हम उम्मीद करते हैं कि दुनिया और दुनिया के खासकर वो देश जो अभी तक परमाणु अस्त्रों पर अपना एकाधिकार समझते थे, वो इस बात को स्वीकार करेंगे कि विश्व की व्यवस्था ऐसी होनी चाहिए कि सब पर वह समान रूप से लागू हो और जो सबको सुरक्षा का आश्वासन दे, जो सबको संतुष्ट करे।

हमसे कहा जा रहा है कि जो रास्ता आपने अपनाया है, उसमें आपको तकलीफें उठानी पड़ेंगी। सहायता नहीं मिलेगी, कर्जा बंद हो जाएगा और तरह की मदद मिलने में भी मुसीबत होगी। मैं नहीं समझता कि दुनिया के देश और जिन देशों के साथ हमारे मैत्रीपूर्ण संबंध है और जिन मैत्रीपूर्ण संबंधों को हम बहुत अधिक महत्त्व देते हैं, वो इस तरह का कोई कदम उठाएंगे। अगर इस तरह का कोई कदम उठाया गया, तो हम भारतवासी, राष्ट्र के नागरिक के नाते भारतमाता के पुत्र-पुत्रियों के नाते इस तरह के कदमों का मुकाबला करेंगे । और इसके लिए हमने कठिनाई का रास्ता चुना है।

जहां तक पोखरण का सवाल है, हमने जो कुछ किया अपने बचाव के लिए किया, किसी पर हमले के लिए नहीं।

पोखरण ने एक बार सारी दुनिया को झकझोर दिया है, खासकर जो बड़े मुल्क हैं वो सोचने के लिए मजबूर हो गए हैं। युनाइटेड नेशन के सेक्रेटरी जनरल ने भी यह कहा था कि न्यूक्लियर डिसार्मामेंट के बारे में फिर से सोचने की जरूरत है। हम उसमें जोड़ना चाहते हैं कि कुछ सोचने की जरूरत नहीं है, कुछ करने की जरूरत है। हम एटमी निरस्त्रीकरण के हक में हैं। हम ऐसी दुनिया बनाना चाहते हैं, अपने पड़ोस में ऐसा माहौल पैदा करना चाहते हैं जिसमें एटमी हथियार न हों, लोगों का ध्यान रोजमर्रा की कठिनाइयों को कम करने की ओर लगे, देश में खुशहाली आए, हरेक के पास रोजगार हो, गरीबी और अमीरी की खाई पटे, सबको इंसाफ मिले, सबकी हिफाजत हो।

आज भारत में सब ओर शांति है, कोई तनाव नहीं है। जुनून को भड़काने वाले भाषण नहीं हो रहे हैं, क्योंकि हम जहां सीमा पर शांति बनाए रखना चाहते हैं, वहीं देश के भीतर भी शांति बनाए रखना चाहते हैं। हरेक नागरिक की हिफाजत हो, कोई मजहब माने, कोई भाषा बोलें, किसी सूबे में रहे, कोई धंधा करे, कोई काम करें, मगर जिन्दगी सबकी अनमोल है, जिन्दगी की हिफाजत होनी चाहिए। जिन्दगी को सजाया-संवारा जाना चाहिए और जिन्दगी के रास्ते में जो कांटे बिछे हैं, उनको निकाला जाना चाहिए ओर हरेक की ज़िंदगी में फूल बिछ जाएं, ऐसे हालात बनाने चाहिए। ये नामुमकिन नहीं है, मुश्किल जरूर है, लेकिन हमने मुश्किल काम को आसान करने का फैसला किया है। उसे पूरा करने का फैसला किया है।''

लालकिले से भाषण

प्रधानमंत्री अटल बिहारी वाजपेयी ने अपनी भावी योजनाओं पर अमल प्रारंभ कर दिया और पांच माह के कार्यकाल के बाद स्वतंत्रता की 51वीं वर्षगांठ पर पहली बार प्रधानमंत्री के रूप में भाषण देकर देशवासियों के सामने अपने कार्यक्रमों की व्यापक रूपरेखा प्रस्तुत की :

''प्यारे देशवासी भाइयों और बहनों!

स्वतंत्रता की 51वीं वर्षगांठ पर मेरी ओर से आप सबको बहुत-बहुत शुभकामनाएं! देखते-देखते आधी शताब्दी बीत गई। लगता है कल की बात है, जब पंडित जवाहरलाल नेहरू ने इसी स्थान पर पहली बार हमारा प्यारा तिरंगा नीले आसमान में फहराया था। उसके बाद प्रत्येक स्वतंत्रता दिवस पर इस ऐतिहासिक लालकिले से राष्ट्रीय ध्वज फहराने की परंपरा चली आ रही है। मैंने कभी यह नहीं सोचा था कि यह सौभाग्य एक दिन मुझे भी मिलेगा। एक गरीब स्कूल मास्टर के लड़के का धूल और धुएं-भरी बस्ती से उठकर लाल किले के प्राचीर तक पहुंचना और स्वाधीनता के पावन पर्व पर तिरंगा फहराना – यह भारतीय लोकतंत्र की शक्ति और क्षमता को उजागर करता है। हम सब जानते हैं कि यह आज़ादी हमें सस्ते में नहीं मिली है। एक तरफ महात्मागांधी के नेतृत्व में आज़ादी के अहिंसात्मक आंदोलन में लाखों नर-नारियों ने कारावास में यातनाएं सहन कीं, तो दूसरी ओर हजारों क्रांतिकारियों ने हंसते-हंसते फांसी का तख्ता चूमकर अपने प्राणों का बलिदान दिया। हमारी आज़ादी इन सभी ज्ञात-अज्ञात शहीदों और स्वतंत्रता सेनानियों की देन है। आइए, हम सब मिलकर उनको अपनी

हार्दिक श्रद्धांजलि अर्पित करें और प्रतिज्ञा करें कि हम इस आज़ादी की रक्षा करेंगे, भले ही इसके लिए सर्वस्व की आहुति क्यों न देनी पड़े।

हमारा देश, विदेशी आक्रमण का शिकार होता रहा है। 50 वर्षों के इस छोटे से कालखंड में भी हम चार बार आक्रमण के शिकार हुए। लेकिन हमने अपनी स्वतंत्रता और अखण्डता अक्षुण्ण रखी। इसका सर्वाधिक श्रेय जाता है हमारी सेना के जवानों को। अपने घर और प्रियजन से दूर, अपना सिर हथेली पर रखकर ये रात-दिन हमारी सीमा की रखवाली करते हैं इसलिए हम अपने घरों में चैन की नींद सो पाते है। सियाचिन की शून्य से 32 डिग्री नीचे की बर्फीली वादियां हों या पूर्वांचल का घना जंगल, कच्छ या जैसलमेर का रेगिस्तानी इलाका हो या हिन्द महासागर के नीचे का गहरा पानी, सब स्थानों पर हमारा जवान चौकस खड़ा है। इन सभी जवानों को जो थलसेना, वायुसेना, जलसेना के साथ-साथ अन्य सुरक्षा बलों से संबंधित हैं, मैं अपनी और आपकी ओर से बहुत-बहुत बधाइयां देता हूं कि हे भारत के वीर जवानो! हमें तुम पर नाज़ है, हमें तुम पर गर्व है।

सेना को जनता का समर्थन चाहिए। 50 वर्षों में किसानों और मजदूरों ने खेत-खलिहानों में, कल-कारखानों में देश की दूसरी रक्षा पंक्ति को मजबूत किया है। हम यह भूल नहीं सकते कि लालबहादुर शास्त्री ने कहा था – 'जय जवान, जय किसान।' मानो हर कोई एक-दूसरे के बिना अधूरा है, एक-दूसरे के बिना अपूर्ण है। मैंने अब इसमें एक नया आयाम जोड़ा है – जय विज्ञान। 21 वीं सदी में देश की सुरक्षा, देश का विकास बीती शताब्दी के साधनों से नहीं किया जा सकता। हमें अपनी सेनाओं को अत्याधुनिक बनाना पड़ेगा, जिससे हम किसी भी संकट का डटकर मुकाबला कर सकें और अपनी स्वतंत्रता व अखंडता अक्षुण्ण रख सकें। इसी उद्देश्य से हमने 11 और 13 मई, 1998 को पोखरण का अणु-विस्फोट किया। वह एक रात का खेल नहीं था। हमारे वैज्ञानिकों, इंजीनियरों, तकनीशियनों और हमारे सुरक्षा बलों की बरसों की तपस्या का फल था। 25 वर्ष पूर्व श्रीमती इंदिरा गांधी ने जिस कार्य की नींव रखी थी, मैंने उस पर इमारत खड़ी करने का प्रयास किया है। मैं जानता हूं कि मैं केवल निमित्त मात्र हूं। इस महान उपलब्धि का सेहरा तो वैज्ञानिकों की कुशाग्र बुद्धि और जवानों की अतुलनीय मेहनत को जाता है। मैं इन सबको स्वतंत्रता दिवस के इस अत्यंत शुभ अवसर पर बहुत-बहुत बधाई देना चाहता हूं।

   प्रखर राजनेता अटल बिहारी वाजपेयी

मैं आप सबका भी बहुत आभारी हूं कि अग्नि-परीक्षा की इस घड़ी में मुझे पूर्ण समर्थन देकर मेरा हौसला बढ़ाया। कुछ तत्त्वों को छोड़कर हर भारतीय, चाहे वह दुनिया के किसी भी कोने में खड़ा हो, उसने इस कदम का स्वागत किया। मानो, हममें से हर एक का माथा उस दिन उन्नत हुआ, सीना चौड़ा हुआ और हम एक स्वर में कहने लगे - गर्व से कहो हम भारतीय हैं, क्योंकि उस दिन पोखरण में केवल अणु-ऊर्जा का नहीं, राष्ट्र की ऊर्जा का भी प्रकटीकरण हुआ था। इस क्षण में इस बात को स्पष्ट करना चाहता हूं कि भारत सदैव शांति का पुजारी था, है और रहेगा। हम शस्त्र का उपयोग आत्मरक्षा के लिए करना चाहते हैं। हम अणु-शस्त्र का प्रयोग आक्रमण के लिए नहीं करेंगे और इसलिए हमने नए अणु-परीक्षण पर अपनी ओर से पाबंदी लगा दी है। हमने स्वयं अणु-शस्त्र का पहला प्रयोग न करने का दुनिया से वादा किया है। हम यह सब न किसी के दबाव में कर रहे हैं, न किसी के डर से। हम यह केवल स्वेच्छा से इसलिए कर रहे हैं कि विश्व शांति और निरस्त्रीकरण में हमारी गहरी आस्था है। अणु-शस्त्र रहित दुनिया हमारा सपना है। इसे हम साकार करना चाहते हैं। भारत एक महान देश है, हमारी जनता पराक्रमी है। अपने गौरव के लिए यह बहादुर जनता हर संकट का मुकाबला कर सकती है। इसका हमने इतिहास को बार-बार परिचय दिया है। राष्ट्र की एकता, अखंडता और सुरक्षा के लिए हम बड़ी-से-बड़ी कुर्बानी देने के लिए तैयार हैं। हम अपने पड़ोसी देशों से अपने संबंध सुधारना चाहते हैं। हम जानते हैं कि युद्ध जीतने का सबसे आसान तरीका युद्ध को न होने देना है।

पाकिस्तान से हम किसी भी विषय पर और किसी भी स्तर पर कहीं भी बात करने के लिए तैयार हैं। हम सब जानते हैं कि कोलंबो में सार्क सम्मेलन के अवसर पर मैंने इस बात की पहल की थी। मुझे थोड़ा-सा दुःख हुआ कि हमें अपेक्षित उत्तर नहीं मिला, लेकिन मैंने आशा नहीं छोड़ी। इस माह के अंत में दक्षिण अफ्रीका में होने वाले गुटनिरपेक्ष देशों के सम्मेलन के अवसर पर मैं फिर संवाद का प्रयास करूंगा। मेरी मान्यता है कि दुनिया में कोई समस्या ऐसी नहीं है, जो बातचीत से हल न हो सके इसलिए पाकिस्तान हो या चीन, हम सबसे मैत्रीभाव से बातचीत करके आपसी समस्याओं का हल ढूंढ़ने के लिए प्रयास करते रहेंगे।

व्यक्तिगत जीवन हो या राष्ट्र-जीवन, 51वीं वर्ष गांठ बीती हुई अर्द्धशताब्दी के जीवन का लेखा-जोखा लेने का स्वर्णिम अवसर होता है। हम सबके लिए

आज का क्षण एक सिंहावलोकन का क्षण है। आज हम एक क्षण के लिए सिंह की तरह पीछे मुड़कर देखें और फिर 21 वीं शताब्दी में छलांग लगाने के लिए जन-आंदोलन करें।

आज के स्वर्ण जयंती समापन समारोह के अवसर पर एक महत्त्वपूर्ण तत्त्व के बारे में पूरे राष्ट्र को सोचना है। स्वतंत्रता, राष्ट्रीय एकता, लोकतंत्र और पंथनिरपेक्षता ये चारों एक-दूसरे के पूरक हैं। हमें हर हालत में स्वतंत्र रहना है। स्वतंत्रता की अनिवार्य शर्त है - राष्ट्रीय एकता। राष्ट्रीय एकता के लिए लोकतंत्र जरूरी है। पंथनिरपेक्षता लोकतंत्र और राष्ट्रीय एकता का अटूट हिस्सा है। मैं और मेरी सरकार इन चारों तत्त्वों के प्रति प्रतिबद्ध है।

हम हर तरह की साम्प्रदायिकता के विरुद्ध हैं और जो समुदाय संख्या में कम हैं, हम उनकी पूरी सुरक्षा और विकास में भागीदारी सुनिश्चित करेंगे। हमें यह कभी नहीं भूलना चाहिए कि हम एक राष्ट्र के नागरिक हैं। यह लद्दाख से लेकर निकोबार तक फैला हुआ है। गारो पर्वत से लेकर गिलगिट तक इसका विस्तार है। यह एक प्राचीन देश है। इसकी सभ्यता और संस्कृति 5000 वर्ष से भी पुरानी है। इतना विशाल देश; विविधताओं से भरा हुआ देश; भाषाओं , उपासना पद्धतियों, रहन-सहन, खान-पान की भिन्नताओं के बावजूद लोकतंत्र के सूत्र में बंधकर सामाजिक और आर्थिक न्याय की स्थापना के लिए कमर कसकर जुटा हुआ है।

एक समय था, यह देश सोने की चिड़िया कहा जाता था। बाद में स्थिति बिगड़ी और हम गरीब राष्ट्रों में गिने जाने लगे। गत कुछ वर्षों में हमारे किसानों और मजदूरों ने कड़ी मेहनत करके देश को खाद्यान्न उत्पादन में आत्मनिर्भर बना दिया है। मजदूर भाइयों ने देश को अनाज उत्पादन में आत्मनिर्भर बनाकर अपनी अन्नदाता की उपाधि सार्थक की है। मैं तो भगवान से केवल इतनी ही प्रार्थना कर सका हूं कि 'अन्नदाता सुखी भव'।

व्यापार, उद्योग सेवाओं में हमारे देश ने उल्लेखनीय प्रगति की है। हमारे कुछ उद्योग तो विश्व की स्पर्द्धा में अपने झण्डे गाड़ रहे हैं। इस सफलता के लिए मैं सभी मजदूरों, कर्मचारियों, प्रबंधकों, उद्योगपतियों, व्यापारियों को बहुत बधाई देता हूं, लेकिन हम यह जानते हैं कि यह सफलता एक पड़ाव है, अंतिम लक्ष्य की प्राप्ति नहीं। हमारा अंतिम लक्ष्य है- भारत को एक आर्थिक महाशक्ति के रूप में दुनिया में उभारना। मैं जानता हूं कि यह कहना जितना आसान है, करना उतना ही कठिन है। इसके लिए हमें कठोर परिश्रम,

प्रामाणिकता और स्वावलंबन का मार्ग अपनाना होगा। विश्व-स्तर का माल तैयार करना पड़ेगा, जो घरेलू और विश्व बाजार में प्रतिस्पर्द्धा कर सके। अर्थव्यवस्था में सुधार को तेजी से आगे बढ़ाने की जरूरत है, लेकिन हम उदारीकरण का अनुचित लाभ नहीं उठाने देंगे। आधारभूत ढांचे के क्षेत्र में हमने परियोजनाओं को तीव्रता से लागू करने का निर्णय लिया है।

स्वदेशी का अर्थ यह नहीं है कि हम कूप-मण्डूक हो जाएं। नई दुनिया छोटा-सा गांव बन गई है। हम सब एक-दूसरे पर निर्भर हैं। हम खुली अर्थव्यवस्था में भी अपनी आंतरिक शक्ति के आधार पर विश्व-स्पर्द्धा में डटकर खड़े रह सकते हैं और हम डटकर खड़े रहेंगे, ऐसा हमारा विश्वास है।

आज स्वतंत्रता दिवस की 51वीं वर्षगांठ केवल हमारे देश में नहीं, दुनिया-भर में मनाई जा रही है। हर देश में बसा भारतीय मूल का नागरिक यह पावन पर्व हर्ष और उल्लास के साथ मना रहा है। मैं विदेशों में बसे सभी भारतीयों को स्वतंत्रता दिवस की शुभकामनाएं देता हूं। इनमें से कुछ देशों के भाई-बहन हमारे इस कार्यक्रम का सीधा प्रसारण टी.वी. पर देख रहे होंगे। अनिवासी भारतीय, जहां वे बसे हैं उन देशों की अर्थव्यवस्था में मजबूती लाए हैं। अब उन्हें भारत की अर्थव्यवस्था को मजबूत करने का अवसर मिला है। हमने 'रिसर्जेंट्स इंडिया बांड्स' निकाले हैं। दुनिया-भर में बसे अनिवासी भारतीय इस अवसर का लाभ उठा रहे हैं। मुझे विश्वास है कि अनिवासी भारतीय इसका और भी लाभ उठाएंगे।

देश में एक और महत्त्वपूर्ण समस्या है भ्रष्टाचार। यह रोग देश को कैंसर की तरह खाए जा रहा है। हमने इससे लड़ने का निर्णय लिया है। इसका आरम्भ ऊपर से किया है। लोकसभा में पेश किए गए लोकपाल विधेयक में मैंने प्रधानमंत्री को भी नहीं बख्शा है। इससे हमने उच्च स्तरीय भ्रष्टाचार से लड़ने की अपनी नीति और नीयत स्पष्ट की है। इसके साथ हम अफसरशाही के भ्रष्टाचार से भी लड़ना चाहते हैं। मैं जल्दी ही प्रधानमंत्री कार्यालय के उस कक्ष के कार्यान्वयन में तेजी लाऊंगा, जो भ्रष्ट अधिकारियों के खिलाफ कार्रवाई की देख-रेख करता है।

'बेरोजगारी हटाओ' हमारे राष्ट्रीय एजेंडा का महत्त्वपूर्ण संकल्प है। बेरोज़गारी बड़ी समस्या है। यह सबके जीवन के साथ जुड़ी है। सबकी न्यूनतम बुनियादी आवश्यकताओं की पूर्ति करने का भी यही तरीका है। पूर्ण रोजगार

के लिए योजना बनाना कठिन जरूर है, लेकिन असंभव नहीं, लेकिन इसके लिए नियोजन की पूरी प्रक्रिया में परिवर्तन करना होगा।

किसी भी आधुनिक समाज की प्रगति का मापदण्ड उस समाज में महिलाओं की स्थिति होती है। हमने महिलाओं को संसद और विधानसभाओं में 33 फीसदी आरक्षण देने का वादा किया था। हमें खेद है कि हम इसे अभी तक पूरा नहीं कर सके हैं। लड़कियों को स्नातक स्तर तक मुफ्त शिक्षा देने का निर्णय तो हम ले ही चुके हैं। अब हम एक और बड़ा कदम उठाने जा रहे हैं। प्रारंभिक शिक्षा प्राप्त करने वाली सभी छात्राओं को उनकी पाठ्य पुसतकें मुफ्त दी जाएंगी।

अनुसूचित जातियों और अनुसूचित जनजातियों तथा अन्य पिछड़े वर्गों को बराबरी और भागीदारी दिलाने के लिए हमने नौकरियों में आरक्षण देने का प्रावधान तो किया है, लेकिन कार्यान्वयन में तेजी लाई जाए और इन वर्गों का नौकरियों में प्रतिशत जल्दी-से-जल्दी से पूरा किया जाए। शासन तंत्र को इन वर्गों के प्रति अतिसंवेदनशील और जवाबदेह बनाया जाएगा।

युवा शक्ति ही राष्ट्र की शक्ति है, देश का भविष्य है। बहुत वर्ष पहले मैंने बाबा आमटे का एक वाक्य पढ़ा था– 'हाथ लगे निर्माण में, नहीं मांगने-मारने में' हमारी भी यही इच्छा है। भारत के युवक-युवतियों को न किसी के सामने हाथ फैलाना चाहिए, न किसी पर अपने हाथों का ज़ोर आजमाना चाहिए। सिर्फ अपने को राष्ट्र के पुनर्निमाण के काम में झोंक देना चाहिए। 12 जनवरी को स्वामी विवेकानंद का जन्म हुआ था। उसे हम युवा दिवस के रूप में मनाते हैं। मैं युवक-युवतियों का आह्वान करता हूं, आइए! अपने यौवन का एक वर्ष देश को दान कर दीजिए और राष्ट्र को पुनर्यौवन प्रदान कर दीजिए।

21वीं शताब्दी हमारे द्वार पर दस्तक दे रही है। यह शताब्दी सूचना की, तकनीक की शताब्दी होगी। भारत की सबसे बड़ी शक्ति है, भारत की बुद्धिमता।

आज महर्षि अरविन्द की 125वीं जयंती के समारोहों का समापन होने जा रहा है। उन्होंने भारत के आध्यात्मिक, नैतिक और सांस्कृतिक पुनर्जन्म की कल्पना की थी। आज हम उनकी कल्पनाओं को साकार करने का संकल्प लें। एक बार भारतरत्न डॉ. बाबा साहब अम्बेडकर ने कहा था– आर्थिक और सामाजिक आजादी के बिना राजनीतिक आजादी अधूरी है। आज राजनीतिक

स्वतंत्रता दिवस पर हम इस ध्येय-वाक्य को भूलें नहीं। बीती हुई अर्द्धशताब्दी में हमने अपनी राजनीतिक स्वतंत्रता तो अक्षुण्ण रखी, लेकिन आर्थिक और सामाजिक स्वतंत्रता की लड़ाई अभी तक नहीं जीत सके हैं।

प्रधानमंत्री के अभी तक के छोटे-से कार्यकाल में मैंने सबको साथ लेकर चलने का प्रयास किया है। हमारी राजनीति आपसी सहमति की राजनीति है। कावेरी का ही उदाहरण लें। वर्षों से कर्नाटक, तमिलनाडु, केरल और पाण्डिचेरी के बीच कावेरी-जल को लेकर विवाद चल रहा था। कभी-कभी तो विवाद ने अत्यंत उग्र रूप धारण कर लिया। जहां कहीं आग लगती है, वहां पानी से उसे बुझाने की कोशिश की जाती है, लेकिन जब पानी में ही आग लग जाए तो उसका इलाज क्या है? इलाज है समझदारी, भाईचारा, सहनशीलता, देशभक्ति और अपने हितों के साथ दूसरों के हितों के बारे में भी सोचना।

मैं 40 साल तक विपक्ष में रहा और अपने कर्तव्य का पालन करता रहा। मेरे विरोधी भी उसकी प्रशंसा करते हैं, लेकिन वैसा विरोध आज मुझे दिखाई नहीं देता, जब मैं प्रधानमंत्री की कुर्सी पर बैठा हूं, यह परिवर्तन क्यों हो गया है? आज मुझे डॉ. शिवमंगल सिंह 'सुमन' की एक कविता याद आती है :

क्या हार में, क्या जीत में, किंचित नहीं भयभीत मैं।
कर्तव्य-पथ पर जो मिले, वह भी सही, यह भी सही,
वरदान मांगूंगा नहीं, वरदान मांगूगा नहीं।

मित्रों, मैं आपको आश्वासन देता हूं कि कितनी भी आपत्तियां आएं, हम वरदान के लिए झोली नहीं फैलाएंगे। आखिरी क्षण तक वरदान की तलाश नहीं करेंगे। न मैं संघर्ष का रास्ता छोड़ूंगा। बस, मुझे आपका साथ चाहिए। भारत की सौ करोड़ जनता का आशीर्वाद चाहिए। जीवन में ऐसा क्षण भी आता है जब व्यक्ति चौराहे पर खड़ा होकर सोचता है– राह कौन-सी जाऊं मैं? :

चौराहे पर लुटता चीर, प्यारे से पिट गया वज़ीर।
चलूं आखिरी चाल कि बाजी छोड़ विरक्ति रचाऊं मैं?
राह कौन-सी जाऊं मैं?

फिर लगता है, नहीं बाजी छोड़कर मैं विरक्ति में नहीं जा सकता। मुझे जूझना होगा और एक बार फिर मैं लालकिले की प्राचीर से आपकी उपस्थिति में अपने संकल्प को दोहराता हूं :

हार नहीं मानूंगा, रार नई ठानूंगा,
काल के कपाल पर, लिखता-मिटाता हूं,
गीत नया गाता हूं।

बहुत-बहुत धन्यवाद! आइए, अब मेरे साथ मिलकर जयहिन्द बोलिए। जयहिन्द, जयहिन्द, जयहिन्द!

कश्मीर नीति

डरबन में हुए निर्गुट सम्मेलन में अपनी कश्मीर नीति पर चर्चा करते हुए अटल जी ने कहा कि कश्मीर के बाबत भारत किसी बाहरी हस्तक्षेप या दबाव को हरगिज बर्दाश्त नहीं करेगा। इसी सम्मेलन में दक्षिण अफ्रीका के राष्ट्रपति डॉ. नेल्सन मंडेला ने यह मामला उठाते हुए कहा था कश्मीर मुद्दे को निर्गुट सम्मेलन के सदस्य देशों को समय-समय पर उठाते रहना चाहिए। प्रधानमंत्री अटल बिहारी वाजपेयी के भाषण के बाद राष्ट्रपति मंडेला को अपने बयान पर स्पष्टीकरण देने के लिए बाध्य होना पड़ा था।

संयुक्त राष्ट्र महासभा में हिन्दी में भाषण

प्रधानमंत्री अटल बिहारी वाजपेयी सितम्बर, 1998 में फ्रांस और न्यूयॉर्क के दौरे पर गए। यहां प्रवासी भारतीयों ने उनका अभूतपूर्व स्वागत किया। 24 सितम्बर, 1998 को न्यूयॉर्क में संयुक्त राष्ट्र की 55वीं महासभा में अटल जी ने अपने चिर परिचित अंदाज में हिन्दी में भाषण दिया। उस भाषण के कुछ अंश पाठक अवश्य पढ़ना चाहेंगे :

''मुझे सबसे पहले संयुक्त राष्ट्र संघ की इस महासभा को संबोधित करने का अवसर 1977 में मिला था, जब मैं विदेशमंत्री था। तब से मुझे कई वर्षों तक महासभा के अधिवेशनों में आने का मौका मिला, परंतु उस समय मैं किसी मंत्री के पद पर आसीन नहीं था। मैं उन प्रधानमंत्रियों के प्रति आभार प्रकट करता हूं, जिन्होंने मुझमें विश्वास जताया। मेरे लिए इसका महत्त्व इसलिए भी है कि इससे राष्ट्रीय हितों और भारत की विदेशी नीति के विषय में आम सहमति का पता चलता है।

अध्यक्ष महोदय, आतंकवाद एक ऐसा खतरा है, जो हम सभी को समान रूप से चुनौती दे रहा है। आंतकवाद के कारण विश्व-भर में रोजाना हजारों

प्रखर राजनेता अटल बिहारी वाजपेयी

मौतें होती हैं। यह अंतर्राष्ट्रीय अपराधों में से सर्वाधिक दुर्दम्य, व्यापक और जघन्य अपराध है और इससे समाज में पुरुषों और महिलाओं के जीवन तथा अंतर्राष्ट्रीय शांति और सुरक्षा के लिए भारी खतरा है। भारत में, हमें लगभग दो दशकों से आतंकवाद से जूझना पड़ रहा है, जिसे हमारे एक पड़ोसी देश द्वारा मदद देकर भड़काया जा रहा है। हमने इसका काफी सहनशीलता से सामना किया है, लेकिन इस चुनौती का मुंह तोड़ जवाब देने के लिए किसी को भी हमारी क्षमता पर संदेह नहीं करना चाहिए। इसकी जड़ें विश्व-भर में फैल चुकी हैं। आज, नशीली दवाओं, हथियारों तथा धन के अवैध व्यापार से इसके संबंध हैं। संक्षेप में, आतंकवाद आज विश्व-स्तर पर खतरा बन चुका है, जिसका मुकाबला एक संगठित अंतर्राष्ट्रीय कार्रवाई से ही किया सकता है।

परमाणु अप्रसार के प्रति वचनबद्ध एक ज़िम्मेदार राष्ट्र के रूप में भारत ने यह निर्णय लिया है कि वह इन हथियारों अथवा इससे संबंधित जानकारी को अन्य देशों को हस्तांतरित नहीं करेगा। परमाणु शक्ति-सम्पन्न भारत के संदर्भ में हमारे पास निर्यात नियंत्रण की एक कारगर प्रणाली है और जहां कहां आवश्यक होगा इसे और अधिक कड़ा बनाया जाएगा। इसमें उपकरणों और प्रौद्योगिकी की नियंत्रण सूची का विस्तार शामिल है ताकि इनको समकालिक और प्रभावी बनाया जा सके। इसके साथ-साथ एक विकासशील देश होने के नाते हम इस बात के प्रति भी जागरूक है कि परमाणु प्रौद्योगिकी के अनेक शांतिपूर्ण प्रयोग हैं और हम अपने अंतर्राष्ट्रीय उत्तरदायित्वों को ध्यान में रखते हुए, इस संबंध में अन्य देशों के साथ सक्रिय रूप से सहयोग जारी रखेंगे।

अंत में, मैं विश्व की सबसे प्राचीन भाषा संस्कृत में हज़ारों वर्ष पहले ऋग्वेद में लिखे एक श्लोक के साथ अपना भाषण समाप्त करता हूँ:

स्वस्थिर मानुषेभ्यः ऊर्ध्वम् जिकातु भेषजम्,
सम्नो अस्ति द्विपदे सम् चतुष्पदे।
ओम शांतिः शांतिः शांतिः।

भावार्थ

सभी मनुष्य समृद्ध हों, सभी वनस्पतियां और जीव-जन्तु जो सभी प्राणियों के जीवन का आधार हैं, फलें-फूलें, सभी मनुष्यों में सद्भावना हो, सभी

पशुओं में परस्पर प्रेम हो, हर तरफ शांति, शांति और शांति ही रहे। अध्यक्ष महोदय, आपका धन्यवाद!''

लाहौर बस यात्रा

अटल जी सदा अपने पड़ोसियों से मधुर संबंध कायम करने के पक्ष में रहे हैं। इसी कड़ी में अपने निकटतम पड़ोसी से नए रिश्ते बनाने की उम्मीद लिए वे 20 फरवरी 1990 को विशेष बस से लाहौर गए। उनके साथ भारत की कुछ चुनिंदा हस्तियाँ भी साथ गईं। पाक प्रधानमंत्री नवाज शरीफ ने गर्मजोशी के साथ अटल जी का स्वागत किया। वहाँ भोज के अवसर पर भाषण देते हुए अटल जी ने कहा:

''हिन्दुस्तान से मैं एक ही संदेश लाया हूँ। हम ऐसा रास्ता बनाकर जाएँ जिससे बेऐतबारी दूर हो। विरोध व आपसी मतभेद मिटें तथा पुख्ता अमन-चैन कायम हो। दोस्ती, भाईचारे तथा कोऑपरेशन (सहयोग) का माहौल बने। मुझे पूरी उम्मीद है कि हम इकट्ठी कोशिशों के जरिए ऐसा करने में कामयाब रहेंगे।

भारत और पाकिस्तान जैसे दो महान देशों के बीच 50 वर्षों तक आपसी मनमुटाव चलते रहना दुर्भाग्यपूर्ण है। मुझे इस बात की खुशी है कि मैं अमन और दोस्ती का पैग़ाम लेकर आपके बीच आया हूँ।

आज हमारे आपसी रिश्तों में ऐसा कोई मसला नहीं है, जिसका हल हिंसा और खून-खराबे से निकाला जा सके। मुश्किल और बकाया मसलों का हल एक साफ-सुथरे माहौल में संतुलन, नरमी और सच्चाई का रास्ता अपनाकर ही किया जा सकता है। हिंसा से किसी समस्या का हल नहीं हुआ करता।''

लाहौर में (21 फरवरी, 1999) अटल जी का नागरिक अभिनंदन किया गया। इस अवसर पर उन्होंने अपनी एक पुरानी कविता 'जंग न होने देंगे' की कुछ पंक्तियां सुनाई। वह कविता यहाँ हम पूरी दे रहे हैं:

हम जंग न होने देंगे!
विश्व शांति के हम साधक हैं, जंग न होने देंगे!
कभी न खेतों में फिर खूनी खाद फलेगी,
खलिहानों में नहीं मौत की फसल खिलेगी,
आसमान फिर कभी न अंगारे उगलेगा,
एटम से नागासाकी फिर नहीं जलेगी,
युद्धविहीन विश्व का सपना भंग न होने देंगे।

जंग न होने देंगे।

हथियारों के ढेरों पर जिनका है डेरा,

मुँह में शांति, बगल में बम, धोखे का फेरा,

कफन बेचने वालों से कह दो चिल्लाकर,

दुनिया जान गई है उनका असली चेहरा।

कामयाब हों उनकी चालें, ढंग न होने देंगे।

जंग न होने देंगे।

हमें चाहिए शांति, ज़िन्दगी हमको प्यारी,

हमें चाहिए शांति, सृजन की है तैयारी,

हमने छेड़ी जंग भूख से, बीमारी से,

आगे आकर हाथ बंटाए दुनिया सारी।

हरी-भरी धरती को खूनी रंग न लेने देंगे।

जंग न होने देंगे।

भारत-पाकिस्तान पड़ोसी, साथ-साथ रहना है,

प्यार करें या वार करें, दोनों को ही सहना है,

तीन बार लड़ चुके लड़ाई, कितना महँगा सौदा,

रूसी बम हो या अमेरिकी, खून एक बहना है।

जो हम पर गुजरी बच्चों के संग न होने देंगे।

जंग न होने देंगे।

लाहौर की बस करगिल में

पड़ोसी से संबंध सुधारने के लिए प्रधानमंत्री अटल बिहारी वाजपेयी ने जहाँ दिल्ली-लाहौर के बीच बस शुरू कर दोनों देशों के बीच एक सेतु उपलब्ध करवाया, वहीं मियाँ नवाज शरीफ खुराफातों में लगे रहे और कश्मीर में आतंकवादियों की घुसपैठ करवाते रहे।

मई, 1999 तक स्पष्ट हो गया कि पाकिस्तानी घुसपैठियों ने द्रास, एल्योर, कुकरथाँग, बटालिक, मश्कोह और टाइगर हिल जैसी करगिल क्षेत्र की 16 से 18 हज़ार फुट ऊँची बर्फीली चोटियों पर कब्ज़ा जमा लिया है। तब भारतीय सेना ने जवाबी कार्यवाही की और 'ऑपरेशन विजय' चलाकर आतताइयों को खदेड़ दिया। अनेक उग्रतत्त्व मार दिए गए और पाकिस्तान को करारा जवाब दिया। हमारे अनेक राष्ट्र प्रहरी शहीद भी हुए।

अटल जी को भरोसा नहीं था कि उनकी सद्भावना का पाकिस्तान इस प्रकार प्रत्युत्तर देगा। अपनी उस पीड़ा को उन्होंने इस प्रकार व्यक्त किया था:

''लाहौर बस यात्रा के समय मुझे पता नहीं था कि दिल्ली और लाहौर की सड़क करगिल से निकल आएगी। जब मैं लाहौर में नवाज शरीफ को गले लगा रहा था, तब वहाँ भारत में घुसपैठियों को भेजने की साजिश रची जा रही थी।''

एक वोट से सरकार का पतन

अटल जी की सरकार को तेलुगुदेशम, अन्ना द्रमुक, तृणमूल कांग्रेस, समता पार्टी, अकाली दल, बी.एस.पी., शिव सेना आदि का समर्थन प्राप्त था। उनमें अन्ना द्रमुक की जयललिता शुरू से ही दबाव की राजनीति करती आ रही थीं। उनके खिलाफ तमिलनाडु में भ्रष्टाचार के अनेक मुकदमे लम्बित थे। उन्होंने अटल जी पर दबाव बनाया कि उनके विरुद्ध मुकदमे वापस लेकर उन्हें दोषमुक्त कर दिया जाए, लेकिन जब अटल जी ने उनकी बात नहीं मानी, तो उन्होंने सरकार से समर्थन वापस ले लिया।

15 अप्रैल, 1999 को अटल जी ने सदन में विश्वास मत पेश किया। बहस के बाद मत विभाजन हुआ। इसमें 270 मत सरकार के विरुद्ध पड़े और 269 समर्थन में। इस प्रकार यह गठबंधन सरकार 1 मत के अभाव में गिर गई। यह एक मत उड़ीसा के मुख्यमंत्री गोमांग अमांग का था। जब वे लोकसभा के सदस्य थे तभी उड़ीसा के मुख्यमंत्री बना दिए गए। उन्होंने अभी संसद की सदस्यता से त्यागपत्र नहीं दिया था, तभी विश्वास मत आ गया। कांग्रेस अध्यक्षा के संकेत पर गोमांग ने विरोध में मतदान किया। इस पर काफी बवाल भी मचा था। लोकसभा अध्यक्ष ने इस पर अपने निर्णय में कहा था कि अमांग अपनी आत्मा की आवाज़ पर जिसे वोट देना चाहें, दें, लेकिन अपनी अंतरआत्मा को परे रखकर उन्होंने कांग्रेस अध्यक्षा के संकेत पर सरकार के विरुद्ध मत डाला।

अटल जी ने उसी दिन राष्ट्रपति को त्याग पत्र सौंप दिया। अगली व्यवस्था होने तक उन्होंने अटल जी को पद पर बने रहने का अनुरोध किया। बाद में, काफी उछल-कूद और तिकड़म के बाद भी कांग्रेस सरकार नहीं बना पाई, तो 26 अप्रैल, 1999 को राष्ट्रपति ने लोकसभा भंग कर दी।

अक्टूबर, 1999 में चुनाव आयोग ने 13वीं लोकसभा के चुनाव कार्यक्रम की घोषणा कर दी। अटल जी आगामी रणनीति बनाने में जुट गए।

लखनऊ से चौथी बार

मासूम बच्चों, बूढ़ी औरतों, जवान मर्दों की लाशों के ढेर पर चढ़ कर जो सत्ता के सिंहासन तक पहुँचना चाहते हैं, उनसे मेरा एक सवाल है : क्या मरने वालों के साथ उनका कोई रिश्ता न था? न सही धर्म का नाता, क्या धरती का भी संबंध नहीं था? 'पृथ्वी माँ और हम उसके पुत्र हैं।' अथर्ववेद का यह मंत्र क्या सिर्फ जपने के लिए है, जीने के लिए नहीं?

आग में जले बच्चे, वासना की शिकार औरतें,
राख में बदले घर न सभ्यता का प्रमाण पत्र हैं,
न देशभक्ति का तमगा, वे यदि घोषणा-पत्र हैं तो पशुता के,
प्रमाण हैं तो पतितावस्था के, प्रमाण हैं तो पतितावस्था के,

ऐसे कपूतों से माँ का निपूती रहना ही अच्छा था।

निर्दोष रक्त से सनी राजगद्दी, श्मशान की धूल से भी गिरी है,
सत्त की अनियन्त्रित भूख रक्त-पिपासा ससे भी बुरी है।
पाँच हजार साल की संस्कृति : गर्व करें या रोएँ?
स्वार्थ की दौड़ में कहीं आज़ादी फिर से न खोएँ।

इस कविता के माध्यम से अटल जी ने वर्तमान राजनीति को एक चेतावनी दी है, जिस पर देश के सभी नेताओं को विचार करना चाहिए।

13वीं लोकसभा का चुनाव भी अटल जी ने लखनऊ से लड़ा। वे चौथी बार भी यहाँ से विजयी हुए। उन्होंने कांग्रेस के डॉ. कर्णसिंह को लगभग सवा लाख वोटों से शिकस्त दी। यह चुनाव 'राष्ट्रीय जनतांत्रिक गठबंधन' (एन.डी.ए.) ने एक एजेंडे के तहत लड़ा था।

अटल जी ने अपने गत प्रशासन के कार्यों और उपलब्धियों को देश की जनता के सामने सहज ढंग से प्रस्तुत किया। अक्टूबर 1999 में हुए इन चुनावों में भाजपा और सहयोगी दलों को 298 सीटें प्राप्त हुईं।

तीसरी बार प्रधानमंत्री

13 अक्टूबर, 1999 को राष्ट्रपति ने अटल जी को तीसरी बार देश के प्रधानमंत्री की शपथ दिलवाई उनके साथ कुछ और मंत्रियों ने भी शपथ ली।

अटल जी भारत में ही नहीं वरन् भारत के बाहर भी लोकप्रिय हो गए थे। यह उनकी लोकप्रियता और विदेश नीति की सिद्धहस्तता ही थी कि अमेरिकी राष्ट्रपति बिल क्लिंटन मार्च, 2000 में भारत-यात्रा पर आए। वे अटल जी के व्यक्तित्व से अत्यंत प्रभावित थे। उनकी बातचीत का परिणाम यह हुआ कि भारत-अमेरिका दोनों एक-दूसरे के निकट आए और दोनों देशों के संबंधों में मधुरता की मिठास घुली।

दूसरी ओर, भारत के पड़ोसी देश पाकिस्तान की राजनीति में एक बड़ा बदलाव हुआ। पाकिस्तान के प्रधानमंत्री नवाज शरीफ और सेनाध्यक्ष जनरल परवेज मुशर्रफ के बीच काफी समय से हो रही तनातनी में प्रधानमंत्री नवाज शरीफ बुरी तरह से पिछड़ गए। सेनाध्यक्ष ने अपनी सैनिक शक्ति का इस्तेमाल करते हुए उन्हें गिरफ्तार कर जेल भेज दिया। पाकिस्तान एक बार फिर से तानाशाही का शिकार हुआ, जिसका असर भारत-पाकिस्तान के संबंधों पर भी पड़ा।

उस समय भारतीय प्रधानमंत्री अटल बिहारी वाजपेयी पाकिस्तान से अपने संबंधों को सुधारने में लगे हुए थे। उन्होंने परवेज मुशर्रफ के साथ आपसी संबंधों को सुधारने व मजबूती प्रदान करने हेतु कई बार वार्ताएं भी कीं, लेकिन कोई भी सकारात्मक परिणाम देखने को नहीं मिला।

भारत-पाकिस्तान के बीच अशांति का माहौल बना हुआ था। भारत ने हमेशा से ही पाकिस्तान के साथ संबंधों को सुधारने के कई अथक प्रयास किए, लेकिन पाकिस्तान ने कभी भी कोई दिलचस्पी नहीं दिखाई; उल्टे वह भारत पर आरोप-प्रत्यारोपों की कहानी मढ़ता रहा है।

13 दिसंबर, 2001 का दिन भारतीय इतिहास में काले अध्याय के रूप में दर्ज है। इस दिन लशकरे-तैयबा के कुछ आतंकवादियों ने मिलकर संसद पर हमला किया, लेकिन भारत के बहादुर सुरक्षाकर्मियों ने अपनी बहादुरी का परिचय देते हुए, उन सभी आतंकवादियों को मार गिराया। आतंकवादियों के इस हमले में चार सिपाही और एक महिला कांस्टेबल शहीद हो गए।

चारों ओर इस आतंकवादी हमले की कड़ी भर्त्सना की गई। इन आतंकवादियों का हाल यह था कि ये भारत में अपनी वारदात को अंजाम देकर

पाकिस्तान में जा छिपते थे। अत: इस बात को देखते हुए भारत ने पाकिस्तान को चेतावनी देते हुए कहा कि वह अपने यहां आने वाले आतंकवादियों को शरण न दे, यदि वह ऐसा करता है तो उसके विरुद्ध कड़ी सैन्य कार्रवाई की जाएगी। इस चेतावनी के अलावा भारत ने पाकिस्तान को 20 ऐसे आतंकवादियों की सूची भी सौंपी, जो भारत में जघन्य अपराधों की सूची में शामिल थे।

बिगड़ते हालातों को देखते हुए भारत ने लगभग एक साल तक अपनी सेनाओं को सीमा पर तैनात कर दिया था। भारतीय प्रधान-मंत्री अटल बिहारी वाजपेयी एक शांतिप्रिय छवि के व्यक्ति हैं और जिनका उद्देश्य भारत ही नहीं, बल्कि संपूर्ण विश्व में शांति की स्थापना है। उस समय भी उन्होंने बड़े संयम से काम लिया। अटल जी की शांतिप्रियता की झलक उनके द्वारा रचित कविता 'जंग न होने देंगे' में देखने को मिलती है–

'हम जंग न होने देंगे!

विश्वशांति के हम साधक हैं, जंग न होने देंगे।

कभी न खेतों में फिर खूनी खाद फलेगी,

खलिहानों में नहीं मौत की फसल खिलेगी।

आसमान फिर कभी न अंगारे उगलेगा,

एटम से नागासाकी फिर न जलेगी।

युद्धविहीन विश्व का सपना भंग न होने देंगे,

जंग न होने देंगे।

हथियारों के ढेरों पर है जिनका डेरा

मुंह में शांति, बगल में बम, धोखे का फेरा।

कफन बेचने वालों से कह दो चिल्लाकर,

दुनिया जान गई है उनका असली चेहरा।

कामयाब हों उनकी चालें, ढंग न होने देंगे,

जंग न होने देंगे।

हमें चाहिए शांति, जिंदगी हमको प्यारी,

हमें चाहिए शांति, सृजन की है तैयारी।

हमने छेड़ी जंग भूख से, बीमारी से,

आगे आकर हाथ बंटाए दुनिया सारी।

हरी-भरी धरती को खूनी रंग न लेने देंगे,

जंग न होने देंगे।

भारत-पाकिस्तान पड़ोसी, साथ-साथ रहना है,
प्यार करें या वार करें, दोनों को ही सहना है।
तीन बार लड़ चुके लड़ाई, कितना महंगा सौदा,
रूसी बम हो या अमेरिकी, खून एक ही बहना है।
जो हम पर गुजरी बच्चों के संग न होने देंगे,
जंग न होने देंगे।'

वास्तव में अटल जी, सत्य, अहिंसा और शांति की प्रतिमूर्ति हैं। उन्होंने हमेशा ही घृणा-द्वेष से परे शांति बनाए रखने का संदेश दिया है। जब अटल जी के नेतृत्व वाली सरकार का कार्यकाल अक्टूबर, 2004 को पूरा होने वाला था तो एन.डी.ए. नेताओं ने अप्रैल-मई में चुनाव कराने पर दबाव डाला। अटल जी ने सर्वसम्मति से एक अनुशासित कार्यकर्ता की भांति उनके निर्णय को स्वीकार कर लिया।

हालांकि अटल जी ने एन;डी.ए. कार्यकर्ताओं को समझाया भी कि कहीं हम 'अति उत्साह' और 'अति आत्मविश्वास' के शिकार हो जाएं। कार्यकर्ताओं के अति उत्साह का मुख्य कारण यह भी था कि 2003 में चार राज्यों में होने वाले विधानसभा के चुनाव में भारतीय जनता पार्टी को भारी बहुमत मिला था। इसी कारण कार्यकर्ताओं में यह उत्साह पैदा हो गया था कि लोकसभा चुनावों में भी उनकी पार्टी ही जीतेगी।

13 मई, 2004 को आने वाले लोकसभा चुनावों के परिणाम ने भारतीय जनता पार्टी की उम्मीदों को ध्वस्त कर दिया। जहां पार्टी को पूर्ण बहुमत हासिल करने की उम्मीद थी, वहीं उसे एन.डी.ए. को मिलाकर भी बहुमत हासिल न हो सका। इस संबंध में अटल जी ने अपने विचार कुछ यूं व्यक्त किए—

"हम जनमत का सम्मान करते हैं। हमें जनता से सरकार बनाने का सम्मान नहीं मिला। अत: हम विपक्ष में बैठेंगे और अच्छे विपक्ष की भूमिका निभाएंगे। .. मेरी पार्टी भले ही हार गई हो, लेकिन भारत विजयी हुआ है।"

अटल जी ने आरंभ से ही स्वच्छ राजनीति की और उन्होंने हमेशा ही 'समर्पण और अनुशासन' की भावना का पालन किया है। उनकी सबसे बड़ी विशेषता यह रही है कि उन्होंने स्वयं को लोभ, क्रोध, माया तथा मोह से दूर रखा है।

काँटों का ताज

अपनी इस ताजपोशी को अटल जी ने 'काँटों का ताज' की संज्ञा दी। इतनी सारी पार्टियों को एक सूत्र में बाँधकर चलना वाकई काँटों पर चलने जैसा है, लेकिन अटल जी ने धैर्य, साहस, दूरदर्शिता और विश्वास के साथ इसका बीड़ा उठाया और बड़ी कुशलता से इसे चलाया भी।

राष्ट्रकुल सम्मेलन

डरबन में आयोजित राष्ट्रकुल शिखर सम्मेलन में अटल जी ने पाकिस्तान समर्थित आतंकवाद को मजबूती से रखा और उसके विरुद्ध ज़बरदस्त माहौल बनाया। उन्होंने ब्रिटेन के प्रधानमंत्री ब्लेयर और महारानी एलिज़ाबेथ से मुलाकात कर भारतीय हितों की बात की।

भारत प्रगति के पथ पर

❑ जीवन स्तर और जनकल्याण संबंधी विभिन्न पहलुओं को दर्शाने वाले लगभग 70 सामाजिक सूचकों को शामिल करते हुए, भारत में राज्य स्तर पर मानव विकास सूचकांक और मानव निर्धनता सूचकांक पहली बार विकसित किए गए।

❑ जिला स्तर पर मानव विकास की स्थिति और प्रगति को दर्शाने वाली राज्य मानव विकास रिपोर्टों को प्रकाशित करने हेतु सभी राज्यों को सहायता दी गई।

❑ मानव विकास के आर्थिक, सामाजिक तथा पर्यावरणीय आयामों को शामिल करते हुए, 2007 तक प्राप्त किए जाने वाले अनुवीक्षणीय लक्ष्यों को पहली बार स्पष्टतया विनिर्दिष्ट किया गया है जिनमें अन्य के अलावा निम्नांकित शामिल हैं:–

1. सभी बच्चों को पूरे 5 वर्षों तक स्कूली शिक्षा।
2. प्रति 1000 जीवित जन्मे बच्चों की शिशु मृत्यु दर घटकर 45 हुई।
3. सभी गाँवों को स्वच्छ पेय जल की निरंतर उपलब्धता।

❑ अनुवीक्षणीय लक्ष्यों के कार्यान्वयन पर विशेष बल देने हेतु 163 प्राथमिकता कार्यसूची और मुख्य क्षेत्रों को चिह्निंत किया गया।

❑ प्रधानमंत्री ग्रामोदय योजना शुरू की गई और ग्राम स्तर पर धारणीय मानव

विकास का लक्ष्य प्राप्त करने हेतु सभी राज्यों को 13,700 करोड़ रुपये की अतिरिक्त केन्द्रीय सहायता आवंटित की गई।

❑ किशोरियों के पोषण कार्यक्रम हेतु सभी राज्यों और संघ राज्य क्षेत्रों के 51 पिछड़े ज़िलों के लिए 394 करोड़ रुपये की अतिरिक्त केन्द्रीय सहायता आवंटित की गई।

❑ 4130 समूहों में लगभग 40,000 गाँवों को ग्रामीण क्षेत्रों में शहरी सेवाएँ उपलब्ध कराने संबंधी कार्यक्रम को सैद्धांतिक मंजूरी दी गई।

अंत्योदय अन्न योजना

प्रधानमंत्री श्री अटल बिहारी वाजपेयी का सपना है कि भारत का कोई भी बच्चा भूखे पेट न सोए। यही लक्ष्य है अंत्योदय अन्न योजना का। यह विश्व की सबसे बड़ी खाद्य सुरक्षा योजना है। आज़ादी के बाद पहली बार इतने अधिक गरीब लोगों को इतने सस्ते दामों पर अनाज उपलब्ध कराया जा रहा है।

परंतु यह सिर्फ एक शुरुआत है, विकसित भारत की ओर एक मजबूत कदम। एक ऐसा नया भारत जिसमें कोई भूखा न हो, गरीब न हो, बेरोज़गार न हो। जहाँ विकास की धारा हर घर तक पहुँचे। पिछले पाँच सालों में भारत ने काफी प्रगति की है, परंतु अभी भी बहुत कुछ होना बाकी है।

अंत्योदय अन्न योजना द्वारा 1.5 करोड़ अति गरीब परिवारों को यानी लगभग 7.5 करोड़ लोगों को 2 रुपये किलो गेहूँ और 3 रुपये किलो चावल की दर से प्रतिमाह 35 किलो अनाज उपलब्ध कराया जा रहा है।

किसान क्रेडिट कार्ड

आज़ादी के बाद पहली बार किसान क्रेडिट कार्ड योजना के अंतर्गत 3.5 करोड़ किसानों को क्रेडिट कार्ड उपलब्ध कराए गए तथा 85,000 करोड़ रुपये का कर्ज़ स्वीकृत किया जा चुका है। 1.25 करोड़ कारीगर तथा बुनकर परिवारों के लिए क्रेडिट कार्ड की योजना शुरू की गई है।

'शहर यानी सुविधा और गाँव यानी असुविधा' यह देश की वास्तविकता है। प्रधानमंत्री श्री वाजपेयी का सपना है कि इस कड़वे सच को बदला जाए। और यह बदल भी रहा है। आज मोबाइल फोन, क्रेडिट कार्ड और इंटरनेट ग्रामीण क्षेत्रों में भी दिखाई देने लगे हैं। ब्याज की दरों में कटौती की गई है। फसल और आय बीमा का प्रावधान किया गया है। 50,000 करोड़ रुपये की

विशेष लागत से दूसरी हरित क्रांति के बीज बोए गए हैं। प्रधानमंत्री ग्राम सड़क योजना के अंतर्गत गाँवों में भी पक्की सड़कों का जाल बिछाया जा रहा है। मकान निर्माण में भी अभूतपूर्व तेजी आई है। 'सब पढ़ें सब बढ़ें' इस लक्ष्य की प्राप्ति के लिए 'सर्व शिक्षा अभियान' चलाया जा रहा है।

प्रधानमंत्री ग्राम-सड़क योजना

आज़ादी के पचास साल बाद भी देश में लगभग 1 लाख 80 हज़ार गांव सड़कों से वंचित रहे। पहली बार केन्द्र सरकार ने 60,000 करोड़ रुपये की प्रधानमंत्री ग्राम सड़क योजना पर काम शुरू किया। लक्ष्य है वर्ष 2007 तक 500 की आबादी वाली प्रत्येक ग्रामीण बस्ती को पक्की तथा बारहमासी सड़कों से जोड़ देना। अब तक लगभग 30,000 गांवों में ऐसी सड़के बन गई हैं।

प्रधानमंत्री का सपना है कि गांव और शहर के बीच के अंतर को मिटाया जाए। आज पूरे देश में विश्वस्तरीय चार लेन वाले राजमार्ग का जाल बिछाया जा रहा है। ऐसी ही अच्छी सड़कों का जाल ग्रामीण भारत में भी दिखाई देने लगा है। पक्की सड़क हो तो किसान की उपज तेजी से बाज़ार तक पहुंचती है, मरीज को जल्दी से अस्पताल पहुंचाया जा सकता है, बच्चों को स्कूल जाने में सुविधा होती है, सुख-दुःख में हाथ बंटाने के लिए एक-दूसरे के यहां आया-जाया जा सकता है। अच्छी सड़कों से ही गांवों की कायापलट संभव है।

पिछले पांच सालों में भारत ने काफी प्रगति की है, परंतु अभी भी बहुत कुछ होना बाकी है। हमें एक ऐसे विकसित भारत को बनाना है जिसमें कोई भूख न हो, गरीब न हो, बेरोजगार न हो।

देश के कुछ महत्त्वपूर्ण मुद्दों पर अटल जी की राय

स्वदेशी

''स्वदेशी से मेरा मतलब भारत को एक द्वीप बनाना नहीं है। न ही इसके जरिए हम भारत को दुनिया से अलग-थलग करना चाहते हैं। स्वदेशी का मतलब यह भी नहीं है कि हम नए विचार, आधुनिक तकनीक और विदेशी निवेश को भारत में नहीं आने देंगे।

स्वदेशी से हमारा मतलब है कठिन परिश्रम के जरिए मौजूदा संसाधनों का अधिकतम इस्तेमाल। साथ ही, इसके जरिए लोगों में आधुनिक और समृद्ध

भारत के निर्माण का भरोसा जगाना। स्वदेशी का मतलब भारत को विश्व शक्ति बनाना है। स्वदेशी यानी देसी अनुसंधान और विकास को मजबूत करना। स्वदेशी का मतलब अंतत: भारत के सभी नागरिकों को ठीक-ठाक जीवन स्तर मुहैया कराना है। जो लोग यह कहते हैं कि हम दूसरों की मदद के बिना आगे नहीं बढ़ सकते, वे गलत हैं। हमारे पास प्रचुर प्राकृतिक संसाधन हैं। हमारे पास तकनीक कुशल श्रम है। विज्ञान और तकनीक के क्षेत्र में हमारी उपलब्धियां काबिले-गौर हैं। ऐसे में देश की क्षमताओं पर शक का कोई कारण नहीं है। लब्बो-लुआब यह कि भारत हर ऊंचाई छू सकता है और वह हर ऊंचाई हासिल करेगा।''

उदारीकरण

''राज्य नियंत्रित अर्थव्यवस्था की ओर लौटने की बात बेमानी है। पहले की व्यवस्था में ज्यादा उत्पादन के लिए निजी क्षेत्र को सराहने के बजाय हम उस पर 'कोटा का बोझ' लाद देते थे। जनसंघ के जमाने से ही मेरी पार्टी अर्थव्यवस्था पर सरकारी नियंत्रण कम करने की बात करती आई है। जब भारत का हर राजनीतिक दल अर्थव्यवस्था के नेहरू मॉडल का गुणगान कर रहा था, तब जनसंघ इसे सरकारी नियंत्रण से आज़ाद करने की मांग कर रहा था। हालांकि, विकासशील मुल्कों में सरकारों की सामाजिक सेक्टर में महत्त्वपूर्ण भूमिका होती है। इन मुल्कों में सभी नागरिकों को स्वास्थ्य, शिक्षा, पोषण, पेयजल और आवास मुहैया कराने की ज़िम्मेदारी सरकार पर होती है। सड़क जैसी बुनियादी सेवा भी सरकार की जिम्मेदारी है।''

सार्वजनिक क्षेत्र

''इस बात की अनदेखी नहीं की जा सकती है कि सार्वजनिक क्षेत्र ने देश की अर्थव्यवस्था के विकास में योगदान दिया है। हालांकि, पेशेवर प्रबंधकों का वर्ग तैयार किए बिना इस क्षेत्र के बेलगाम विकास के कारण सार्वजनिक क्षेत्र की कई कंपनियां घाटे में चली गईं। इस कारण, कइयों को चलाना भी भारी पड़ने लगा। मेरा मानना है कि घाटे वाली जिन कंपनियों को फिर से खड़ा किया जा सकता है, उन्हें मदद देनी चाहिए। मैं नहीं चाहता कि पहले के बेलगाम विकास की नीति को कंपनियों को बंद करने की नीति से बदला जाए। हमारे लिए मजदूर के हितों की रक्षा सर्वोपरि है।''

प्रखर राजनेता अटल बिहारी वाजपेयी

विदेशी बहुराष्ट्रीय कंपनियां

''मैं और मेरी पार्टी–समृद्धि का भ्रम पैदा करने वाले उन विदेशी उत्पादों का विरोध करते हैं, जो सीमित तबके की मांग ही पूरी करते हैं। साफ कहें तो हम बेलगाम उपभोक्तावाद का विरोध करते हैं। यह मुट्ठी–भर महानगरी और ऊपरी तबके के लोगों को लुभा सकती है, लेकिन यह गांवों में बसने वाली 75 फीसदी आबादी की जरूरतों की अनदेखी करती है। दक्षिण-पूर्व एशिया के जिन मुल्कों ने तरक्की की है, उनकी बचत दरें बहुत ज्यादा रही हैं। ऐसे में हमें भी ऊंची बचत दर प्राप्त करने की कोशिश करनी चाहिए।''

विदेशी निवेश

''मैं यकीन दिलाना चाहता हूं कि देश की जरूरतों के मद्देनजर ही विदेशी निवेश के हर प्रस्ताव के बारे में फैसला लिया जाएगा। इनके बारे में फैसला करते वक्त मैं अपने देश के हितों का ख्याल रखूंगा। भारतीय उद्योग जगत बराबरी के अवसर की मांग कर रहा है। इसका मतलब स्थानीय उद्योगों को एक हद तक सुरक्षा मुहैया कराना है। मैं भी उनसे सहमत हूं। वैश्वीकरण की चुनौतियों से मुकाबले के लिए भारतीय उद्योगों को तैयारी के लिए वक्त दिया जाना चाहिए। अब तक वे संरक्षित बाज़ार में ऑपरेट करते आए थे। ऐसे में अचानक उन्हें अपने से ज्यादा पूंजी वाली कंपनियों के मुकाबले में झोंकना मुनासिब नहीं होगा। मैं भारतीय कंपनियों को बराबर का अवसर देने के हक में हूं। अमेरिका में नारा है - बी अमेरिकन बाय अमेरिकन। ऐसे में हम बी इंडियन बाय इंडियन क्यों नहीं कह सकते? विदेशी उत्पादों की धारा में बहने के बजाय क्यों न हम ग्लोबल भारतीय ब्रांड बनाएं?''

भ्रष्टाचार

''नैतिक रूप से सशक्त सरकार ही सुशासन दे सकती है। मौजूदा राजनीति में नैतिकता को बेहद हल्के ढंग से लिया जाता है। यह सिर्फ भारतीय राजनीति तक ही महदूद नहीं है, बल्कि विदेशों में, राजनीति इसका शिकार हुई है। राजनीति ज्यादा-से-ज्यादा पैसे पर निर्भर होती जा रही है। इसके साथ ही राजनीति से विचारधारा का भी लोप हो रहा है, लेकिन हमारे सोचने-भर से ही भ्रष्टाचार खत्म नहीं हो जाएगा। इस बुराई से हर स्तर पर लड़ने की जरूरत है। भ्रष्टाचार को खत्म करने की जंग राजनीति से धनबल के प्रभाव को खत्म

करने के साथ शुरू होनी चाहिए। दूसरे, इससे मुकाबले के लिए व्यापक स्तर पर चुनाव सुधार करने की जरूरत है।''

संविधान समीक्षा

''आजादी के इतने सालों बाद संविधान पर दूसरी बार नज़र डाली जानी चाहिए। संविधान समीक्षा के जरिए व्यवस्था में संस्थागत बदलाव करने की संभावनाएं तलाशनी चाहिए। कुछ लोगों ने राष्ट्रपति शासन प्रणाली की अच्छाइयों की ओर ध्यान दिलाया है, पर यहां यह सवाल उठता है कि भारत के लिए किस तरह की राष्ट्रपति शासन प्रणाली बेहतर साबित होगी।

आपको मालूम होगा कि सुप्रीम कोर्ट के आदेश के मुताबिक संविधान के बुनियादी ढांचे में किसी किस्म का बदलाव नहीं हो सकता। हमें इस बात का ख्याल रखना होगा। यह भी सच है कि मौजूदा ढांचे में कुछ बदलाव लाए जा सकते हैं। खासतौर पर सरकार के स्थायित्व के मामले में। उदाहरण के लिए हम लोकसभा चुनावों में मिले जनादेश को पांच साल तक के लिए अनिवार्य कर सकते हैं। इससे मध्यविधि चुनावों पर रोक लग जाएगी। इस मामले में जर्मन व्यवस्था पर विचार किया जा सकता है। इस व्यवस्था के तहत वर्तमान सरकार के खिलाफ अविश्वास प्रस्ताव नहीं लाया जा सकता, हालांकि, वैकल्पिक सरकार के समर्थन में विश्वास प्रस्ताव लाने का प्रावधान रखा गया है। हमें अस्थयित्व से निबटने के लिए कुछ-न-कुछ करना चाहिए।

चुनाव सुधार

''हमारे चुनाव तंत्र में कई खामियां हैं। बुनियादी खामी यह है कि सीटों की संख्या से पार्टी के जनाधार के बारे में सही जानकारी नहीं मिलती। वोट प्रतिशत ज्यादा होने पर भी मुमकिन है कि किसी राजनीतिक दल को बहुमत से काफी कम सीटें मिलें। इसके विपरीत, कम वोट प्रतिशत होने के बावजूद भी किसी दल के हाथ सत्ता लग सकती है। हाल के वर्षों में हमने क्षेत्रीय दलों का उभार और कांग्रेस जैसे राष्ट्रीय दल का उतार देखा है। इसकी क्या वजह हो सकती है?

आजादी के बाद दिल्ली में सत्ता के केन्द्रीकरण का चलन शुरू हुआ। मुख्य रूप से इसकी दो वजहें थीं। पहली, विभाजन का अनुभव और पांच सौ से अधिक प्रांतों और राज्यों को एकजुट कर देश का रूप देना। असल

प्रखर राजनेता अटल बिहारी वाजपेयी

में इसके जरिए कोशिश थी कि देश और न टूटे। उस वक्त कांग्रेस राज्य और केन्द्र दोनों ही स्तर पर सबसे ताकतवर पार्टी थी। राष्ट्रीय पार्टियां आम तौर पर राष्ट्रीय मसलों में उलझी होती हैं इसलिए क्षेत्रीय ख्वाहिशें की अनदेखी हुई। सत्ता के अति-केंद्रीकरण के कारण मामूली बातों पर राज्यों के मुख्यमंत्री केंद्र की ओर दौड़ने लगे। इन कारणों से राजनीति में क्षेत्रीय ताकतों का उभार हुआ। जब तक क्षेत्रीय दलों में राष्ट्रीय दृष्टि है, मुझे इनमें कोई बुराई नज़र नहीं आती।''

राज्यों तक सत्ता का विकेंद्रीकरण

''राजनीतिक और आर्थिक ताकतों का विकेंद्रीकरण होना चाहिए। निर्णय प्रक्रिया को सिर्फ केन्द्र तक सीमित नहीं रखा जा सकता। हम राज्यों को ज्यादा वित्तीय स्वायत्तता देने की बात कर रहे हैं। उसी तरह से राज्यों के हक में संसाधनों का नियांत्रण देने की भी चर्चा हो रही है। जहां तक राज्यपाल की नियुक्ति की बात है, इस पर राज्य के मुख्यमंत्री की सहमति होनी चाहिए। कहने की जरूरत नहीं है कि मैं धारा 356 के दुरुपयोग के खिलाफ हूं। अगर मौका मिला, तो मैं संविधान संशोधन के जरिए इसके दुरुपयोग को रोकने की कोशिश करूंगा। सरकारिया आयोग की सिफारिशों पर गर्द पड़ती रही। मेरी राय में उनमें से कइयों को अपडेट करने और उन पर अमल करने की जरूरत है।''

गठबंधन सरकार

''हमने अब तक मिलकर काम करने का हुनर नहीं सीखा है। किसी भी राजनीतिक दल में कोई शख्स बेरोक-टोक ढंग से काम नहीं कर सकता, इसी कारण पार्टियां टूटी हैं। ऐसे में पार्टियों के मिलकर काम करने की कल्पना कैसे की जा सकती है। मेरी राय में किसी भी राजनीतिक गठबंधन के केंद्र में एक बड़े राजनीतिक दल का होना जरूरी है। गठबंधन सरकार के लिए ऐसा होना जरूरी है। राज्यों में इस तरह के प्रयोग कामयाब रहे हैं। इस मामले में खासतौर पर पश्चिम बंगाल का जिक्र किया जा सकता है।

राष्ट्रीय सुरक्षा

''मेरी राय में राष्ट्रीय सुरक्षा को सर्वोच्च प्राथमिकता मिलनी चाहिए। भारत तीन युद्ध लड़ चुका है। हमारी ज़मीन के बहुत बड़े टुकड़े पर विदेशियों ने कब्जा कर रखा है। यही नहीं, हमारी सीमाओं पर लगातार खतरा बना हुआ है। राष्ट्रीय

सुरक्षा पर हमारी चिंताएं इन्हीं से उपजी हैं। अपनी क्षेत्रीय अखंडता और संप्रभुता बरकरार रखने के लिए हमें अपनी सीमाओं की सुरक्षा करनी होगी।''

विदेश नीति

''विदेश नीति के मामले मे हम हमेशा सर्वसम्मत राह पर चले हैं। भारत अपने पड़ोसी मुल्कों के साथ शांति और मैत्रीपूर्ण संबंध चाहता है। साथ ही, मैं यह भी कहना चाहूंगा कि भारत अपनी क्षमता के मुताबिक विश्व बिरादरी में स्थान हासिल करेगा।''

धर्म निरपेक्षता

''धर्म निरपेक्षता के जरिए हम भारत में सबके लिए समान अवसर और न्याय सुनिश्चित करेंगे। भारत को सर्व धर्म सम्भाव से प्रेरणा ग्रहण करनी चाहिए यानी यहां सभी धर्मों का आदर हो। राजसत्ता को किसी खास धर्म की तरफ नहीं झुका होना चाहिए। संविधान के मुताबिक, मुसलमानों को किसी दूसरे धर्म के अनुयायी की तरह बराबर अधिकार हासिल हैं। उनके जीवन, संपत्ति और सम्मान की रक्षा करने का हम वादा करते हैं।''

महिला अधिकार

''महिलाओं में आत्मविश्वास जगाने की जरूरत है। इसके बाद उनकी शिक्षा की बारी आती है। महिला राष्ट्रीय साक्षरता दर बेहद कम है। इसी तरह हमें दूसरी सामाजिक बुराइयों से लड़ने की जरूरत है। महिलाओं को पुरुषों के समान संपत्ति का अधिकार मिलना चाहिए। सत्ता में भी महिलाओं को भागीदारी मिलनी चाहिए।''

महिला आरक्षण

''मैं नौकरियों और विधायिका में महिला आरक्षण का समर्थन करता हूं। महिलाओं को विधायिका में 33 फीसदी आरक्षण देने वाला प्रस्तावित विधेयक संसद को पारित करना चाहिए।''

आबादी

''भारत की बढ़ती आबादी बहुत गंभीर समस्या है। इससे युद्ध स्तर पर निबटा जाना चाहिए। आबादी की समस्या से निबटने के लिए बहुआयामी उपायों की जरूरत है। पहले, लोगों में अभियान और शिक्षा के जरिए

प्रखर राजनेता अटल बिहारी वाजपेयी

जागरूकता लाई जानी चाहिए। इनके जरिए किस तरह से सकारात्मक परिणाम हासिल किए जा सकते हैं, इसका उदाहरण केरल है। दूसरे, आबादी नियंत्रण के लिए एक ओर कुछ प्रोत्साहन दिए जाएं, वहीं दूसरी ओर कुछ दंडों का भी प्रावधान किया जाए। हालांकि, अब तक धार्मिक भावनाओं को ख्याल में रखकर सरकारों ने दंडात्मक पहलू को नज़रअंदाज किया है।''

भारत-अमेरिका : दोस्ती की नई उड़ान

2004 के शुरुआत में भारत और अमेरिका ने उच्च तकनीक के क्षेत्र में आपसी सहयोग बढ़ाने के लिए एक नई सामरिक साझेदारी की घोषणा की। प्रधानमंत्री अटल बिहारी वाजपेयी और अमेरिकी राष्ट्रपति जॉर्ज बुश ने एक साथ इस आशय की एक सहमति की घोषणा करते हुए, इसे आपसी साझेदारी का एक नया दौर बताया। इस सहमति के तहत, दोनों देश असैनिक परमाणु व आंतरिक्ष कार्यक्रमों और उच्च तकनीक के क्षेत्र में आपसी सहयोग का नया युग शुरू करेंगे। इसके साथ ही दोनों मिसाइल सुरक्षा कार्यक्रम पर भी अपनी बातचीत जारी रखेंगे।

प्रधानमंत्री अटल बिहारी वाजपेयी ने इस आशय का बयान जारी करते हुए कहा कि भारत और अमेरिका के बीच सामरिक साझेदारी के लिए नए कदम उठाए गए। श्री वाजपेयी ने कहा कि नवम्बर 2001 में उन्होंने बुश के साथ सामरिक साझेदारी का रिश्ता विकसित करने का वादा किया था। तब से दोनों देशों ने कई क्षेत्रों में अपने द्विपक्षीय सहयोग को मजबूत किया।

प्रधानमंत्री वाजपेयी ने कहा कि भारत और अमेरिका तीन विशिष्ट क्षेत्रों-नागरिक परमाणु गतिविधियां, नागरिक अंतरिक्ष कार्यक्रमों और उच्च तकनीक व्यापार के क्षेत्र में सहयोग बढ़ाने को सहमत हो गए हैं। इसके अलावा दोनों देश मिसाइलों के हमले से बचाव के लिए मिसाइल रक्षा कार्यक्रमों में अपनी वार्ता को विस्तार देंगे। वाजपेयी ने कहा कि इन क्षेत्रों में सहयोग के लिए कई कदम उठाए जाएंगे। इसके तहत परमाणु नियम और सुरक्षा तथा मिसाइल सुरक्षा के मुद्दों पर एक समझौता भी शामिल होगा तथा दोनों देश अंतरिक्ष तकनीक के शांतिपूर्ण उपयोग के क्षेत्र में सहयोग बढ़ाने के उपायों पर संयुक्त विचार करेंगे। इसके अलावा उच्च तकनीक के व्यापार के लिए समुचित माहौल बनाने की कोशिश भी की जाएगी।

उधर अमेरिकी राष्ट्रपति जॉर्ज बुश ने वाशिंगटन में जारी अपने बयान में कहा कि दोनों देशों के बीच इस तरह के बढ़े हुए सहयोग से इनमें आपसी व्यावसायिक रिश्ता तो मजबूत होगा ही, दोनों देशों के बीच मैत्री भी मजबूत होगी। इसके अलावा इन कदमों से एशिया तथा इससे आगे भी स्थिरता को बढ़ावा मिलेगा। बुश ने कहा कि अमेरिका और भारत के बीच सामरिक साझेदारी की जिस दृष्टि से उनके और वाजपेयी के बीच सहमति बनी है, वह अब वास्तविकता बन रही है।

उन्होंने कहा कि भारत और अमेरिका के बीच रिश्ते मजबूत हो रहे हैं, क्योंकि दोनों के विचारों में समानता है और उनके हित भी समान हैं। अमेरिकी राष्ट्रपति ने इसका कारण यह बताया कि दोनों देश विश्व शांति में विश्वास करते हैं तथा आतंकवाद के खिलाफ साझी लड़ाई लड़ रहे हैं। साथ ही दोनों देश जनसंहार के हथियारों के प्रसार पर नियंत्रण लगाने में भी समान रूप से रुचि ले रहे हैं।

भारतीय प्रधानमंत्री ने नई दिल्ली में यह भी कहा कि जनसंहार के हथियारों के प्रसार को रोकने के लिए सम्बद्ध कानूनों और प्रक्रियाओं को मजबूत किया जाएगा और इन क्षेत्रों में द्विपक्षीय और अंतर्राष्ट्रीय सहयोग बढ़ाने की कोशिश भी की जाएगी। ये सहयोग अपने-अपने देशों के कानूनी प्रावधानों तथा अंतर्राष्ट्रीय दायित्वों के अनुरूप किए जाएंगे।

प्रधानमंत्री ने कहा कि दोनों देशों के बीच सहयोग के इन कार्यक्रमों की घोषणा में भारत और अमेरिका के रिश्तों को नया आयाम दिया जा सकेगा। ये समझौते दोनों देशों के रिश्तों में मील का पत्थर साबित होंगे। वाजपेयी के अनुसार, 'हम अंतर्राष्ट्रीय शांति व स्थिरता को बढ़ाने के लिए मिलकर काम कर रहे हैं और आतंकवाद के खिलाफ लड़ाई में साझीदार हैं।'

भारत-पाक शांति की उड़ान

इस्लामाबाद में जिन्ना कन्वेंशन सेंटर के ऊंचे गुंबद वाली छत के नीचे प्रधानमंत्री अटल बिहारी वाजपेयी नीति के क्षेत्र में अपना सबसे बड़ा जुआ खेलने जा रहे थे। 4 जनवरी, 2004 को जब वे दक्षिण एशियाई क्षेत्रीय सहयोग संगठन (दक्षेस) के शिखर सम्मेलन में आए नेताओं को संबोधित कर रहे थे, तो विदेश नीति संबंधी उनके सलाहकार, पाकिस्तानी प्रधानमंत्री मीर ज़फ़रुल्ला ख़ान जमाली के साथ कथित 'शिष्टाचार भेंट' के लिए एजेंडे को अंतिम रूप

देने में लगे थे। शिखर सम्मेलन में प्रतिनिधियों के बीच बैठे विदेश मंत्री यशवंत सिन्हा और राष्ट्र सुरक्षा सलाहकार ब्रजेश मिश्र पाकिस्तान में भारत के उच्चायुक्त शिवशंकर मेनन के साथ लगातार सलाह-मशविरे में लगे थे।

वाजपेयी पाकिस्तान के साथ भारत के संबंधों को शांति के उस मार्ग पर आगे ले जाना चाहते थे, जहां हाल के दिनों में कभी नहीं पहुंच पाए थे। यह, बकौल उनके, उनका तीसरा और अंतिम प्रयास होगा। प्रधानमंत्री और उनके सहयोगी जानते हैं कि इतिहास उनके विरुद्ध है। पाकिस्तान के साथ संबंध सुधारने के वाजपेयी के दो बड़े प्रयास विफल हो चुके हैं। लाहौर बस यात्रा का नतीजा कारगिल में पाकिस्तान की दगाबाजी के रूप में निकला और आगरा शिखरवार्ता की विफलता के बाद दोनों देशों के बीच भरोसा पूरी तरह टूट गया था, पर वाजपेयी एक बार फिर हाथ आजमाने को तैयार थे। उन्होंने दक्षेस शिखर सम्मेलन में जुटे नेताओं से कहा, ''इतिहास हमें याद दिला सकता है, हमारा मार्गदर्शन कर सकता है, हमें सिखा सकता है या चेतावनी दे सकता है। मगर हमें बेड़ियां नहीं डाल सकता।''

उद्घाटन सत्र की समाप्ति के बाद वाजपेयी कन्वेंशन सेंटर में बने एक कक्ष की ओर बढ़े, जहां जमाली भी पहुंच गए। पाकिस्तान के प्रधानमंत्री ने वाजपेयी के हाथों को गर्मजोशी से अपने हाथों में लिया और कहा, ''हमारे हाथ मिलें, तो काफी ताकत हो जाती है। इसे आसानी से तोड़ा नहीं जा सकता।'' यह बात सही साबित हुई। अगले दो दिनों में वाजपेयी और पाकिस्तानी राष्ट्रपति परवेज़ मुशर्रफ के बीच एक घंटे की महत्त्वपूर्ण बातचीत समेत ताबड़-तोड़ हुई वार्ताओं के बाद एक नई समझ उभरकर सामने आई। दक्षेस का 12वां शिखर सम्मेलन खत्म होने के तुरंत बाद भारत ने पाकिस्तान से बातचीत की प्रक्रिया दोबारा शुरू करने की घोषणा की। इससे दोनों देशों के बीच राजनयिक संबंधों में दो साल से चली आ रही कटुता खत्म हुई, जिसके चलते कई मौकों पर दोनों देश युद्ध के करीब पहुंच गए थे।

स्पष्ट था कि दोनों देशों ने सोच-समझकर अतीत की गलतियां न दोहराने का फैसला किया है। ऐसे मौकों पर अमूमन सामने आने वाली कटुता, दावे-प्रतिदावे और एक-दूसरे को नीचा दिखाने की हरकतें इस दफा नहीं दिखीं। इसके बजाय दोनों ओर के प्रमुख वार्ताकारों ने ऐसे बयान दिए, जो एक-दूसरे के पूरक मालूम पड़ रहे थे और जिससे आभास मिला कि दोनों पक्ष किस तरह तालमेल से अपना काम कर रहे हैं। खुश दिखते मुशर्रफ ने जहां

इस मौके पर ''इतिहास रचे जाने'' की घोषणा की, वहीं वे यह सफाई देने से भी नहीं चूके कि ''यहां कोई विजेता या पराजित नहीं है। यह दोनों ओर के लोगों के लिए शांति और समृद्धि लाने वाली जीत है।'' ऐसे मौकों पर वाजपेयी कोई टिप्पणी करने से परहेज करते हैं, पर उनके प्रधान सचिव ब्रजेश मिश्र ने इस फैसले को ''दोनों देशों की जीत'' करार दिया।

यह सही है कि ताज़ा पहल से पिछले 56 साल से लड़ते-झगड़ते आ रहे दोनों देशों के बीच शांति स्थापित करने का सर्वोत्तम मौका मिला है। तनाव घटने से दोनों देशों को तुरंत ही प्रतिरक्षा के बजाय आर्थिक विकास पर ध्यान देने में मदद मिलेगी। इससे दोनों में अगली पीढ़ी की उन भावनाओं की पुष्टि होगी कि बंटवारा इतिहास का हिस्सा है और उसकी कटुता केवल उनके माता-पिता याद करते हैं। दिल्ली में उप-प्रधानमंत्री लालकृष्ण आडवाणी ने भारत और पाकिस्तान के लोगों को इस 'ऐतिहासिक कदम' पर बधाई दी। अमेरिका समेत दुनिया-भर के देशों ने भी इसका स्वागत किया। भारत और पाकिस्तान इस पर खासे खुश हैं, तो उनके सतर्क रहने की वजह भी समझ आती है। यह अच्छा संकेत हैं। मुशर्रफ का कहना था कि यह ''महज शुरुआत है, अंत नहीं और हमें कड़ी मेहनत, ईमानदारी और भरोसे के सहारे आगे बढ़ना होगा।''

बहरहाल, भारत और वाजपेयी के लिए यह कदम खास जोखम-भरा है और इससे हारने सरीखी नौबत भी आ सकती है। इसका उलटा असर भी हो सकता है। मुशर्रफ द्वारा नीचा दिखाए जाने से नाखुश कश्मीरी कट्टरपंथी शांति प्रक्रिया में बाधा डालने का हरसंभव प्रयास करेंगे। इसके तहत आतंकवादी बड़े हमले कर सकते हैं, जिससे भाईचारे का माहौल बिगड़ने के साथ ही वाजपेयी की पहल की भी अग्निपरीक्षा हो सकती है।

अत: प्रधानमंत्री की टीम ने इतिहास के सबक याद रखे। इस बार उन्होंने उस जल्दबाजी से परहेज किया, जिसके कारण पिछले दो प्रयास निरर्थक रहे थे और कटुता बढ़ गई थी। इसकी बजाय वे मौके पर राजनीति तैयार करने के साथ-साथ 'कदम-दर-कदम आगे बढ़ने' के जुमले पर जोर देते रहे। इसे मूलत: इस तरीके से रचा गया था कि शुरुआत भरोसा बहाल करने के उपायों से हो, जिनसे पाकिस्तान के साथ भारत के संबंध वैसे ही बहाल हो जाएं, जैसे 13 दिसम्बर, 2001 को संसद पर हमले से पूर्व थे और यदि संभव हो तो दोनों देशों के बीच आवाजाही के नए तरीकों की तलाश सरीखे उपायों के जरिए यह प्रक्रिया आगे बढ़ाई जाए। पाकिस्तान ने नियंत्रण रेखा

पर संघर्ष विराम का जो प्रस्ताव रखा था और उसे समूची सीमा तक बढ़ाने पर जो सहमति जताई, उसके चलते पहली बार सियाचिन समेत सभी क्षेत्रों में तोपें शांत हुईं। इसके साथ ही सीमा पार से आतंकवाद में उल्लेखनीय गिरावट दर्ज की गई।

इसके बावजूद भारत को जेहादियों के विरुद्ध कार्रवाई करने संबंधी पाकिस्तान की घोषणा पर संदेह था। बड़ी चिंता यह थी कि आतंक के ढांचे और अस्त्रों को तोड़ने के बजाय उन्हें अस्थायी तौर पर हटा लिया गया है। साथ ही मुशर्रफ के जाल में फंसने का भय भी था कि ज़मीनी स्तर पर कोई ठोस कदम दिखने के पहले बातचीत की मेज पर बुला लिया जाए। बातचीत शुरू हो जाने के बाद वे अपनी फौज को आतंकवादी गतिविधियों में तेजी या कमी लाने का मनचाहा आदेश देकर बातचीत का अंजाम तय कर सकते थे, जिनसे भारत के सामने कुछ ही विकल्प बचते। सो, इस्लामाबाद जाने से पूर्व कुछ हफ्तों से भारतीय दल ने देश की असली चिंता यानी सीमा पार से आतंकवाद पर मुशर्रफ की गारंटी हासिल करने के लिए कुछ गैर-पारंपरिक व अप्रत्याशित कदम उठाए।

इसके पीछे विचार सीधा-सादा है। पाकिस्तान से भारत के उतार-चढ़ाव भरे संबंधों के दौरान पहली बार भारत ने पाकिस्तानी सत्ता प्रतिष्ठान के सभी स्तरों पर संपर्क का प्रयास किया, क्योंकि पाकिस्तान में आतंकवादियों के प्रशिक्षण शिविर नष्ट करने संबंधी भारत की प्रमुख चिंता के लिए मुशर्रफ के अलावा और भी कई स्तरों पर कार्रवाई होनी है। इस दौरे को उप-प्रधानमंत्री लालकृष्ण आडवाणी का भी वरदहस्त हासिल था। इस्लामाबाद जाने से पहले मिश्र ने नॉर्थ ब्लॉक जाकर आडवाणी से वहां उठाए जाने वाले कदमों के बारे में एक घंटे का मशविरा किया।

उसमें पाकिस्तान में चल रहे आतंकवादी शिविरों के अलावा और कई मुद्दों पर चर्चा हुई। कम ही लोगों ने गौर किया कि नियंत्रण रेखा पर संघर्ष विराम के जरिए पाकिस्तान ने सरहद के 22 बिंदुओं पर– जहां से आतंकवादियों की घुसपैठ होती थी– बाड़ लगाने की गुपचुप इजाजत दी। यही दोहरी बाड़ अंतर्राष्ट्रीय सीमा का प्रतीक होती है, जिससे आतंकवादी घुसपैठ करने में नाकाम होंगे। यदि भारत इसे जल्दबाजी में लगा पाया, तो मई में बर्फ पिघलना शुरू होने से पहले गृह मंत्रालय नियंत्रण रेखा पर महत्त्वपूर्ण अवरोध खड़े करने में सफल हो जाएगा।

इसके अलावा भी अनेक कारक मुशर्रफ और पकिस्तान को आतंकवाद का स्त्रोत बंद करने पर मजबूर कर रहे थे। तालिबान का तख्ता पलटते ही वह जेहादी त्रिकोण खत्म हो गया था, जिसके चलते पाकिस्तान भारत का कट्टर दुश्मन बन गया था। पाकिस्तान के रजाकारों की फौज, जिसे अफगानिस्तान ले जाकर खासकर अल-कायदा ने कश्मीर समेत दुनिया के बाकी हिस्सों में भेजने से पहले आतंकवादी गतिविधियों का प्रशिक्षण दिया था। उधर, अल-कायदा के प्रमुख नेताओं की धर-पकड़ के लिए अमेरिका का दबाव बढ़ने से पाकिस्तान अपने यहां स्थित उनके शिविर बंद करने पर मजबूर हुआ। इस बीच, ईराक युद्ध के चलते कट्टरपंथी भारत को अमेरिका के मुकाबले इस्लाम के लिए छोटा खतरा मानने पर बाध्य हुए और कश्मीर को इलाकाई झगड़ा मानने लगे।

मगर असली खतरा यह था कि पाकिस्तान ने जिस दैत्य को पाला-पोसा था, वह अब अपने जन्मदाताओं पर झपटने लगा था। जैसा कि परवेज़ मुशर्रफ ने स्वयं स्वीकार किया, ''पाकिस्तान की शांति को ज्यादा ख़तरा अंदरूनी ताकतों से है।'' पाकिस्तानी राष्ट्रपति पर अतीत में हुए दो जानलेवा हमलों से, जिनमें वे बाल-बाल बच गए, यह साबित हुआ कि कुछ तत्त्व किस कदर बेकाबू हो गए हैं। इन हमलों से मुशर्रफ को अपनी जान पर खतरे का अहसास हुआ, उन्होनें भले ही इसे गंभीरता से न लेते हुए कहा हो, ''मुझे नौ जिंदगियां मिली हैं और अभी वे पूरी नहीं हुईं।'' मगर अपनी सुरक्षा के लिए मुशर्रफ को ऐसे तत्त्वों की लगाम कसनी होगी। बहरहाल, इससे भारत की यह चिंता कम नहीं हो जाती कि मुशर्रफ ऐसे कुछ तत्त्वों को भारत के खिलाफ हमले करने से रोक नहीं सकते।

बहरहाल, मुशर्रफ ने इस साल के आखिर तक सेना प्रमुख का पद छोड़ने का समझौता करके राजनीतिक तौर पर अपनी स्थिति मजबूत कर ली है। सीनेटर और पूर्व सूचना मंत्री मुशाहिद हुसैन कहते हैं, ''कोई सियासी पार्टी भारत से टकराव नहीं चाहती।'' वे संकेत करते हैं कि इस बार वाजपेयी की लाहौर यात्रा के दौरान उनके खिलाफ कोई प्रदर्शन नहीं हुआ।

देश में शांति समर्थकों की तादाद खासी बढ़ गई है। इसका सबूत यह तथ्य है कि पीपीपी और पीएमएल (एन) ने भी, जिन्होंने सरकारी मामला होने के कारण दक्षेस शिखर सम्मेलन का बहिष्कार किया था; शिव शंकर मेनन की ओर से वाजपेयी को दावत के दौरान उनका स्वागत किया और उनके नेतृत्व तथा शांति की पहल में विश्वास जताया। यह समझ बढ़ रही है कि 'भारत

प्रखर राजनेता अटल बिहारी वाजपेयी

को लहुलुहान' रखने के सिद्धांत का उल्टा असर हो रहा है और ऐसा आतंकवादी दैत्य तैयार हो रहा है, जो देश में गड़बड़ी मचाने पर आमादा है।

मुशर्रफ खुद को जनरल अयूब ख़ान जैसा बनाना चाहते हैं, जिनके शासन काल में आर्थिक समृद्धि बढ़ी थी। भारतीय अर्थव्यवस्था में उफान देखकर उन्हें लगता है कि पाकिस्तान पीछे न रह जाए। महत्त्वपूर्ण है कि पाकिस्तान के ज्यादातर व्यापारी उनकी राय से सहमत हैं। अब वे भारत के साथ होड़ लगाने से डर नहीं रहे और इस क्षेत्र को विशाल बाज़ार के रूप में देख रहे हैं इसलिए शिखर सम्मेलन में साफ्टा समझौता आसानी से पारित हो गया। अब बहुत बड़ा वर्ग आर्थिक विकास चाहता है।''

खासकर कारगिल युद्ध और 11 सिंतबर की घटना के बाद पाकिस्तान के युवाओं में भी काफी बदलाव आया है। उनमें से अनेक चाहते हैं कि पाकिस्तान अंतर्राष्ट्रीय समुदाय में अलग-थलग पड़ने के बजाय एकीकृत हो। यहां की युवा पीढ़ी भी जीवन में बेहतर करने की ख्वाहिश रखती है और मानती है कि शांति से ही अर्थव्यवस्था का विकास संभव है। यहां के अधिकतर लोगों का कहना है, ''हम भारत के साथ झगड़े से आजिज़ आ चुके है।। हम अमन चाहते हैं ताकि हम बाहर जाकर अच्छी नौकरी पा सकें।''

स्थिति भारत के नियंत्रण में है, यह तब स्पष्ट हो गया, जब वाजपेयी विमान से हाइड्रॉलिक एलिवेटर के बजाय सीढ़ियों से नीचे उतरे। जमाली के साथ उनकी मुलाकात अच्छी तो रही, लेकिन भारतीय प्रतिनिधि मंडल को मालूम था कि पाकिस्तान के असली प्रभावशाली व्यक्ति, मुशर्रफ के साथ वाजपेयी की 'अनौपचारिक भेंट' असल परीक्षा होगी। आगरा शिखर-सम्मेलन की विफलता के बाद दोनों ने एक-दूसरे से बात नहीं की थी। मुशर्रफ ने 2002 में काठमांडू दक्षेस शिखर सम्मेलन में वाजपेयी से आगे बढ़कर हाथ मिलाया था। लेकिन तब भारतीय प्रधानमंत्री माफ करने और बातों को भुलाने के मूड में नहीं थे।

इस बार वाजपेयी के पास आगे कदम बढ़ाने के ढेर सारे कारण थे। सबसे गंभीर किस्म के उकसावे के बाद सैन्य विकल्प के इस्तेमाल का इरादा छोड़ने के बाद प्रधानमंत्री ने महसूस किया कि आक्रामक कूटनीति के फायदे कम होते जा रहे हैं। इसके अलावा, कश्मीर में मुफ्ती मोहम्मद सईद सरकार बनने के बाद उम्मीद की नई किरण दिखने लगी है और वाजपेयी चाहते थे कि देश यह स्थिति भुनाए। इस बीच, मुशर्रफ ने पाकिस्तान में अपनी स्थिति मजबूत कर

ली है और वाजपेयी को मालूम था कि नतीजे हासिल करने हैं, तो उनके साथ काम करना होगा। फिर अंतर्राष्ट्रीय, खासकर अमेरिका का दबाव था कि भारत पाकिस्तान से बात करे, दक्षेस सम्मेलन से पहले अमेरिकी राष्ट्रपति जॉर्ज बुश ने उम्मीद जताई थी कि दोनों नेता कुछ-न-कुछ हल निकाल लेंगे।

ऐवान-ए-सदर के झाड़-फानूस लगे चैंबरों में दोनों नेताओं के अपने सहयोगियों के साथ मुलाकात के दौरान सहृदयता और निष्कपटता लौट आई। वाजपेयी ने परिवर्तन करने पर काफी बातचीत की। वे चाहते थे कि दोनों देश आपसी विश्वास बनाने के लिए वैसे ही उपाय करें जैसे उन्होंने पिछले साल 18 अप्रैल को दोस्ती का हाथ बढ़ाकर शुरू किए थे। बैठक करीब एक घंटे तक चली और यह स्पष्ट है कि इस बैठक को अनौपचारिक कतई नहीं का जा सकता है।

वाजपेयी और मुशर्रफ के सहज होने के साथ ही मुशर्रफ ने कहा कि योजनाबद्ध वार्ता के जरिए प्रक्रिया को आगे बढ़ाया जाना चाहिए, लेकिन पहले गच्चा खा चुका भारतीय खेमा हिचक रहा था, लेकिन जाहिरा तौर पर पाकिस्तान आतंकवाद को रोकने के लिए खुलेआम सहमति जताकर इस मामले में आगे बढ़ने को तैयार था। मुशर्रफ ने कह दिया कि कश्मीर घाटी में उनकी 'बात का वज़न' है, लिहाजा वे संघर्ष विराम का आह्वान करने को तैयार हैं। इस तरह पाकिस्तान ने जम्मू-कश्मीर में अपनी भूमिका परोक्ष रूप से स्वीकार कर ली।

भारतीय पक्ष को अहसास हो रहा था कि पाकिस्तान, जेहादियों को केवल नैतिक और कूटनीतिक समर्थन देने की 1988 के पहले की नीति पर लौट रहा है। मुशर्रफ ने हाल ही में खुलेआम कहा था कि वे भविष्य की वार्ताओं में जनमत संग्रह की लफ्फाजी छोड़ने को तैयार हैं यानी वे कश्मीरी लोगों की आकांक्षा पूरी करने के लिए घिसे-पिटे तरीके छोड़कर नए रास्ते तलाशने को तैयार हैं। उस नए रवैये के साथ ही संयुक्त वार्ता शुरू करने के समझौते में साफ कहा गया है कि कोई भी समाधान दोनों देशों के लिए संतोषजनक होना चाहिए। उसमें 'कश्मीरी लोगों की इच्छाओं के अनुरूप' का कोई जिक्र नहीं है। सरकार सिर्फ यही तर्क दे रही है कि कश्मीर मामले में भारतीयों को वार्ता के लिए राजी करके वह आतंकवादियों को राहत और यह उम्मीद दिला रही है कि वे खून बहाए बगैर अपने लक्ष्य साध सकते हैं। खून-खराबे की वजह से अनेक लोगों की जान गई और खासा भ्रम पैदा हुआ है।

हालांकि इस्लामाबाद में उदारवादी लोग मेल-मिलाप की बात कर रहे हैं, पर एक बड़े वर्ग ने सख्त रूख अपनाते हुए मुशर्रफ पर कश्मीर मामले में 'बिकने' का आरोप लगा दिया। इससे कोई फर्क नहीं पड़ा कि दक्षेस शिखर सम्मेलन में न तो मुशर्रफ और न ही जमाली ने कश्मीर का जिक्र किया। वैसे मुशर्रफ ने आतंकवाद का मुद्दा न उछालकर अपनी प्रतिक्रिया जता दी। उर्दू अखबार भी लिख रहे थे कि पाकिस्तान ने कश्मीर मामले को वाशिंगटन में भी न उठाने का वादा किया है, पर किसी अधिकारी ने इसकी पुष्टि नहीं की। इसके बावजूद, पाकिस्तान में व्यापार की खातिर कश्मीर को 'किनारे लगाने' के मामले में दबा गुस्सा दिख रहा है, जिससे परेशानी वाले रुझान का पता चलता है : पाकिस्तान में सरकार के उपाय के बारे में आम सहमति की कमी और भविष्य में इसके नतीजे निकल सकते हैं।

आशंका है कि मुशर्रफ के नए रुख से फौज में गुस्सा भड़क सकता है। वहां प्रभावशाली वर्गों को निरंतर तनाव और पाकिस्तान के अपनी रक्षा पर मोटी रकम खर्च करने से काफी फायदा हुआ है। उसमें किसी तरह की कटौती से प्रभावशाली सेवानिवृत्त और मौजूदा जनरल नाराज हो सकते हैं, जिन्होंने कारोबार समेत विभिन्न क्षेत्रों में दांव लगा रखें है। ऐसे में मुशर्रफ का हश्र मिस्र के अनवर सादात जैसा हो सकता है। पाकिस्तानी राष्ट्रपति संभवत: अमेरिका हितों की रक्षा करने का स्वांग भरकर समय काट रहे हैं ताकि मौका मिलते ही फिर अपनी कार्रवाई तेज कर सकें।

इस तरह के पूर्वाग्रहों से पार पाकर वाजपेयी ने अपनी टीम को मसौदा बनाने के लिए राजी कर लिया। फिर उन्होंने मुशर्रफ को फोन कर कहा कि वे प्रस्ताव से सहमत हैं। उन्होंने एक-दूसरे को बधाई दी और समझौते को सफल बनाने का प्रण किया। उन्होंने मुशर्रफ से यह भी कहा कि वे खुद पर हमलों से बचने की ठीक सुरक्षा व्यवस्था करें। उन्होंने तहेदिल से एक-दूसरे को अलविदा कहा।

वैसे, यह बहुत बड़ा दांव लगता है। भारत ने सतर्क रुख अपनाकर नुकसान कम करने की कोशिश की है। उसने वार्ता के लिए समय सारिणी की घोषणा करने की पाकिस्तानी मांग मान ली, लेकिन यह ब्यौरा छोड़ दिया कि वार्ता किस स्तर की होगी और किस तरह चलेगी। इस तरह भारत ने यह तय कर दिया है कि मुशर्रफ निकट भविष्य में अपने वादे पूरे करें। पाकिस्तान के कई लोगों ने भारत के संयम की तारीफ की। पूर्व विदेश सचिव नियाज़ नाईक का

कहना है, ''चरणबद्ध और खामोशी के साथ उपयोगी मुद्दों को उठाते हुए अतीत के साए से हटकर बात करना अच्छा है। इस पर समझदार लोगों की अच्छी बैठक हुई है।''

मुशर्रफ वार्ता शुरू करने के समझौते को 'उड़ान की स्थिति' करार देते हैं। अब यह तय करने का जिम्मा उनका है कि भारत-पाकिस्तान की शांति की उड़ान सफल हो।

पाकिस्तान में बेहद लोकप्रिय अटल जी

यह बात कुछ विचित्र लग सकती है, पर काफी हद तक एक सच्चाई है कि प्रधानमंत्री अटल बिहारी वाजपेयी पाकिस्तान में बेहद लोकप्रिय हैं। सार्क शिखर सम्मेलन के दौरान पाकिस्तान के मीडिया में चल रही चर्चाओं में, जिनका नजारा टेलीविजन पर देखने को मिला, वाजपेयी एक ऐसे शक्तिशाली राजनेता के रूप में उभरे हैं, जो पाकिस्तानियों की नज़र में कश्मीर का मसला सुलझाने की योग्यता और सामर्थ्य रखते हैं।

पाकिस्तान के अखबारों और टेलीविजन में वाजपेयी के भाषणों की लगातार समीक्षाएं आती रहती हैं। इन मीडिया रिपोर्टों को अगर सही मानें, तो लगता है कि यहां का आम आदमी तक यही सोच रहा है कि अगर वाजपेयी के शासनकाल में कश्मीर का मसला न सुलझा, तो फिर कभी नहीं सुलझेगा।

पाकिस्तानियों के एक बड़े वर्ग का मानना यह है कि वाजपेयी एक उदार राजनेता, कवि और संवेदनशील व्यक्ति हैं, जिन्हें भारत में इतनी लोकप्रियता प्राप्त है कि वे कश्मीर मसले पर लीक से हटकर कोई समाधान ढूंढ़ सकते हैं। पाकिस्तान की एक प्रमुख राजनीतिक समीक्षक नसीम ज़ोहरा, जिन्होंने पिछले दिनों पीटीवी के लिए प्रधानमंत्री वाजपेयी का चर्चित इंटरव्यू किया था, मानती हैं कि अटल बिहारी वाजपेयी ने पाकिस्तान में इतनी आशाएं और अपेक्षाएं पैदा कर दी हैं कि उन्हें कुछ करके दिखाना होगा।

पाकिस्तान के सूचना एवं प्रसारण मंत्री शेख़ फ़रीद राशिद अहमद का मानना है कि वाजपेयी के बिना भारतीय जनता पार्टी लोकसभा का आगामी चुनाव नहीं जीत सकती। उनका व्यक्तित्व इतना बड़ा है कि वे कोई भी ऐसी राजनीतिक पहल कर सकते हैं, जिससे इस इलाके में स्थायी शांति आ सकती है। ये वही राशिद अहमद हैं, जिन्होंने एक भारतीय टेलीविजन चैनल के साथ बातचीत में कहा था, ''मुझे नहीं मालूम कि वाजपेयी जी ऊंचा सुनते हैं।''

 प्रखर राजनेता अटल बिहारी वाजपेयी

उनके इसी अशालीन व्यवहार के कारण भारत सरकार ने इस्लामाबाद में वाजपेयी की मेजबानी के लिए मंत्री के रूप में उनका नाम सामने आने पर इसका विरोध किया और दूसरे मंत्री को वाजपेयी की मेजबानी के लिए रखने का पाकिस्तान सरकार से अनुरोध किया।

पाकिस्तान के कुछ पत्रकारों का ही नहीं, नेताओं का भी यह मत है कि वाजपेयी कुछ ऐसा काम करना चाहते हैं, जिससे इतिहास मे उनका नाम अमर हो जाए। वे सचमुच शांति और अमन के पक्षधर हैं इसलिए उन्होंने दो बार विफल होने के बावजूद शांति कायम करने की अपनी कोशिशें नहीं छोड़ीं। कुछ पाकिस्तानी पत्रकार मज़ाक में कहते हैं कि वाजपेयी अगर पाकिस्तान में चुनाव लड़ें, तो जीत जाएंगे। वाजपेयी सबको साथ लेकर चलने वाले नेता लगते हैं, जो रिश्ते बेहतर बना सकते हैं।

भाषण के गूढ़ अर्थ

पाकिस्तानी जनता में बेहद लोकप्रियता हासिल करने के साथ-साथ प्रधानमंत्री अटल बिहारी वाजपेयी ने ऐसे भारतीय नेता की छवि भी हासिल कर ली है, जो अपनी सामर्थ्य और योग्यता से कश्मीर समस्या को सुलझा सकते हैं। हालांकि, कुछ ऐसे भी लोग हैं, जो कहते हैं कि कश्मीर मसले के हल के बिना भारत-पाक रिश्ते नहीं सुधर सकते और आर्थिक ताल्लुकात बढ़ाने से कुछ भी नहीं होने वाला। पाकिस्तानी पत्रकार रिफ़त सईद का आकलन है कि पाकिस्तानी आवाम को यह भरोसा नहीं है कि वाजपेयी कश्मीर का मसला सुलझा सकते हैं।

जो भी हो इसमें कोई शक नहीं है कि पाकिस्तान का मीडिया वाजपेयी के हर बयान, उनके हर भाषण और उनकी हर भंगिमा और तेवर की समीक्षा कर रहा है। साधारण बातों में भी बड़े और गहरे अर्थ ढूंढ़े जा रहे हैं और उन पर घंटों तबसिरा किया जा रहा है। मसलन प्रधानमंत्री वाजपेयी ने इस्लामाबाद में भारतीय उच्चायोग के नए भवन का शिलान्यास करते हुए, जो बेहद संक्षिप्त भाषण दिया, उसके भी प्रतीकात्मक अर्थ ढूंढ़े जाने लगे। वाजपेयी ने कहा था, ''देखते-देखते 25 साल बीत गए। (वे जनता पार्टी के विदेश मंत्री के रूप में 25 साल पहले इस्लामाबाद आए थे) नए सवाल खड़े हो गए हैं, जिनके जवाब मांगे जा रहे हैं। दोनों देशों का एक-दूसरे के यहां ठीक तरह से प्रतिनिधित्व हो। (यानी राजनयिकों की संख्या) संवाद चलता

रहे और एक-दूसरे की मुश्किलें समझकर हम मिल-जुलकर रास्ता निकालते रहें। (इस) भवन की नींव पक्की होगी और यह भवन पक्की नींव पर खड़ा होगा। मौसम बदल रहा है। हर मौसम में (यह) भवन डटा रहेगा। भवन में बैठने वाले अपनी जिम्मेदारी निभाएंगे। पाकिस्तान से सबंध रखना बड़ी जिम्मेदारी है...।''

श्री वाजपेयी ने अनेक नेताओं और राजनायिकों से भी मुलाकात की। वे 25 से भी अधिक प्रमुख व्यक्तियों से अलग-अलग मिले, जो उनकी लोकप्रियता को रेखांकित करता है।

नोबल की राह पर

एक प्रमुख अमेरिकी स्तंभकार ने कहा कि अगर प्रधानमंत्री अटल बिहारी वाजपेयी और पाकिस्तानी राष्ट्रपति परवेज मुशर्रफ कश्मीर मुद्दे का समाधान करने में सफल हो जाते हैं और क्षेत्र में शांति लाते हैं, तो वे नोबल शांति पुरस्कार के हकदार होंगे।

वाशिंगटन पोस्ट के जिम होगलैंड ने अपने स्तंभ में लिखा कि भारतीय पक्ष की होशियारी और पाकिस्तानी पक्ष की हड़बड़ाहट ने दोनों पक्षों को एक मंच पर ला दिया है जिसके कारण इन दोनों अलग-अलग व्यक्तित्व के नेताओं को नोबेल पुरस्कार मिलने की संभावना बनी है।

मुशर्रफ पर दबाव के बारे में उन्होंने लिखा है कि असफल गलत अभियानों ने उन्हें खत्म कर दिया है। बाहरी समर्थन और वित्तीय मदद बंद होने से बम विस्फोट करने वाले और हत्यारे एक समय को अपने प्रायोजक के ही खिलाफ हो गए और उसके बाद आपस में ही भिड़ गए। उनके आंदोलन में फूट पड़ गई।

वाजपेयी के बारे में स्तंभकार ने लिखा कि भारतीय नेता पाकिस्तान के हितों को भी ध्यान में रखते हुए इस दिशा में धीरे-धीरे आगे बढ़ रहे हैं।

79वां जन्म दिवस

25 दिसम्बर 2003 को अटल जी ने अपना 79वां जन्म दिवस मनाया। इस अवसर पर उन्होंने कहा कि कवि बनना चाहता था, मगर बन न सका। उन्होंने कहा कि उनका सपना था कि वे कवि होते और उनके कविता पाठ पर लोग तालियां बजाते। अपने 79वें जन्मदिन पर श्री वाजपेयी ने दिल्ली प्रदेश भाजपा

प्रखर राजनेता अटल बिहारी वाजपेयी

द्वारा उनके आवास पर आयोजित एक रैली को सम्बोधित करते हुए कहा – ''मैंने कभी नहीं सोचा था प्रधानमंत्री बनने का। यहां तक कि सपना भी नहीं देखा था। मैंने तो सपना देखा था कि मैं कविता पढ़ रहा हूं और लोग तालियां बजा रहे हैं। मगर ये हो न सका और मैं राजनीति में आ गया।''

इस अवसर पर उन्होंने अपनी एक कविता 'आहुति बाकी यज्ञ अधूरा' की कुछ पंक्तियां भी सुनाई। श्री वाजपेयी ने उपस्थित जनसमूह की ओर मुख़ातिब होते हुए कहा कि वे जनता के स्नेह और सहयोग से प्रधानमंत्री बने हैं और आवश्यकता पड़ी, तो इसे छोड़कर उनके साथ भी बैठ जाएंगे।

इस अवसर पर बधाई देने वालों का 7 रेसकोर्स रोड स्थित प्रधानमंत्री आवास पर तांता लगा रहा। राष्ट्रपति ए.पी.जे. अब्दुल कलाम ने तो प्रोटोकॉल को दरकिनार कर वाजपेयी के घर जाकर उन्हें कवितामयी शुभकामनाएं दीं।

डॉ. कलाम ने प्रधानमंत्री को फूलों का गुलदस्ता और एक ग्रीटिंग कार्ड भेंट किया। कार्ड में शुभकामनाओं के साथ कुछ पंक्तियां भी उन्होंने लिखीं – 'जब बंदूकें खामोश हो जाएंगी, जब खिलेंगे धरती पर फूल, सच्ची आत्माओं से महक उठेगी, जिसने इस सुंदर शांति का किया है सृजन।'

रूस के राष्ट्रपति व्लादिमिर पुतिन ने अपने बधाई संदेश में श्री वाजपेयी को जन्मदिन की बधाई देते हुए अच्छे स्वास्थ्य, समृद्धि, उज्ज्वल भविष्य और चिरायु की कामना की। श्री पुतिन ने श्री वाजपेयी के साथ हुई अपनी पिछली मुलाकातों की याद ताज़ा करते हुए लिखा है कि यह साबित करता कि दोनों देशों के आपसी रिश्ते कितने मजबूत हैं। इसके अलावा उपराष्ट्रपति भैरों सिंह शेखावत, उप प्रधानमंत्री लालकृष्ण आडवाणी, मानव संसाधन विकास मंत्री मुरली मनोहर जोशी, पूर्व राष्ट्रपतियों आर. वेंकटरामन व के.आर. नारायणन, पूर्व प्रधानमंत्रियों चन्द्रशेखर, पी.वी. नरसिम्हा राव, एच.डी.देवगौड़ा, इंद्र कुमार गुजराल ने भी श्री वाजपेयी को जन्मदिन की बधाई दी। श्री वाजपेयी को सबसे पहले बधाई देने वालों में उपराष्ट्रपति श्री शेखावत और उपप्रधानमंत्री श्री आडवाणी शामिल थे। दोनों सुबह 11 बजे प्रधानमंत्री निवास पहुंच गए तथा गुलदस्ता भेंटकर श्री वाजपेयी के दीर्घायु होने की कामना की। इसके बाद केंद्रीय मंत्रिमंडल के अनेक सदस्यों, मध्य प्रदेश की मुख्यमंत्री उमा भारती और भाजपा के राष्ट्रीय अध्यक्ष एम.वैंकेया नाडू आदि नेताओं ने श्री अटल बिहारी वाजपेयी को बधाई दी।

द्रविड़ मुनेत्र कड़गम (द्रमुक) के अध्यक्ष एम. करुणानिधि ने टेलीग्राम के जरिए प्रधानमंत्री को बधाई दी। उन्होंने श्री वाजपेयी को इस समय 'देश का सबसे ऊंचे कद का नेता' बताया और कहा, 'संकट के वर्षों में देश को आगे ले जाने में आपकी अतुलनीय सेवा की समाज के प्रत्येक वर्ग ने सराहना की है।' श्री करुणानिधि ने आशा व्यक्त की कि श्री वाजपेयी वर्षों तक देश की सेवा करते रहें।

तोहफे में चार हज़ार किलोग्राम का लड्डू

लखनऊ के लिए प्रधानमंत्री वाजपेयी की योजनाएं भले ही धीमी गति से चल रही हों, मगर उनके जन्मदिन पर उनके समर्थकों ने उन्हें ऐसा मीठा तोहफा दिया कि वे वाह! कह उठे। 4000 किलोग्राम के मोतीचूर के लड्डू के रूप में इस तोहफे ने तो वर्ल्ड रिकार्ड ही बना लिया। इसे बनवाने वाले अधिवक्ता और भाजपा इंटेलेक्चुल सेल के उपाध्यक्ष नृपेन पांडेय ने उत्साह से कहा था, ''यह एक बेजोड़ व्यक्तित्व के लिए बेजोड़ तोहफा है।''

वाजपेयी के सलाहकार और उनके इस चुनाव के क्षेत्र के कर्ता-धर्ता पूर्व मंत्री लालजी टंडन और भाजपा नेता राजेश पांडेय पिछले पांच वर्षों से वाजपेयी के जन्मदिन पर केक के बदले भारी-भरकम लड्डु बनवाते और बांटते आए हैं। इस बार उन्होंने लिम्का बुक ऑफ वर्ल्ड रिकार्ड के मार्केटिंग मैनेजर वी.वी.आर मूर्ति से संपर्क किया, तो पता चला कि 3,500 किलोग्राम तक का लड्डू तो पहले बन चुका है। इसलिए उन्होंने 4,000 किलोग्राम का लड्डू बनवाया। 22 किलोग्राम चीनी, 13 किलोग्राम बूंदी, 120 लीटर दूध, 36 किलोग्राम घी, 4 किलोग्राम इलायची, 5 किलोग्राम खरबूजे के बीज और 5 लीटर गुलाबजल से बना यह लड्डू टंडन के घर के लॉन में रखा गया। मुस्कुराते हुए वाजपेयी ने इसे नजदीक से देखा, चखा और चले गए। जन्मदिन के मौके पर हज़रतगंज हनुमान मंदिर में इसे रखा गया और लोग वाह-वाह! कर, देर रात तक पटाखों और संगीत के बीच इसे खाते रहे।

लेकिन इस मौके पर यह भी चर्चा थी कि वाजपेयी की योजनाओं को उनके मैनेजरों ने ही कुछ दिन पहले तक सरकार में रहते हुए कैसे नज़रअंदाज किया। इनकी फेहरिस्त भी एक अखबार समूह ने उसी दिन

प्रखर राजनेता अटल बिहारी वाजपेयी

छाप दी जिस दिन वाजपेयी लखनऊ को 5 रेलगाड़ियों का तोहफा देने आए। उसी के साथ वाजपेयी ने लखनऊ होते हुए ताला (भूटान) से दिल्ली के बीच 2000 किलोमीटर लम्बी ट्रांसमिशन लाइन प्रोजेक्ट के साथ सरकारी संस्थान और निजी क्षेत्र के सहयोग की बुनियाद भी रखी। वाजपेयी ने कहा, ''इस ट्रांसमिशन लाइन के बनने से अब बिजली का ऐसा झटका नहीं लगेगा जैसा कुछ राज्यों के चुनाव में कुछ पार्टियों को लगा।''

अद्वितीय अटल

किसने ऐसा दूध पिया जो रोके गति तूफानी।
यह जीवन का ज्वार चली उफनाती प्रखर जवानी।
युवक हार जाते हैं, लेकिन यौवन कभी न हारा।
एक निमिष की बात नहीं है चिर-संघर्ष हमारा।
अब न चलेगा राष्ट्र-प्रेम का गर्हित सौदा।
यह अभिनव चाणक्य न फलने देगा विष का पौधा।
तन शक्ति, हृदय की श्रद्धा, आत्म-तेज की धारा।
आज जगेगा जग-जननी का सोया भाग्य सितारा।

व्यक्ति इतिहास नहीं रचते, ऐसा हमेशा नहीं होता। इतिहास उनका इस्तेमाल कर लेता है। अक्सर, राष्ट्र उनके सपनों में भुनाया जाता है। राष्ट्र उनकी कल्पनाओं में अलग-अलग रहा है। वे घटनाक्रम के तौर पर नेता हैं और वे अचानक ही उभरते हैं, मानों उनका आगमन ऐसी अपरिहार्यता है जिसे टाला नहीं जा सकता। लोगों की आकांक्षाओं और उत्तेजनाओं के बीच से उनका गुज़रना जब काम-काज के नए रूप में उभरता है, तब मिसालें टूटती हैं, यथास्थितियां बिखरती हैं, हठधर्मिताएं नरम पड़ जाती हैं और उनके पदचिह्नों पर राष्ट्रीय आचार संहिता के प्रथम प्रतीक तय होते हैं। वे प्रारब्ध के रचयिता होते हैं, वे निथरे हुए लोग।

जैसे अटल बिहारी वाजपेयी। उन पर नजर डालें– दिलासा देने वाली स्तब्धता में अकेले और उनके पीछे पसरा सन् 2003, एक राष्ट्र के कुशलक्षेम की ताजी यादाश्त, वह साल जिसने भारत को नफरत के पिछवाड़े से उपचार के आंगन में पहुंचा दिया, जड़वत बाजार से संवेदी सूचकांक की नई सनसनी तक, राजनीतिक लालच की तुच्छता से सज़ा की साफगोई तक, बांटने वाली सरगर्मियों से स्थिरता देने वाली शांति तक। एक साल, जिसमें वाजपेयी की

अमिट छाप है, उस देश को एकजुट करने वाले शख्स की, जहां बंटवारा इतिहास के एक तथ्य के बजाय राष्ट्र के मानस की अवस्था के तौर पर दर्ज है। मगर सन् 2003 में वाजपेयी का मानस छाया रहा, तो क्या सक्रिय हस्तक्षेप कर्ता के दिन आ गए? नहीं। उनका चिर-परिचित मौन राजनीतिक प्रबंधन में सहनशीलता के एक नए दर्शन को व्याख्यायित करता है। एक ऐसी पार्टी में, जहाँ राष्ट्रीय स्वाग्रह की बद्धमूल छवि विध्वंस है, वे एकीकरण के संरक्षक संत हैं–राजनीति के अंतिम अक्रिय नायक। मगर यह अक्रियता अक्षमता कतई नहीं। एक ऐसे राजनीतिक परिदृश्य में, जहाँ पार्टी के सहयोगियों या गठबंधन के साझीदारों की अति सिर्फ विभाजन, विध्वंस या शांति भंग कर सकती है, यह परिदृश्य रणनीति है, शांतिपूर्ण प्रतिरोध की गाँधीवादी नीति वाजपेयी के हाथों में जन-अनुशासन का अस्त्र बन गई हैं सन् 2003 की स्थिरता इसके लिए उनकी ऋणी है।

स्थिरता राजनीतिक रंगमंच के साथ ही आकांक्षाओं के बाजार में भी नज़र आती है। इसका श्रेय उन्हें दें। काफी हद तक साँचे में ढली हिन्दू राष्ट्रवादी पार्टी हैरी पॉटर की पुस्तक से निकला कोई राजनीतिक दैत्य नहीं है, जो धर्मनिरपेक्ष भारत की आत्मा को चूसने के लिए अँधेरे कोनों में ताक में खड़ा है। भाजपा, शासन के लिए नैसर्गिक पसंद के तौर पर विकसित हो कुरुक्षेत्र की तलाश में नहीं है, जहाँ शत्रु गढ़े जाएँगे। भगवा घराने में, जहाँ अभी भी कुछ लोग हिन्दू कल्पना लोक में जी रहे हैं, वे समझदारी के प्रतीक हैं, हिन्दुत्व के संत। कांग्रेस के गढ़ माने जाने वाले राज्यों में एक बार फिर भाजपा ने सन् 2003 में अपनी स्वीकार्यता साबित की और अयोध्या में आस्था को भय में बदलने नहीं दिया गया, त्रिशूलों को नियंत्रण में रखा गया और बाज़ार में आज़ादी पर कोई बेड़ियाँ नहीं डाली गईं। सन् 2003 में बुद्धिमता और वाजपेयी का प्रगाढ़ संबंध रहा।

वाकई, वे सयाने नेता हैं। एक ऐसा एशियाई प्रारूप है जिसे कन्फ्युशियाई समाजों ने संस्थागत रूप दिया और जहाँ उम्र को बुद्धिमत्ता के लिए अनिवार्य शर्त माना जाता है। प्रबुद्ध नेता, जानकार, काम कर दिखाने वाले; ऐसे नेता बड़ी तेजी से अपने इलाके यानी दक्षिण-पूर्वी एशिया और चीन से गायब होते जा रहे हैं, आज वाजपेयी पूर्व के सबसे बुजुर्ग राजनयिक हैं सबसे बड़े लोकतंत्र के। वे दुनिया के मुखिया हैं उनकी बुद्धिमत्ता जन चेतना पर अपना दावा नहीं करती। वे उदात्त लाभप्रदाता हैं। 2003 के वैश्विक भारत में समृद्ध और

शक्तिशाली लोगों के बीच उनकी शांत, किंतु दिलासा देने वाली उपस्थिति शांति और संयम की, समझदारी और प्रतिबद्धता की प्रतिमूर्ति रही। इसके बावजूद वे इस उपमहाद्वीप से एक विशेष संदेश के वाहक थे कि आतंक से दोबारा रची जा रही दुनिया में अक्षुण्ण कैसे बने रहें।

इससे पहले भारत में सत्ता को किसी एक नेता ने इतने कम समय में पुनर्परिभाषित नहीं किया। एक परिवार के शासन के दिनों के विपरीत वाजपेयी के विश्व में सत्ता कभी संपूर्ण नहीं होती। भारत का सबसे लोकप्रिय राजनीतिक—यह दर्जा किसी परिवार के करिश्मे से कमतर नहीं है—सत्ता को किसी संत की-सी अनासक्ति से संचालित करता है। वे त्याग को दिलासा देने के एक औज़ार के तौर पर इस्तेमाल करते हैं। वे अपनी अपरिहार्यता को एक वास्तविकता के तौर पर प्रदर्शित करने के लिए ही अपने खोल में सिमट जाते हैं और हैरान करने वाली किसी कविता की मानिंद वापसी दर्ज करते हैं वे अपनी पार्टी के राजनीतिक आकार से कहीं बड़े हैं। वे उसके भीतर भी हैं और उससे ऊपर भी, अपने नैतिक तंत्र को राजनीति की जोड़-तोड़ से कहीं ऊपर रखे हुए, यहाँ तक कि अपनी पार्टी की जरूरतों से भी ऊपर। उन्होंने नेतृत्व का व्याकरण बदल दिया, वह भी ऐसे विश्व में, जहाँ सर्वाधिक ताकतवर देशों के सबसे ज्यादार नज़र आने वाले नेता युद्ध और विजय के बावजूद साख के संकट का सामना कर रहे हैं। वाजपेयी कोशिश किए बगैर जीतते हैं और उनकी जीत-सकारात्मक नेतृत्व की उचित परंपरा में—भारत की 2003 में जीत के तौर पर अनुदित होती है। इससे वे हमारे 'साल के सबसे चर्चित शख्स' बने। और इतिहास ने अभी उनका पूरा इस्तेमाल नहीं किया है या कहीं ऐसा हो तो नहीं गया?

सुर्खियों के सरताज

लगता है, भारत के सर्वाधिक लोकप्रिय राजनेता अटल बिहारी वाजपेयी के लिए राजनीति एक संयोग की शगल है। कभी-कभी तो लगता है कि वे दुनिया के सबसे दबाए गए कवि हैं, जो उस क्षण की प्रतीक्षा करते रहते हैं जब उनकी कविताएँ उन्हें उबारेंगी। ऐसा ही क्षण पिछले दिनों क्रिसमस दिवस पर आया, जो उनका 79वां जन्मदिन था। वाजपेयीवादी माने जाने वाले केन्द्रीय खेल राज्यमंत्री विजय गोयल ने उस दिन नई दिल्ली में एक कवि सम्मेलन का आयोजन किया था। वाजपेयी को उसमें जाना नहीं था। मगर राजधानी में कोहरे

प्रखर राजनेता अटल बिहारी वाजपेयी

की वजह से छुट्टी मनाने के लिए वे जयपुर नहीं रवाना हो सके, तो इस कवि सम्मेलन के मंच पर उपस्थित हुए, लेकिन उस शाम उनका कवि मन कुछ सुनाने के मूड में न था। वह भी उस शाम की तरह धुंधला-सा था, हालाँकि पूर्व प्रधानमंत्री और कवि-चित्रकार विश्वनाथ प्रताप सिंह भावुकता भरी कविता सुना चुके थे, लेकिन वाजपेयी पर दबाव इतना पड़ा कि उन्हें माइक थामना ही पड़ा और उन्होंने अपने चिरपरिचित अंदाज में आशा का गीत सुनाया, गीत नया गाता हूँ...। इसे भारत 2003 का गीत भी कहा जा सकता है।

भारत का कोई भी नेता आज शायद उम्मीद का गीत इतने विश्वास के साथ नहीं गा सकता। आज जबकि नेताओं पर लोगों का विश्वास घटता जा रहा है, वाजपेयी जनप्रिय नेता बने हुए हैं, वह भी उस पार्टी में होने के बावजूद जो अपनी पहचान के संकट से अभी तक पूरी तरह उबर नहीं पाई है, संघ परिवार के लोग 30 साल तक नारे लगाते रहे—अगली बारी, अटल बिहारी, अटल बिहारी और 1996 में जब अटल बिहारी वाकई भारत के पहले कट्टर हिन्दू और असली गैर-कांग्रेसी प्रधानमंत्री बने, तब उनके कट्टर समर्थक भी उम्मीद नहीं करते थे कि वे दोबारा सत्ता में आएँगे और अपना कार्यकाल पूरा करेंगे, लेकिन 1952 से, जब अटल बिहारी वाजपेयी ने राजनीति में कदम रखा था, अब तक भारत बदला है, तो खुद वाजपेयी भी बदले हैं। वे महान विचार मंत्रों के लिए तो नहीं जाने जाते मगर उन्होंने सफलता की मौलिक कथा लिखी है, राजनीति में टिकने का अनूठा तर्कशास्त्र विकसित किया है। जिस देश में नेता की या तो प्रशंसा की जाती है या उससे खौफ खाया जाता है, वहाँ वाजपेयी ने जनता का प्यार बटोरने का करिश्मा किया है। पिछले कई प्रधानमंत्रियों के विपरीत, वाजपेयी की साख छह साल तक सत्ता में रहने के बाद भी बेदाग है और उनके राजनीतिक विरोधी भी उनकी योगियों वाली शांत मुद्रा को भंग करने की चाल नहीं ढूँढ़ पाए हैं। यह उनकी कविता नहीं, बल्कि उनकी राजनीति की बदौलत हुआ है।

अस्सी साल की उम्र में आज वे एकमात्र ऐसे नेता हैं, जो उस देश के लिए नया गीत गा सकता है, जिसकी आधी आबादी 20 साल से कम उम्र वालों की है। वे सभ्यता के स्रोत और आत्मविश्वास के प्रतीक नजर आते हैं धार्मिक उग्रवाद और सैद्धांतिक दुस्साहस वालों के परिवार में वे नरमपंथ के पैरोकार हैं। वे परिवार के एक ऐसे सदस्य के रूप में हावी होते हैं जिसकी अपनी सोच है, जिसके पास ऐसा दिमाग है जो सामने वाले को भारी उलझन

में डाल देता है। दोहरेपन को वाजपेयी ने अपना राजनीतिक दर्शन बना लिया है। वे एक बात कहते हैं, जिसके दो या उससे भी अधिक अर्थ होते हैं। यह उलझन में भी डालता है, जानकार भी बनाता है। मसलन, नवंबर में भाजपा सांसदों की बैठक में उन्होंने कह दिया, "अगर कोई कारवां को बीच में छोड़ कर चला जाए तो कारवां रुकना नहीं चाहिए।" अब सुनने वाले जो अर्थ लगा लें। क्या वे यह कहना चाहते थे कि अगर वे न भी रहें, तो काम जारी रहना चाहिए? या वे अपने सहयोगियों को चेता रहे थे कि वे उन्हें ब्लैकमेल नहीं कर सकते। अगर वे हमें बर्दाश्त नहीं कर सकते तो साथ छोड़ सकते हैं।

जो भी हो, इस दोहरेपन का एक महत्त्वपूर्ण नतीजा तो यह रहा है कि हिंदुत्व के मोर्चे पर शांति रही। वे ऐसे राजनीतिक हिन्दू हैं, जिसके लिए धर्म का अर्थ देश का सांस्कृतिक बँटवारा नहीं है। वे ऐसे रामभक्त हैं जिसके लिए मिथक राजनीतिक लड़ाकों का शरणस्थल नहीं हैं। बेशक, राम मंदिर उनके मन में है और 2001 में उन्होंने कुमारकोम के प्रसिद्ध चिंतन मं लिखा भी कि "...इस बात पर कोई विवाद नहीं है कि अयोध्या में राम मंदिर राष्ट्रीय भावना की अभिव्यक्ति है।" वाजपेयी के लिए यह राष्ट्रीय भावना है।, राजनीतिक भावना नहीं और हिन्दुत्व के इस गैर-विवादास्पद नेता ने भारत के पहले "राष्ट्रवादी" दल की राष्ट्रीय भावना को राष्ट्रीय विभाजन का कारण नहीं बनने दिया। 2003 के भारत में नफरत के नए खंभे अयोध्या में नहीं खड़े हुए, त्रिशूल हिन्दी राष्ट्रवाद के प्रतीक बनकर नहीं उभरे और वाजपेयी भी गैर-हिंदू नहीं बने। 2003 के बाद के गुजरात में इस नेता की छाया के नीचे सांप्रदायिक खाइयाँ नहीं नज़र आईं। उनका नेतृत्व वह धुरी है, जिस पर देश की एकजुटता भी टिकी है। यह उस पार्टी में रहते हुए कोई छोटी उपलब्धि नहीं है, जिसमें ऐसे उग्रपंथियों की कमी नहीं जो गौरव के सूत्र अतीत में ढूँढ़ते हैं और इतिहास के भावों में राजनीतिक हिंदू के प्रसव के चिह्न देखते हैं।

राष्ट्रीय स्वयंसेवक संघ के मुख्यालय के वे कभी चहेते नहीं रहे। स्वयंसेवकों ने उन्हें कभी पूरा हिंदू नहीं माना और वाजपेयी जानते हैं कि उपाय टकराव नहीं, घेराबंदी है। भगवा परिवार के पुरोधा वाजपेयी काफी चतुर हैं, संघ परिवार में पीढ़ीगत बदलाव को उन्होंने अपनी मजबूती और शांति के लिए बखूबी इस्तेमाल किया है। 2003 में इसका फायदा सिर्फ उन्हें नहीं, बल्कि पूरे देश को मिला।

एकता के इस सूत्रधार ने भारत में गठबंधन का नया धर्म स्थापित किया। राष्ट्रीय जनतांत्रिक गठबंधन सैद्धांतिक विविधता में एकता का पहला सक्रिय प्रयोग साबित हुआ है। यह अहं की टकराहटों और क्षेत्रीय महत्त्वाकांक्षाओं का बारूदघर है। केवल सत्ता के मोह ने इसे एकजुट नहीं रखा है। यह वाजपेयी का कमाल है–वाजपेयी, जो उदारता, हिन्दू राष्ट्रवाद के मानवीय चेहरे के प्रतीक हैं; वाजपेयी, जो एक ऐसे नेता हैं जिनकी छवि अपनी पार्टी की छवि से कहीं ज्यादा चमकदार है। हालांकि, वे कहा करते हैं कि "मुझे पसंद कीजिए और मेरी पार्टी को नहीं, यह नहीं चल सकता।" लेकिन यह असलियत नहीं है। राजनीतिक तालमेल के इस दौर में वे ऐसे दक्षिणपंथी नेता हैं जिनके साथ उनके सहयोगी सहज महसूस करते हैं। सत्ता के साथ पहले साक्षात्कार में भाजपा को बाहर वालों के साथ जीने का सांस्कृतिक अनुभव नहीं था, लेकिन अब ऐसी बात नहीं है और इसका श्रेय इस सबसे स्वीकार्य सूत्रधार को जाता है, जो यह गुनगुनाता है :

"मुझे दूर का दिखाई देता है, मैं दीवार पर लिखा पढ़ सकता हूँ, मगर हाथ की रेखाएँ नहीं पढ़ सकता।"

विकास की टेक

वाजपेयी के लिए भारत की छह बड़ी समस्याएँ–भूख, आवास, रोजगार, शिक्षा, बिजली और सड़कें–निराशाजनक तस्वीर ही पेश करती हैं। बीते पाँच वर्षों में सभी स्तरों पर समस्याओं के त्वरित और दीर्घकालिक निदान के लिए उन्होंने समितियों और कार्यबलों का गठन किया। नदियों को जोड़ने, गाँव में बिजली और दूरसंचार सुविधाएँ पहुँचाने और ग्रामीण भारत को देश के शेष भाग से जोड़ने के लिए इन समितियों ने अध्ययन किया।

पिछले वर्ष तक (2003), जब उन्होंने गोवा वाले अपने चिंतन में अपनी मुख्य विषयवस्तु को स्पष्ट किया, तब उनके सभी संबोधनों से 'विकास' नामक वृहद मुद्दे पर खास ध्यान देने के संकेत साफ-साफ नज़र आए, लेकिन एक बार फिर इस विषय पर सोचें, तो पता चलता है कि केवल एक कवि ही ऐसी जीवंत तस्वीर की कल्पना कर सकता है। उसी समय से उन्होंने अनाज की पैदावार बेहतर बनाने के लिए बड़ी शिद्दत के साथ नदियों को जोड़ने का तर्क दिया है। उत्पादन बढ़ने का मतलब यह कि अतिरिक्त अनाज बाजारों में पहुँचे और गाँव सीधे बाजारों से जुड़ें। उपज का सही दाम पाने के लिए उन्होंने

शीतगृहों और प्रसंस्करण उद्योगों के लिए विभिन्न योजनाओं को बढ़ावा दिया है। सभी गाँवों को राष्ट्रीय ग्रिड से जोड़ने और विद्युतीकरण से विकास केंद्रों और रोजगार के नए अवसरों का सृजन होगा।

लच्छेदार शब्दावली उनकी रचनावली का हिस्सा नहीं है, लेकिन उनकी 'संपर्क क्रांति' ने मतदाताओं और अर्थव्यवस्था के विश्लेषकों को रिझाया है। इस क्रांति का मूर्त रूप स्पष्ट रूप से दूरसंचार, बेहतर राजमार्गों की सुविधा और 'नाबार्ड सड़कों' (ये सड़कें राष्ट्रीय कृषि एवं ग्रामीण विकास बैंक के वित्तीय सहयोग से बनी हैं) के रूप में दिखाई देता है। यह स्वीकार करना होगा कि यह सब आंशिक ही है और अवधारणा के स्तर पर ही है। इस बात से इंकार नहीं किया जा सकता कि अर्थव्यवस्था प्रबंधन के बेहद महत्त्वपूर्ण और बुनियादी पहलुओं के संबंध में ऐसी अभिनव कल्पना का सृजन एक कवि ही कर सकता है। अपने शानदार स्वरूप में यह तस्वीर उस समय जीवंत हो उठी जब भारत का विदेशी मुद्रा भंडार बढ़कर 100 अरब डॉलर के स्तर पर पहुँच गया। मानसून अच्छा रहा जिसने आर्थिक विकास दर को सात फीसदी से ऊपर पहुँचा दिया और शेयर बाजार का संवेदी सूचकांक 6000 के स्तर को छूने लगा। भारत अब दुनिया की सॉफ्टवेयर राजधानी नहीं रह गया है, जबकि यह उत्पादन क्षेत्र का प्रमुख केंद्र है, जहाँ उच्च गुणवत्ता इंजीनियरिंग का निर्माण होता है। भारत की समर्थ्य का यशोगान जारी है। गोल्डमैन सैक्स का मानना है कि भारत 2050 में चीन और अमेरिका के बाद दुनिया की तीसरी बड़ी अर्थव्यवस्था होगा और मेरिल लिंच को 2010 तक भारत का सकल घरेलू उत्पाद दोगुना बढ़ने की आशा है। वाजपेयी का शीर्षक गीत पहली बार इतनी प्रखरता के साथ मुखर होता दिख रहा है।

दरअसल, हाल के कई वर्षों में पहली बार विकास की नई इबारत लिखने के प्रयास किए गए हैं। वाजपेयी इस बात से वाकिफ हैं कि राजनीति के चरित्र को देखते हुए विकास की विषयवस्तु पर उनके द्वारा रच गया शीर्षक गीत गठबंधन की राजनीति के शोरशराबे में कभी भी खो सकता है इसके अलावा वे आस-पास के माहौल और परिस्थितियों से भी घिरे हुए हैं इसलिए जब लोग सार्वजनिक उपक्रमों के विनिवेश में देरी के मसले पर उँगली उठाते हैं, तो वाजपेयी शांत रहते हैं इसका मतलब यह नहीं कि विनिवेश प्रक्रिया में देरी को लेकर वे विचलित नहीं हैं, लेकिन इस वजह से कोई चेतावनी या सख्ती नहीं दिखाई देती। सबसे ज्यादा महत्त्वपूर्ण है उनका प्रभावशाली तरीके से और स्थान

      प्रखर राजनेता अटल बिहारी वाजपेयी

देखकर स्पष्ट बोलना। जब उनके द्वारा उठाए गए कदम पर अटकलें लगाई जा रही थीं, तब उन्होंने न्यूयॉर्क में आयोजित भारत-अमेरिका व्यापार परिषद् में कहा, "भारत में सुधारों की प्रक्रिया ऐसे दौर में है, जहाँ से उसे वापस नहीं लिया जा सकता। जनतंत्र पर आधारित राजनीति में पार्टी के भीतर और अलग-अलग पार्टियों के बीच बहस और मतभेद स्वाभाविक हैं।"

वे अपने मंत्रियों को पूरी क्षमता और भावना के साथ पक्ष रखने का मौका देते हैं। चाहे यह सार्वजनिक क्षेत्र की तेल कंपनियों के विनिवेश का मामला हो या दूरसंचार मुद्दे पर उठा विवाद। पचास साल तक संसद में रहने के कारण उन्हें पता है कि राजनीतिक लिहाज से क्या ठीक है और क्या दुर्भाग्यकारी। शायद इसलिए कई हलकों से अनुरोध के बावजूद उन्होंने श्रम सुधारों को नहीं छुआ है। इसके कई तरह के समाधान हैं, लेकिन उन्हें स्पष्ट रूप से वे अभी उचित नहीं महसूस होते या फिर समय सही नहीं नज़र आता।

जैसे ही वाजपेयी ने सत्ता संभाली, भारतीय उद्योग परिसंघ की ओर से आयोजित एक कार्यक्रम में उन्होंने उद्योग जगत को आड़े हाथों लिया। उन्होंने सवाल किया कि क्या उद्योग पारदर्शी और वित्त के मामले में दूरदर्शी हैं? क्या उद्योग उपभोक्ताओं और अपने श्रमिकों के मामले में सामाजिक ज़िम्मेदारियों का निर्वाह करते हैं? अंत में उन्होंने यह भी पूछा कि क्या एक आम नागरिक यह नहीं सोचता कि सरकार और उद्योग जगत ने हाथ मिला लिए हैं और उसके लिए कुछ भी बाकी नहीं रखा गया है।

अंतर्राष्ट्रीय मंचों पर भी वाजपेयी ने मुद्रा कोष और विश्व बैंक के सुर में सुर मिलाने वालों पर फब्तियाँ कसीं। उनके कार्यकाल के शुरुआती दौर में जब एशियाई मुद्राएँ अंतर्राष्ट्रीय बाजार में गिरावट की चपेट में थीं, तब वाजपेयी ने बाजार को भगवान मानने पर सवाल उठाते हुए न्यूयॉर्क में एशिया सोसायटी के मंच पर चेतावनी दी थी कि, "व्यवस्था में व्याप्त असमानताओं को यह कहकर तर्कसंगत नहीं ठहराया जा सकता कि वे बाजार की शक्तियों का परिणाम हैं और इनमें किसी तरह का सरकारी हस्तक्षेप संभव नहीं। बीसवीं सदी ने इसकी भारी कीमत चुकाई है, जिससे साम्यवाद का सैद्धांतिक दुराग्रह निकला।"

बाहरी अर्थव्यवस्था के प्रबंधन के मोर्चे पर वाजपेयी ने हाल के समय तक रिजर्व बैंक के गवर्नर रहे विमल जालान को काम करने की पूर्ण स्वायत्तता दी। कारगिल युद्ध जब चरम पर था, तब कुछ मंत्रियों ने रुपये का मूल्य नियंत्रित

करने और उसकी गिरावट न रोकने पर ऐतराज किया, लेकिन वाजपेयी तुरंत रिजर्व बैंक के फैसलों के समर्थन में आगे आए और उन्होंने कहा कि यदि भारत बीच युद्ध में मुद्रा के बचाव में आगे आता है, तो उसे भारी घाटा उठाना पड़ सकता है। पोखरण विस्फोट के बाद भारत और पाकिस्तान पर लगे प्रतिबंधों के बाद दोनों देशों में सबसे बड़ा फर्क यह था कि प्रतिबंधों के बावजूद भारत अपने पैरों पर खड़ा रहा। 100 अरब डॉलर के विदेशी मुद्रा भंडार के साथ वाजपेयी फिर मजबूती के साथ खड़े हैं।

उत्तर और दक्षिण की सड़कों के साथ स्वर्ण चतुष्कोण को जोड़ने की परियोजना के तहत 53,000 किलोमीटर का सड़क नेटवर्क तैयार होगा। यह एक ऐसी परियोजना है, जिसकी वे लगभग हर हफ्ते समीक्षा करते हैं। अब तक लगभग 4,000 किलोमीटर तक राजमार्गों को इसमें जोड़ा गया है या इन्हें सुधारा गया है। ग्रामीण सड़कों को जोड़ने की परियोजना के कार्यक्रम के तहत रोजगार उत्पन्न हुआ।

वाजपेयी का आर्थिक प्रबंधन कई मामलों में कुशल पारिवारिक कौशल पर आधारित है। वे इस बात में यकीन रखते हैं कि लोग कम-से-कम बुनियादी खर्च जरूर वहन कर सकें और उनकी ज़िंदगी में कुछ आनन्द अवश्य हो। वाजपेयी का मानना है कि उत्पादकता, रोजगार के अवसरों में बढ़ोतरी और प्रतिस्पर्द्धा के जरिए ही आम आदमी की ज़िंदगी में यह सुकून संभव है। बढ़ते राजस्व घाटे के बावजूद उन्होंने टैक्स चुकाने वालों को संपन्न बनाने और उत्पादों को सस्ता करने के जसवंत सिंह के प्रयासों का समर्थन किया। हालांकि, इसके आधार पर उन्हें आपूर्ति आधारित अर्थव्यवस्था का पक्षधर भी नहीं कहा जा सकता। सरकारी खर्च में ही उनका यकीन नहीं है, बल्कि वे देश की मुद्रा व्यवस्था में भी हस्तक्षेप करना चाहते हैं। जब उद्योग जगत ने उन्हें मुद्रा की लागत को लकर शिकायत की, तो वाजपेयी ने इस मुद्दे पर संजीदगी के साथ विचार किया। वाजपेयी आश्वस्त थे कि यदि ब्याज दरों में कटौती नहीं की गई, तो ऊँची लागत वाली अर्थव्यवस्था के कारण भारत पिछड़ जाएगा। आज घटी ब्याज दरों के कारण खपत में बढ़ोतरी हुई है, किसानों के लिए ऋण सस्ता हुआ है और राज्यों पर कर्ज़ का बोझ घटा है।

दरअसल, अन्य सरकारों के विपरीत वाजपेयी सरकार ने सभी राज्यों के साथ लगभग समानता का व्यवहार किया है, लेकिन जहाँ तक सूखा राहत या केंद्र के साथ कर्ज़ के बँटवारे की बात है, तो मजेदार तथ्य है कि कर्ज कम

करने वाले राज्यों में गैर-भाजपा शासित महाराष्ट्र जैसे राज्य अग्रणी रहे। निश्चित रूप से केंद्र की गठबंधन सरकार में तेलुगु देशम पार्टी के महत्त्व को देखते हुए चंद्रबाबू नायडू और आंध्र प्रदेश का कुछ अतिरिक्त पक्ष लिया गया है, लेकिन वाजपेयी को जानने वालों का मानना है कि सुधारों के मामले में नायडु उनके पसंदीदा मुख्यमंत्री हैं। विकास के मंत्र की वजह से दोनों के बीच तालमेल बैठा है। दरअसल, वाजपेयी इस मंत्रोच्चार के लिए अवसर की तलाश में रहते हैं। दक्षिण एशिया के लिए एकल मुद्रा की उनकी परिकल्पना पर विचार कीजिए। वे भारत के रास्ते ईरान और बैंकॉक को रेल पटरियों के जरिए जोड़ना चाहते हैं, ताकि व्यापार का प्राचीन रेशम मार्ग बहाल हो या इस पर सोचिए कि किस तरह उन्होंने भारत को आसियान की मान्यता दिलवाने के लिए ताना-बाना बुना।

वाजपेयी सरकार मुख्यमंत्रियों के कृषि उत्पादों के लिए बाजार की पहुँच जैसे महत्त्वपूर्ण मुद्दों पर नेटवर्किंग कर रही है। वाजपेयी ने मुख्यमंत्रियों के सम्मेलन मे आश्वस्त किया कि उनकी सरकार अनाज, कृषि और विश्व व्यापार संगठन (डब्ल्यूटीओ) जैसे मुद्दों पर किसानों का हित देखने के लिए कृतसंकल्प है। उनका मानना है कि, "कृषि और डब्ल्यूटीओ के मामले में सरकार का काम करने का तरीका इस मान्यता पर आधारित है कि उभरते विश्व व्यापार समीकरणों में भारत के लिए चुनौतियाँ भी हैं और अवसर भी।" मई 2001 में ही वे पूरी तरह आश्वस्त थे कि विश्व व्यापार में उचित धरातल के निर्माण के लिए दुनिया के विकासशील देशों को एक बैनर तले लाने में भारत की भूमिका महत्त्वपूर्ण होगी। कैनकुन सम्मेलन से करीब एक साल पहले ही वाजपेयी ने दक्षिण अफ्रीका के राष्ट्रपति एमबेकी, ब्राज़ील के लुला डी सिल्वा और चीन यात्रा के दौरान हु जिनताओं के साथ लामबंदी शुरू कर दी थी।

प्रमुख उपलब्धियाँ : एक साक्षात्कार

प्रधानमंत्री के कुछ महत्त्वपूर्ण कथन

- "राजनीति सत्ता हथियाने का एक खेल बन गई है और सत्ता संपत्ति संचित करने का एक साधन... भ्रष्टाचार के मुद्दों पर हमारे ऊपर कोई उँगली नहीं उठा सकता। हमारा ऐसा मानना है कि हमारा जीवन शुचितापूर्ण रहा है।"

- "हथियारों से समस्याओं का समाधान नहीं हो सकता। शांति के लिए हथियारों को पीछे छोड़ना होगा।"

- "भारत आज प्रगति के पथ पर अग्रसर है। हम एक साथ अनेक क्रांतिकारी परिवर्तनों के साक्षी हैं।.... इन सबके परिणामस्वरूप एक मनोवैज्ञानिक क्रांति हुई है। इसके चलते रक्षात्मक, अंतर्मुखी दृष्टिकोण का रूपान्तरण बहिर्मुखी और आत्मविश्वासपूर्ण रवैये में हो गया है। हम चुनौतियों का सामना करने के लिए तत्पर हैं, भय को त्यागकर जोखिम उठा रहे हैं और प्रारब्ध पर आश्रित नहीं है।"

- "सामजिक न्याय के बिना स्वतंत्रता अधूरी है।"

- "हिन्दी की बात बहुत होती है, हिन्दी में बात कम होती है। यदि हिन्दी में बात ज्यादा होने लगे, तो हिन्दी की समस्या ही हल हो जाए।"

- "युवावस्था ही जीवन का बसंत है। यह उम्र नई खोज करने और सपने बुनने की है। अपने उज्ज्वल भविष्य के ही नहीं, बल्कि अपने राष्ट्र और सम्पूर्ण मानवता के लिए भी शानदार भविष्य के सपने बुनने की।"

विश्व के सर्वमान्य राजनेता

अटल बिहारी वाजपेयी अपनी वक्तृत्व कला के बूते न तो दोस्त बनाते रहे हैं और न ही लोगों पर रौबदाब जमाते रहे हैं इसके बावजूद, वे दुनिया के अधिकतर नेताओं की मित्रमंडली में शुमार हैं, रूसी राष्ट्रपति ब्लादिमिर पुतिन ने पिछली गर्मियों (2003) में सेंट पीटर्सबर्ग में दुनिया के चुनिंदा नेताओं को एक खास निजी दावत में जॉर्ज बुश के अलावा उन्हीं को बुलाया, जबकि बुश ने पिछले सितंबर (2003) में उन्हें न्यूयॉर्क में एक लंच पर न्योता। ऐसे न्योते पर बुलाए जाने वाले वे दुनिया के पहले राज्याध्यक्ष हैं।

इन समारोहों-संगतों में मौजूद रहने वाले अधिकारियों के मुताबिक, एक बार तो बुश ने उनकी ओर मुखातिब होते हुए कहा था, "आप बड़े अच्छे आदमी हैं।" इराक में सेना भेजने से इनकार करने वाले एक प्रधानमंत्री की तारीफ में ये शब्द महज शिष्टाचारवश नहीं कहे गए थे।

भारत की पहली "हिन्दू राष्ट्रवादी" सरकार (पश्चिम के लोगों को यही संबोधन जँचता है) का नेतृत्व करने वाले और 1998 में एटमी परीक्षणों के लिए जिम्मेदार वाजपेयी के लिए यह सचमुच एक चौकाऊ उपलब्धि है कि वे शांति के पुजारी की अपनी छवि बरकरार रखने में सफल रहे हैं।

अटल बिहारी वाजपेयी एक ऐसे देश का राजनीतिक चेहरा हैं, जो पूरी चमक और आत्मविश्वास के साथ 21वीं सदी में प्रवेश कर रहा है। इस तथ्य ने दुनिया के नेताओं के साथ उनके बर्ताव को प्रभावित किया है। इसने भारतीय विदेश नीति को मुखर बनाने में उनकी मदद की है। उनके नजदीकी अधिकारियों की राय में, "वे चंद शब्दों में ही अपनी बात कहते हैं, पर वे बेहद चुनिंदा शब्द होते हैं। उनकी मूल कोशिश किसी भी संकट में संयम और धैर्य न खोते हुए आक्रामकता की जगह शांति की राह पकड़ने की होती है।"

1 अक्टूबर, 2001 को श्रीनगर में विधानसभा भवन पर फिदायिनों के हमले के बाद बुश को लिखे उनके पत्र से वहाँ के प्रशासन के हिल जाने की सबसे बड़ी वजह शायद उनका यह स्वभाव और पहचान ही थी। तभी तो 2002 में नियंत्रण रेखा पर भारी फौज तैनाती के उनके आदेश को दुनिया-भर में, यहाँ तक कि पाकिस्तान में भी गंभीर धमकी के रूप में लिया गया।

पाकिस्तान की आम जनता में वाजपेयी की हैसियत ऊँची है। इसका सबसे जीवंत नमूना फरवरी 1999 की उस दोपहर को दिखा, जब लाहौर के गवर्नर हाउस में वाजपेयी ने पाकिस्तानी बुद्धिजीवियों को संबोधित किया था। शुद्ध हिन्दी में बोलकर उन्होंने हर पाकिस्तानी का दिल जीत लिया था। पाकिस्तान के साथ शांति प्रस्तावों को आगे बढ़ाने का जिम्मा उन्हीं के कंधों पर है, जैसा कि उन्होंने जुलाई 2001 में किया था, परवेज़ मुशर्रफ की दबाव वाली कूटनीति के आगे झुकने की जगह उन्होंने आगरा शिखरवार्ता को ही खारिज कर दिया था। सुलह की इन कोशिशों के पीछे एक तरह की दृढ़ता का भाव है और इनके साथ वह दृष्टि जुड़ी है जो भारत को विश्व मानचित्र में एक ऐसे देश में रूप में देखती है, जो किसी महाशक्ति का पिछलग्गू नहीं।

वे भारत की उस विदेश नीति के पितामह हैं, जिसमें 'विचारधारागत' पूर्वाग्रह नहीं है और जिसने हाल के वर्षों में राष्ट्रहित के मकसद के साथ दुनिया से अपने नए समीकरण बनाए हैं। एटमी परीक्षण अगर तकनीकी उन्नति और सुरक्षा चिंताओं की मुखर अभिव्यक्ति थे, तो उन्होंने अमेरिका के साथ संबंध सुधारने के लिए भी तेजी से पहल की। उन्होंने अपने खास दोस्त जसवंत सिंह को स्ट्रोब टैलबॉट से बातचीत के लिए अप्रत्याशित तौर पर प्रेरित किया। नतीजतन, दोनों देशों के रिश्तों में नई ऊष्मा पैदा हुई, भारत के लिए उच्च तकनीकी के हस्तांतरण के रास्ते खुले, लेकिन वाजपेयी ने बुश की राष्ट्रीय प्रक्षेपास्त्र नीति तथा आंतकवाद के खिलफ जंग का जहाँ आँख मूँद कर समर्थन किया, वहीं इराक में सेना भेजने से इंकार करते हुए पाकिस्तान के साथ अमेरिकी पक्षपात की जमकर निंदा भी की।

ईरान को अमेरिका ने 'आतंक की धुरी' वाले देशों में शुमार किया फिर भी वाजपेयी ने ईरान के साथ मेल-जोल बढ़ाया और म्यांमार के साथ भी कारोबार किया। सबकुछ भारतीय हितों को आगे बढ़ाते हुए। अमेरिकी आलोचना के मद्देनजर उन्होंने अफगानिस्तान में भारत की मौजूदगी बढ़ाने के प्रयासों की अगुआई की, यहाँ तक कि तजाकिस्तान में भारत का पहला सैन्य

ठिकाना स्थापित किया, वह भी कुछ इस तरह की अमेरिका को मध्य एशिया के अपने इस गढ़ में कुछ असहज न लगे। अप्रासंगिक होने के कगार पर पहुँच चुके रूस के साथ भारत के पारंपरिक संबंधों को उन्होंने नया स्वरूप दिया और दक्षिण-पूर्व एशिया से एक स्पष्ट आर्थिक एजेंडे के साथ गलबहियाँ कीं। दिल्ली में इजरायल के एरियल शेरोन का खैरमकदम कर उन्होंने अरब जगत को यह भी बताया कि इजायल के साथ भारत के रिश्तों को पुराने समीकरणों में जकड़ कर नहीं रखा जा सकता। इस्तांबुल या दमिश्क की सड़कों पर घूमते हुए भी उन्होंने वही सहजता महसूस की।

अपने राजनीतिक चातुर्य का सही मायनों में प्रदर्शन तो वाजपेयी ने चीन के संदर्भ में किया। पिछली गर्मियों में सार्स के हौवे को धता बताते हुए वे बीजिंग के हवाई अड्डे पर जा उतरे। अपने भरोसेमंद मित्र ब्रजेश मिश्र के रूप में एक उच्चस्तरीय राजनीतिक प्रतिनिधि के जरिए उन्होंने हू चिंताओ को सीमा विवाद पर बातचीत फिर से शुरू करने को राजी किया। इस दौरान उन्होंने तिब्बत पर भारत के अब तक अनकहे रुख को औपचारिक रुख में तबदील किया तथा भारत में सिक्किम के विलय पर चीन से औपचारिक स्वीकृति प्राप्त की।

वाजपेयी भी मानते हैं कि देश की खुशहाली के लिए भारतीय सीमाओं की पुख्ता सुरक्षा जरूरी है हाल में (2003) भूटान सेना के अभियान ने पूर्वी सीमाओं पर भी उनकी कार्रवाइयों का अहसास कराया है। टक्नोलॉजी, अर्थशास्त्र और व्यापार तो खैर नए भारत को आगे ले जाने के औजार हैं ही, वाजपेयी इन्हीं को समझ-बूझ के साथ रणनीतिक दिशा देना चाहते हैं। उनका मकसद है पाकिस्तान के साथ अमन और सुरक्षा परिषद् में स्थायी सदस्यता।

जीवनी-माला

महापुरुषों की जीवनियां